D1828427

Von Flüe im Krieg

Carlo von Ah

Von Flüe im Krieg

Ein Innerschweizer Söldneroffizier im Dienste Napoleons

Historischer Roman

PRO
LI
BRO
LUZERN

Inhalt

Vorwort

600 Jahre sind seit der Geburt des Schweizer Landesheiligen Bruder Klaus von Flüe vergangen. Er ging als Friedensstifter und Gottessucher in die Geschichte ein und wird vor allem deshalb in unseren Zeiten wieder gefeiert. Doch sein Vorbild schien – modisch formuliert – keine allzu nachhaltige Wirkung zu entfalten. Schon zu seiner Zeit schlugen die Eidgenossen in den Burgunderkriegen mit Ingrimm anderen die Köpfe ein und die im Saft stehenden jungen Innerschweizer plünderten mit einem «Saubannerzug» ganze Landstriche. Seine Nachfahren wurden zu «Söldner-Aristokraten», die ganze Kompagnien von einheimischen Burschen aus armen Familien rekrutierten und den europäischen Fürsten für fremde Kriege verkauften. Blutgeld war es, das vor allem im 18. Jahrhundert der verzweigten Familie von Flüe zu überdurchschnittlichem Wohlstand verhalf.

Einer unter ihnen war Joseph Ignaz von Flüe (1762–1813), der Sohn eines einflussreichen Landammanns des Kantons Obwalden. Direkte Quellen über sein Leben sind nur spärlich vorhanden. Doch aus Nennungen in zahlreichem Sekundärmaterial lässt sich seine Biographie recht genau rekonstruieren. Sie ist typisch für Sprösslinge der Landaristokratie in der damaligen Zeit: Offizier in Schweizer Regimentern während der Revolution in Frankreich, vorwitzige Einmischung in die Politik zur Zeit der bürgerkriegsähnlichen

Wirren in der helvetischen Schweiz, Offizier in napoleonischen Diensten in Barcelona, knappes Überleben des berüchtigten Russlandfeldzugs und schliesslich Flucht in ein letztes Abenteuer weitab der Heimat, die er nicht mehr sah.

An seiner Person spiegeln sich die damaligen dramatischen politischen und gesellschaftlichen Umbrüche im Gefolge der Französischen Revolution, die Besetzung durch französische Truppen einer in sich heillos zerstrittenen Schweiz mit verheerenden Folgen für die ohnehin schon verarmte, ja verwahrloste Bevölkerung, dann aber auch die verlustreichen Knechtendienste der Schweizer bei den napoleonischen Eroberungszügen. Die Schilderung dieses Umfeldes soll der Lebensgeschichte von Joseph Ignaz von Flüe besondere Konturen geben.

Sein Heimatkanton Obwalden steht dabei exemplarisch für die damaligen Nöte der kleinen Schweizer Staatsgebilde, die zwischen Widerstand, Anpassung oder gar Unterwerfung schwankten und bitterste Armut litten, die durch die Last der Einquartierungen fremder Truppen nur noch vergrössert wurde. In dieser Zeit, die von Hunger und Bettelei gekennzeichnet war, verluderten auch die Institutionen, die Staatsfinanzen und das Bildungswesen.

Der Roman, der sich auf die historischen Fakten stützt, will heutigen Lesern eine der schwierigsten Zeiten der

Schweiz in einem von Machtstreben dominierten Europa vor Augen führen.

Unsere Zeit ist voll von Berichten über geknebelte Völker, ausgebeutete und hungerleidende Zivilbevölkerungen, Flüchtlinge und blutige Rebellionen in Bürgerkriegen. Derart schlimme Zustände prägten auch die Schweiz vor zweihundert Jahren. Aber wem ist das heute noch bewusst?

Hünenberg, 31. August 2017

Carlo von Ah

1. Sturm auf die Pariser Bastille

Wie der Obwaldner Joseph Ignaz von Flüe, Leutnant im Schweizer Söldner-Regiment von Salis-Samaden, 1789 in Paris das Aufflammen der Französischen Revolution erlebte, wie ihn ein Pfeil Amors aus der Heimat traf, wie sein Cousin Ludwig am «Quattorze juillet» beim Sturm auf die Bastille noch knapp sein Leben rettete und was der Oberleutnant Michael von Flüe von seinem Urlaub in der gärenden Schweiz zu erzählen wusste.

«Wir sind in einer wahrhaft beschissenen Situation.»

Keiner, der bedrückt mit Leutnant Joseph Ignaz von Flüe am 6. Juli 1789 um das knisternde Feuerlein sass, gab ihm Antwort, nickte höchstenfalls mit dem Kopf. Alle wussten, dass er Recht hatte und eine dreckige Aufgabe auf sie warten könnte, die sie sich nicht gewünscht hatten, als sie sich des Soldes wegen vor Jahren anwerben liessen. Nun konnte es um ihr Leben gehen, aber das war dann eben der Preis, den sie mit ihrem Eid für den König von Frankreich in die Waagschale geworfen hatten. Sie starrten wortlos ins Feuer, sogen an ihren langen, krummen Tabakspfeifen und hingen düsteren Gedanken nach.

Gegen elf Uhr breitete sich allmählich, aber unerbittlich die Nacht über dem Marsfeld vor Paris aus, auf dem die Schweizer Regimenter kampierten. Beissender Rauch der unzähligen Lagerfeuer schlich über die Ebene.

Über der Silhouette des nahen Waldes verriet der gerötete Himmel, dass in der Ferne Brände loderten. Da und dort wurde im Lager Karten gespielt, mit Würfeln dem Sold etwas nachzuhelfen versucht oder unter Johlen ein freundschaftlicher Hosenlupf ausgetragen. Wehmütige Stimmung verbreitete sich dort, wo sich einige Schwyzer und Urner zu einem Jodellied zusammentaten, das von Edelweiss, Gletscher und einem lieben Vreneli handelte. Da purzelte keine unbeschwerte Fröhlichkeit aus ihren Kehlen. Die Stimmung war gedrückt. Da half auch kein Schnaps, der in einer Feldflasche herumgereicht wurde. Die Beschimpfungen der letzten Tage durch die revolutionär aufgeputschte Bevölkerung liess nichts Gutes ahnen. Verstärkte Aussenwachen verhinderten, dass Provokateure ins Lager eindrangen und zu Desertionen aufrufen konnten. Einzig einige Röcke liess man durch, damit sie ihren Geschäften in den Zelten nachgehen konnten.

Frankreich war im Aufruhr. Auf der einen Seite waren es leere Mägen, die zum Aufstand knurrten, denn im Vorjahr war das Getreide derart verhagelt worden, dass nun das Brot zur Mangelware wurde und sein Preis immer höher stieg. Getreidetransporte in der Umgebung von Paris wurden von rücksichtslosen Marodeuren überfallen. Leute aus dem Handwerker- und Handelsmilieu wiegelten die Menschen gegen die Ordnung auf. Schluss mit Ungleichheit! Schluss mit Unfreiheit! Schluss mit den Privilegien des vollgefressenen Adels, der überall mit seiner Prunksucht provozierte! Im Frühjahr kam es auch in entfernten Gegenden zu Aufständen, wo ganze Dörfer niedergebrannt und Klöster geplündert wurden. Mit Mühe und Not konnte man die revolutionäre Glut immer wieder durch den Einsatz von Truppen eindämmen. Wie lange noch?

Leutnant Ignaz von Flüe hatte seinen Leuten eben erzählt, was der in der Montur eines Handwerksburschen verkleidete Füsilier Ming von seiner Erkundungstour durch Paris an Nachrichten zurückgebracht hatte. Die Lage sei explosiv. Er habe Geschäfte gesehen, die ausgeraubt worden seien, und solche, deren verkohlte Balken noch geraucht hätten. Er habe gesehen, wie fahnenbewehrte Gruppen von Aufständischen durch die Strassen gezogen seien und Parolen gegen den König geschrien hätten. Er habe mit Abscheu gesehen, wie man zwei Männer johlend in die Seine geworfen und verhindert habe, dass sie wieder ans Ufer gelangten. Auf der Place de l'Étoile hätten zwei Tote an einem Kandelaber gebaumelt. Überall trieben sich ausgemergelte, schmutzige Bettler herum. Und vor allem sei Paris ein Wespennest der vielfältigsten Gerüchte. Der König und sein Kabinett wollten den Aufstand mit Waffengewalt niederschlagen, behaupte man. Deshalb habe man die königstreuen Schweizer Regimenter zur Peripherie der Stadt hin verlegt. Den französischen Truppen vertraue die Obrigkeit nicht mehr, da sie sich an einigen Orten geweigert hätten, gegen ihre hungernden Landsleute Gewalt anzuwenden. «Wirklich beschissen, das», brummelte Füsilier Sigrist Toni in seinen ausgefransten Bart. «Gegen Zivilisten, womöglich unbewaffnete – auch wenn sie noch so idiotisch schreien –, anzutreten, ist kein schönes Soldatenhandwerk. Das ist nicht dasselbe wie einem frechen Hund, der auf dich das Gewehr anschlägt, den Schädel einzuschlagen.»

Man schwieg wieder. Manche Gedanken irrlichterten im Frieden eines der Innerschweizer Täler herum. Auch jene von Leutnant Joseph Ignaz von Flüe aus Sachseln am Sarnersee, der am nächsten Weihnachtstag siebenundzwanzig Jahre alt werden würde. Er war einer von zahlreichen von Flüe aus diesem Dorf, Nachfahren des friedfertigen Eremiten Bruder Klaus, dem die kriegerische Tradition dieser im Soldgewerbe reich gewordenen Familien wohl kaum gefallen hätte. Aber das waren eben neue Zeiten mit einem neuen Geist. Auch sein Vater Nikodem von Flüe war so einer, der es mit sogenannten «Civil- und Militärstellen» zu Wohlstand gebracht hatte und dessen Stellung im Volk ihm die Landammann-Ehre eingetragen hatte. Nicht unüblich war Joseph Ignaz schon mit sechzehn Jahren in den Solddienst eingetreten, gleich als Leutnant im Regiment Salis-Samaden, das sich in die Dienste des französischen Königs verdingt hatte. Nun übte er die Aufgabe eines Aide-Majors aus, war also Stellvertreter des Bataillonskommandanten. Auch seine Gedanken schlugen nun eine verletzliche Brücke zum prächtigen Heimwesen seiner Familie in Sachseln.

Blutrote Geranien vor den putzig kleinen Fenstern; Apfel- und Birnbäume, an denen nun die Früchte auf den Herbst hin reiften; der Geruch von Heu, das den nun auf der Alp weilenden Kühen den Winter überstehen half. Aber nicht nur dorthin trug ihn die Erinnerung. Er verbarg einen zerknitterten Brief in seiner Kitteltasche, den er vor der Nachtruhe nochmals durchlesen wollte. Gerade erhob sich aus seinen Erinnerungen ein besonderes Gesicht immer deutlicher, als sein Cousin Ludwig von Flüe, seines Zeichens Capitaine-Lieutenant, also Stellvertreter des Kommandanten der Familienkompagnie von Flüe, unvermittelt bei ihm stand.

«Es geht los, Joseph», warf er ihm leise hin, damit die anderen an den glimmenden Hölzern sitzenden und liegenden Landsleute nichts hören konnten.

Joseph Ignaz blickte ihn fragend an, nahm gespannt die Pfeife aus dem Mund, die ohnehin erkaltet war und seine Hand nicht mehr wärmte. Ludwig kauerte zu ihm hin.

«Ich habe soeben von Oberst Besenval den Auftrag erhalten, morgen mit dreissig Mann die Verteidigung der Bastille zu verstärken. Der Kommandant dort habe furchtbar gejammert, da er befürchte, er werde demnächst angegriffen. Ich suche mir jetzt die mutigsten Burschen aus. Wir werden diesen Angsthasen zeigen, wie man mit Aufrührern umgeht. Denk an mich, wenn ich morgen in dieses verdammte Wespennest zu stechen habe.»

Dieser Oberst Besenval hatte als gebürtiger Solothurner ein nicht gerade vertrauenswürdiges Verhältnis zu den Schweizer Truppen in königlichen Diensten, als deren nichtsnutziger Kommandant er amtete. Berühmt war er dagegen für seine besondere Beziehung zu Königin Marie-Antoinette, in deren Nähe er als Einflüsterer derart aufdringlich scharwenzelte, dass im gerüchteliebenden Volk die frivolsten Geschichten die Runde machten. Dass ihm neben der Schweizer Garde nun auch die Schweizer Regimenter, die nach Paris beordert worden waren, unterstellt wurden, mag eine glückliche Fügung gewesen sein, wie sich noch zeigen wird.

Leutnant Joseph Ignaz von Flüe zog sich in sein Zelt zurück, zündete dort die weisse Kerze in der Offizierslaterne an, zog den Brief aus der Tasche und machte es sich auf den Decken bequem.

Lieber Joseph,

ich muss Dir schreiben, da ich von Dir schon so lange nichts mehr gehört habe. Ich denke viel an Dich. Wie geht es Dir bei den Franzosen? Hier wird gesagt, dass es bei denen rumpelt und nichts mehr gilt. Einfach eine Sauordnung muss das sein. Ja, mir ist schon klar, dass nicht alles, was wir seit langer Zeit hatten, nur gut oder gar das Beste ist. Auch bei uns gibt es Diskussionen. Aber immerhin will niemand die Landsgemeinde abschaffen. Letzte Woche war ich auf der Alp. Das Vieh gedeiht gut und hat saftiges Gras. Das wird würzige Käse geben. Auch mit dem Wetter kommen wir gut zurecht. Der Sommer ist angenehm warm und es hat gerade im richtigen Mass geregnet.

Letzten Samstag war die Hochzeit von Bethli vom Chnusperfeld mit Rieblikarlspeter. War sehr schön, sogar Alphorn wurde geblasen. So eine Hochzeit ist eben schon etwas Wunderbares, Himmlisches ... Da wird einem so richtig bewusst, was Liebe ist.

Es wäre so schön, wenn Du bald wieder nach Hause kämest. Für immer. Du bist ja schon genug lange in der Fremde gewesen. Und wenn es jetzt gefährlich wird, kann Dir noch etwas geschehen, was mir unendlich leidtun würde. Ich bete zu unserem Herrgott und der allerseligsten Jungfrau Maria, damit es Dir gut geht. Manchmal steige ich auch in den Ranft hinunter, um mit dem seligen Bruder Klaus zu reden, damit er Dir hilft. Er wird ja wohl seine Nachkommen nicht im Stich lassen.

Ich sende Dir meine herzlichsten Grüsse
Anneli

Beigelegt war ein vertrocknetes Edelweiss, das allmählich zerbröselte.

Ach, Anneli! Sie hatte ein so weiches Gesicht, aus dem tiefgründige blaue Augen blickten. Das liess einen nicht kalt. Anneli war ein herzensguter Mensch. Auch unermüdlich fleissig. Konnte kochen und noch mehr. Aber ob sie zwei zusammenpassen würden? Sie, die Tochter des Korbflechters, und er, der…

Joseph Ignaz blies die Kerze aus.

*****

Um zwei Uhr nachts des 7. Juli zog das Detachement von Flüe unbehelligt von Revoluzzern, die ja auch einmal von ihren Saubannerzügen ausruhen mussten, zur Bastille, wo es vom Garnisonskommandanten, dem Grafen de Launay, in grösster Nervosität empfangen wurde: «Endlich kommt Ihr! Wo habt Ihr Euch so lange herumgetrieben?»

Mit unverhohlenem Stolz, der sonderbar lächerlich wirkte, zeigte er Ludwig von Flüe die monumentale Festung mit ihren acht gewaltigen Türmen und den über einen Meter dicken Mauern, wies auf die Stärken und Schwachstellen der Anlage hin und legte in der Miene eines grossen Feldherrn seine Verteidigungsvorbereitungen dar. Von Flüe realisierte sogleich, dass er es mit einem Kerl zu tun hatte, der keine Ahnung von militärischen Dingen hatte. Seinen Offiziersgrad hatte er wohl nur seiner adligen Abkunft und dem geschleckten Tummeln auf dem Parkett bei ausschweifenden Festen zu verdanken. Wie nur wollte dieser mit seinen schlecht ausgebildeten achtzig Veteranen einem Ansturm standhalten? Zudem offenbarten seine zitternden Hände, dass er von Furcht zerfressen war, auch wenn er ein gequältes Lächeln in sein Gesicht zwang. Leutnant von Flüe musste offensichtlich das Heft selber in die Hand nehmen, was insofern nicht ganz einfach war, als er ja diesem Gräfchen unterstellt war. Der Stab des Barons allerdings unterstützte ihn von Beginn an, indem er seine Vorschläge eindringlich zur Ausführung empfahl. Er werde es sich überlegen, sagte der «Oberbefehlshaber» stets, traf jedoch andere, irrwitzige Anordnungen, die er nach einigen Stunden wieder änderte, wohl nur um zu zeigen, welch selbständiger Denker er war. Es war zum Verzweifeln. Umso mehr, als das, was man von den Türmen der Bastion sehen konnte, Schlimmes befürchten liess. Immer mehr Feuersbrünste, immer mehr Rauch in der Luft. Und dann dieser an- und abschwellende Lärm von den Strassen her. Auch nachts war der Schweizer Truppe keine Ruhe beschert. Immer wieder irrte der verängstigte Graf wie ein Hausgeist herum, glaubte im Schatten von Bäumen Feinde zu sehen und disponierte wieder um, um diesen Phantomen entgegentreten zu können.

*****

Auf dem Marsfeld kam am 10. Juli 1789 Bewegung in die Schweizer Regimenter. Angesichts der immer heftiger tobenden Aufstände in Paris befahl Oberst Besenval, vorsorglich Marschbereitschaft zu erstellen. Befehle wurden geschrien, Meldeläufer herumgeschickt, Munition verteilt, Packungen erstellt. Doch dann geschah nichts. Man erwartete jederzeit den Befehl zum Abmarsch. Wieder nichts. Die Truppe konnte wieder ruhen, um zwei Stunden später erneut auf die Beine geholt zu werden. Dann wurde wieder Ruhe befohlen. So macht man eine Truppe kaputt.

Am Nachmittag traf Oberleutnant Michael von Flüe, ein Vetter Leutnant Joseph Ignaz von Flües, zu Pferd auf dem Marsfeld ein. Er kam von einem Urlaub in der Heimat zurück, der ihm jeweils gewährt wurde, weil er als «Faktionist» Pensionen an ehemalige Söldner zu verteilen hatte. Meist reiste er mit der Postkutsche, doch bei diesem Urlaub wechselte er aufs schnellere Pferd, als er hörte, dass Paris in schlimmem Aufruhr sei. Nachdem er sich beim Regimentsstab zurückgemeldet hatte, wurde er von seinen Landsleuten umstellt, die wissen wollten, wie es den Menschen in Unterwalden ergehe und was er unterwegs gesehen habe.

«In Obwalden und der ganzen Innerschweiz ist es ruhig. Man hört aber von Aufrufen in Zürich, Bern und Basel zur Gleichstellung aller Orte. Auch von den

Untertanengebieten sind vereinzelt Rülpser nach Freiheit zu vernehmen.»

«Sollen die nur nicht glauben, dass wir die Frauenfelder und die Vogteien ennet dem Gotthard jemals freigeben!», rief einer dazwischen.

«Es regen sich auch einige Stimmen gegen die Aristokratie oder gegen das, was man darunter versteht. Der Absolutismus sei nicht von Gott gegeben, sondern von Menschenhand geschaffen, hörte ich. Man warnt, den Plebejern die Tür zu besseren Positionen zu öffnen. So etwas werde kein gutes Ende haben. In Zürich geben sich ein Konrad Escher und ein Paul Usteri als Vorkämpfer einer neuen Zeit aus. In Basel wurde mir folgendes Flugblatt in die Hand gedrückt: *Wir leben in der Dämmerung einer grossen Revolution, in den Tagen einer zweiten Scheidung von Licht und Finsternis. Die Wolken des Irrtums und der Furcht zerstreuen sich. Des langen Zwanges müde, wirft man die Ketten der alten Vorurteile ab, um von den verlorenen Rechten, der Vernunft und der Freiheit wieder Besitz zu nehmen.* So tönt das.»

Aus dem Kreis der Umstehenden kam alles andere als Applaus: «Volksverhetzer!» – «So haben wir zuhause bald Zustände wie hier.» – «Das kann sich nur einer in der Stadt erlauben.» – «Reformen ja, Revolution nein!»

Darauf erwiderte Michael von Flüe:

«Wisst, das sehen nicht alle so. Einer dieser Heisssporne hat in einer Versammlung gerufen, dass man Feuer schlagen müsse, wenn Licht werden solle. Furcht vor einem Brande dürfe nicht abschrecken. Da kann man nur hoffen, dass sich solche Blutswallung raschestens wieder legen wird, spätestens wenn man vernimmt, was im benachbarten Elsass und darüber hinaus als Folgen solcher Reden erlitten werden muss. Niedergebrannte Kirchen, Ratshäuser, schönste Bürgerhäuser und daneben zerlumpte Bettler und auf den Friedhöfen so viele frische Grabhügel wie nie zuvor. Die Saat gegenseitigen Zorns wird noch viele Opfer fordern. Gott stehe uns bei, dass wir darin nicht zerrieben werden.»

Die Worte des achtbaren Oberleutnants Michael von Flüe verfehlten ihre Wirkung nicht. Die Landsleute gingen wieder auseinander, schweigend die einen, diskutierend die anderen, und erwarteten den nächsten Appell zur Marschbereitschaft.

Dieser erreichte sie erst am nächsten Morgen, am Samstag, den 11. Juli 1789.

*****

Noch vor dem ersten Hahnenschrei rief der französische Kriegsminister den Solothurner Obersten Besenval zu sich. Es seien ihm Nachrichten zugegangen, wonach in Paris die bisher heftigsten Unruhen angekündigt würden. Diese müssten im Keim erstickt werden.

Am Vormittag marschierten mehrere Schweizer Bataillone in guter Ordnung zur Place de l'Étoile und nahmen dort so Aufstellung, dass der Durchlass zu den umliegenden Strassen versperrt war. Eine immer grösser werdende Menge johlte und schrie ihnen Verwünschungen zu.

Als sich das Gerücht verbreitete, der König habe den volksnahen Finanzminister Necker entlassen, läuteten aus allen Kirchtürmen die Glocken Sturm. Plötzlich wurden Steine, Eisenstangen und Hölzer auf die Schweizer geworfen. Verletzte gingen zu Boden. Dann drängten sich Bewaffnete, darunter auch kreischende Frauen, vor und drohten, sich auf die Schweizer Truppen zu stürzen. Diese formierten sich nun Schulter an Schulter zu Gevierten und streckten den Aufrührern ihre Gewehre entgegen. Jetzt brauchte es nur einen einzigen Schuss, von welcher Seite auch immer, und dann war die Katastrophe da. Da befahl der zu Tode erschrockene Oberst Besenval den sofortigen Rückzug auf das Marsfeld. Als die Truppe sich in Bewegung setzte, brach gewaltiger Jubel aus. Die Aufständischen hatten gesiegt! Und wie! Und erst noch gegen die berühmten Schweizer Söldner!

Kaum waren die Bataillone wieder auf dem Marsfeld angekommen, erreichte Besenval ein Hilferuf des Kommandanten des «Hôtel des Invalides». Dort lagerten Waffen zu Tausenden und ganze Wagenladungen Pulver. Die Bewachung aus Kriegsveteranen schien mit den Aufrührern zu sympathisieren. Wenn die Revoluzzer dort angriffen, dann ... Besenval zögerte, versetzte die Truppe in Abmarschbereitschaft, liess sie warten, warten, warten. Schliesslich verordnete er Ende des Alarms. Es wurden Wachen ums Lager aufgezogen, die Soldaten konnten wieder ruhen, die Lagerfeuer begannen zu züngeln. Während die einen schworen, mit den Aufständischen radikal aufzuräumen, war anderen anzumerken, wie sehr ihnen die Anpöbeleien dieses Tages in die Knochen gefahren waren. Unter Soldaten gibt es eben immer jegliche Gemütsabstufung, von feuriger Wut bis zu nervzerrüttender Angst. Unter Offizieren auch.

*****

Baron Besenval verkündete am Sonntagmorgen seinem Stab und den versammelten Kommandanten seinen grossartigen Entschluss: Nichts tun! Nicht nur die Offiziere begannen zu murren. Was glaubte dieser gepuderte Besenval eigentlich? Wie viel Vertrauen in die kampferprobten Söldner war da noch vorhanden? Es wäre allen lieber gewesen, wenn man ihnen den Befehl gegeben hätte, sich mit Schiessen, Hauen und Stechen zum Waffen- und Pulverdepot im Hôtel des Invalides durchzuschlagen. Man musste doch diesem Gesindel einmal eine Lektion erteilen!

Als der Kommandant des Waffenmagazins über einen Meldeläufer die üble Botschaft Besenvals erhielt, bat er in seiner Verzweiflung den Gouverneur in der Bastille, ihm zu helfen. Mr. de Launay zeigte keine Begeisterung, brachte seinem Stab jede Menge Ausflüchte vor, warum man keine Hilfe leisten könne. Man könne hier keinen einzigen Mann entbehren, man würde die Bastille gefährden, es wäre verantwortungslos. Leutnant Ludwig von Flüe hörte sich dieses mutlose Zirpen vorerst an, trat dann energisch vor:

«Lassen Sie mich das machen! Ich werde das mit meinen Schweizern erledigen. Die Bastille wird keinen einzigen Mann verlieren, glauben Sie mir.»

Mitten in der folgenden Nacht schlich von Flüe mit zwanzig seiner Leute aus der Festung. Noch bevor das Tageslicht das durch zahlreiche Feuersbrünste erhellte Dunkel abgelöst hatte, waren alle wieder in der Bastille. Mit einer unglaublichen Kühnheit hatten sie mit drei Fuhrwerken praktisch den ganzen Pulvervorrat in die Bastille überführt. De Launay rühmte sie als Helden, zeigte sich grosszügig und überreichte jedem väterlich zwei Louisdor.

An diesem 14. Juli hatte die Sonne keine Lust, Paris mit ihren Strahlen zu vergolden. Der Himmel war bleigrau und die Temperatur entgegen der Jahreszeit recht kühl. Heiss ging es jedoch in den Strassen zu und her. Schon am frühen Morgen versammelten sich Tausende vor der Invalidenkaserne und setzten schliesslich zum Sturm an. Ohne den geringsten Widerstand der um ihr Leben fürchtenden Bewachung konnten sie über dreissigtausend Gewehre mit Munition und einige Kanonen erbeuten, die die Schweizer im nächtlichen Handstreich zum Pulver nicht auch noch hatten mitschleppen können. Jetzt war das Unheil nicht mehr abzuwenden. Tausendfach erscholl der Ruf: «Auf zur Bastille!» Man vermutete dort eine grosse Zahl schmachtender Gefangener. In Tat und Wahrheit waren dort nur sieben harmlose Männer eingekerkert: Vier Falschmünzer, ein von seiner Familie wegen seines Lebenswandels eingewiesener Adliger und zwei Geisteskranke.

Im Nu waren die Strassen rings um die Festung voll von schreienden Leuten, zu denen sich einige desertierte Soldaten der Nationalgarde gesellten, darunter auch pflichtvergessene Schweizer. Erste Schüsse fielen gegen die Türme, auf denen Kanonen platziert waren. Um zehn Uhr erschien eine Abordnung der Revolutionäre und verlangte kühn die Übergabe. Der verängstigte de Launay wollte diesem Begehren sofort stattgeben. Sein Stab und der unerschrockene Leutnant Ludwig von Flüe jedoch gaben ihm zu verstehen, dass ein solches Verhalten höchst unwürdig sei und die Festung problemlos verteidigt werden könne. «Denken Sie an die meterdicken Mauern, an die vielen Pulverfässer, an die Entschlossenheit unserer ...» Zudem erinnerte man ihn an den frühmorgens erhaltenen Befehl des weit vom Geschütz weilenden Baron Besenval: *Herr de Launay wird die Festung bis zum Äussersten verteidigen; ich habe ihm genügend militärische Kräfte geschickt.* Das Begehren der Aufrührer wurde abgelehnt.

Auch ein zweites, nicht weniger freches Ansinnen zur Herausgabe der Waffen und Munitionsvorräte wurde zurückgewiesen. Um drei Uhr nachmittags kochte die Volkswut über und der heulende Pöbel griff an. Unversehens war der Hof voll von Bewaffneten. Die äusseren Tore und die Fallbrücke wurden mit Beilen zusammengeschlagen. Als sie am letzten Tor angelangt waren, wurden sie von den Verteidigern schreiend aufgefordert, sich zurückzuziehen, ansonsten man sie alle über den Haufen schiessen werde. Höhnisches Gelächter. Dann fielen erste Schüsse. Das angrenzend an den Hof stehende Haus des Gouverneurs begann knisternd zu brennen. Leutnant von Flüe richtete sich zur Verteidigung des Hauptportals ein. Mit drei Zweipfündern wollte er jedes Eindringen verwehren. Sollte das Tor eingeschlagen werden, würde er jedem vorwitzigen Rebellen den Kopf mit einer Kugel vom Hals trennen. Bald begannen die Aufständischen mit ihren herbeigeschleppten Kanonen auf die Türme zu schiessen, von denen nun das Feuer heftig erwidert wurde. Das Gewehrfeuer der Verteidiger aus den Scharten heraus zeigte Wirkung. Dutzende von Toten und Verwundeten wurden von den Angreifern weggetragen. Die Wut des revoltierenden Volkes wuchs dadurch ins Sinnlose. Ohne Rücksicht auf Deckung standen Bewaffnete hin und knallten mit ihren Gewehren gegen die Bastille.

Sie bezahlten ihren Frevel mit dem Leben oder fielen verwundet hin. Weitere Kanonen wurden in Stellung gebracht, diesmal solche grösseren Kalibers. Als de Launay sah, dass auch sie direkt auf das Tor gerichtet wurden und man einen Wagen mit brennendem Stroh zur Zugbrücke hinzog, fiel sein Mut erneut zusammen. Gegen fünf Uhr befahl er dem neben ihm stehenden Tambour, das Zeichen zur Kapitulation zu geben. Leutnant von Flüe eilte entsetzt zu ihm hinauf:

«Sind Sie verrückt? Wir sind doch noch lange nicht am Ende! Wir haben bisher nicht einmal Verluste erlitten! Das Tor hält noch lange. Ich garantiere Ihnen, dass da keiner lebend durchkommt!»

Kreidebleich und wie eingefroren war das Gesicht des Kommandanten der Bastille, als er von Flüe mit krächzender Stimme einen Zettel übergab.

«Ich befehle Ihnen, dies dem Feind zu übergeben.»

Als von Flüe über die Treppe zu seiner Truppe im Erdgeschoss hinuntereilte, las er, was sein Kommandant mit fahriger Schrift auf den Zettel gekritzelt hatte. Er kapituliere; wenn man aber nicht annehme, werde er die Festung und die ganze Gegend in die Luft sprengen, denn er habe zweitausend Zentner Pulver in der Bastille. Von Flüe zögerte, aber dann überwand ihn das Ehrgefühl des unbedingten Gehorsams gegenüber Befehlen eines Vorgesetzten, mochte dieser auch ein noch so grosser Dummkopf sein. Es gelang ihm, den Zettel durch eine Schiessscharte einem Angreifer zuzuwerfen. Alsbald erhielt er die Quittung als höhnisches Geschrei hinter der Mauer, das vom Donner der Geschütze begleitet war. Man wolle keine Kapitulation; man solle sofort die Tore öffnen und die Fallbrücke herunterlassen, schrien sie. Von Flüe eilte wieder keuchend die Treppen hoch, um dem Gouverneur Meldung zu erstatten. Dieser sass regungslos an seinem Tisch, den Kopf zwischen den zitternden Händen. An diesem Mann prallte offenbar jede Botschaft wie an einer kalten Mauer ab. Man hätte ihn aufhängen oder erschiessen können, er hätte keine Regung gezeigt. Von Flüe schrie ihn an. Er solle nun den Kampf bis zum letzten Blutstropfen befehlen. Doch sein Vorgesetzter bewegte nur stumm die Lippen. Als eine Granate in der Nähe an der Mauer zerplatzte, wäre er vom Stuhl gefallen, hätte er sich nicht wie ein Ertrinkender am Tisch festgehalten. Von Flüe erkannte, dass es keinen Sinn mehr hatte, mit diesem Feigling zu diskutieren. Sofort eilte er wieder zu seinen Soldaten in den Pulverdampf hinunter und erteilte hustend Befehle zur Verteidigung. Doch in ihm nagte die Furcht, dass jeden Moment die ganze millionentonnenschwere Burg in die Luft fliegen könnte. Der kleinste Funken ins Pulverlager genügte. Dann sah er, wie vier unbewaffnete Soldaten des Gouverneurs heruntersteigen und das Tor öffneten, ja sogar die Fallbrücke herunterliessen. Von Flüe schrie ihnen zu: «Seid ihr von Sinnen? Zurück, zurück!»

Es war zu spät. Sofort drangen die Aufrührer mit schrecklichem Geschrei, das von den dicken Mauern widerhallte, in die Bastille ein und überwältigten nach und nach die ganze Besatzung. Alle sahen ein, dass Gegenwehr sinnlos war. Keiner wagte einen Schuss. Die meisten liessen verwundert die Gewehre fallen. Immer mehr Menschen drückten sich in die Festung und fielen lärmend über die Besatzer her, auch wie Hexen heulende Frauen. Ein Wunder, dass es vorderhand nur blutige Gesichter, aber keine Toten absetzte. Alles Inventar, das nicht weggeschafft werden konnte, wurde kurz und klein geschlagen. Jedem Schweizer wurden das Gewehr, der Tornister und alles, was er in den Taschen trug, abgenommen. Auch Schweizer, die vorher der Nationalgarde angehört hatten, waren unter den schamlosen Plünderern, die sich hineindrängten. Von Flüe packte einen am Ärmel und fuhr ihn barsch an:

«Wer bist du?»

«Franz Kaspar Bossard aus Zug. Und du?»

«Ludwig von Flüe aus Sachseln. Warum bist du bei den Verrätern?»

«Lass mich!»

Er eilte dem tobenden Mob nach. Ein Anführer rief: «Packt sie und führt sie in den Hof hinaus!»

Vor der Festung wurden die bejammernswerten Verteidiger herumgeschoben und festgehalten. Kaum einer, der nicht aus blutendem Gesicht die letzte Lebensstunde kommen sah. An ihren Uniformen wurden ganze Fetzen heruntergerissen. Dann wurde ein Befehl geschrien, sie zum nahen Rathaus zu führen. Durch ein Spalier von wütenden, tobenden und johlenden Menschen mussten sie lebend durchzukommen versuchen. Man schlug mit Degen, Bajonetten und Fäusten auf sie ein, spie sie an, drohte ihnen, warf Steine auf sie und bedachte sie mit den schlimmsten Schimpfwörtern. Es war eine hässliche Volksbelustigung. Ein Gefangener hinter dem anderen hatte diese Tortur zu erdulden. Vor von Flüe stolperte der schwer misshandelte de Launay dahin, hinter ihm wurden zwei seiner Schweizer Soldaten zu Tode geprügelt. Ihm selber zeigte eine hysterisch lachende Frau einen Strick, mit dem er bald aufgehängt werde. Um das Mass des Schreckens noch vollzumachen, wurde ihm plötzlich der auf einer Lanze aufgespiesste, blutige Kopf von de Launay entgegengestreckt. Ein Metzger mit seinem Messer hatte nicht lange gefackelt. Vor dem Rathaus tat sich vor von Flüe die Hölle auf. Man führte ihn zum im Blute liegenden Rumpf von de Launay. Gegenüber war man im Begriffe, unter Johlen zwei Offiziere der französischen Veteranen und zwei ihrer Soldaten an Laternenpfählen aufzuhängen. Der blutende von Flüe wurde die Treppe hochgeschleift und einer Ratsversammlung vorgestellt, von der er nichts anderes als das Todesurteil für sich und seine letzten Soldaten, die hinter ihm hergeschleppt wurden, erwartete. Ein älterer Ratsherr gebot Ruhe und verlangte von ihm eine Erklärung, warum Schweizer auf der

Seite des adligen Unrats kämpften. In Todesangst riss er sich zu einer beispiellosen Unterwerfung auf:

«Ich entschuldige mich, was vorgefallen ist. Allerdings muss ich Ihnen sagen, dass ich und meine Soldaten in der Bastille nichts anderes als Untergebene gewesen sind und nur Befehle auszuführen hatten. Ich bin nun froh, dass ich dieser schwierigen Notlage entronnen bin. Und so biete ich Ihnen und dem französischen Volk meine Dienste an und tue gerne, was man mir befiehlt.»

Einer der Ratsherren begann zu klatschen. Andere riefen «Bravo». Dem schloss sich die ganze Versammlung an: «Bravo! Bravo, Suisse! Bravo!»

Es brauchte nicht mehr viel und von Flüe, dem die Knie schlotterten, wäre als Held gefeiert worden. Auf jeden Fall entkam er auf diese Art der Wut des Pöbels. Einer, der ihn von der Bastille zum Rathaus geleitet hatte, bot ihm anschliessend sogar Unterkunft an und besorgte ihm einen Freipass, mit dem er sich ungehindert in ganz Paris bewegen durfte. Im Innersten jedoch schämte sich der Obwaldner ob seiner Verbiegung vor den blutrünstigen Horden, die einundzwanzig seiner Soldaten gemeuchelt hatten. Sobald sich eine Gelegenheit ergäbe, würde er abhauen und sich zu den Kameraden durchschlagen. Vielleicht war das aber keine gute Idee. Wenn ruchbar würde, dass er vor den Rebellen in die Hosen geschissen und sich jämmerlich zu guten Diensten angeboten hatte, konnte er kaum auf Anerkennung bei seinen Kameraden hoffen. Zuhause in Sachseln auch nicht. Welche Schande für seine Familie, vor allem für seine Stiefbrüder, die Obwalden als angesehene Landammänner dienten. Vielleicht war er als Söldner bei den Engländern besser dran.

Die Landsleute auf dem Marsfeld erfuhren schon bald vom Fall der Bastille. Die Menge, die mit Fahnen und Transparenten zum Marsfeld zog, tat es ihnen auf lautstarke Art kund und rief sie frech zur Desertion auf. Sie sollen dem Beispiel jener Schweizer folgen, die aus der königlichen Nationalgarde zur Bürgerwehr übergelaufen seien. Ganze dreihundertfünfzig an der Zahl! Baron Besenval verstärkte vorerst die Wachen. Als dann aber bei einbrechender Nacht die Revoluzzer einige Kanonen in Stellung gebracht hatten, spürte der Oberkommandierende wiederum weiche Knie. Er befahl den sofortigen Rückzug nach Sèvres, das unweit des Schlosses von Versailles lag. Aber was war das für ein Rückzug! Genauere Befehle blieben aus, sodass sich die Schweizer Regimenter in einer Art auf den Weg machten, die mehr einer Flucht glich als dem Marsch einer disziplinierten Truppe. Der Aufbruch erfolgte derart überhastet, dass die meisten Offiziere ihr Gepäck zurücklassen mussten, das zur wertvollen Beute der Plünderer wurde. Leutnant Joseph Ignaz von Flüe hatte den Brief von Anneli zum Glück nicht in seinem Gepäck verstaut, sondern in die Innentasche seines Kittels gesteckt, sodass dieser nicht den Dieben in die Hände fiel. Es hätte ihm mehr als nur leidgetan. Anderes liess sich ersetzen. Dieses Lebenszeichen aus der fernen Heimat nicht.

König Ludwig XVI. schrieb an diesem Tag nur ein Wort in sein Tagebuch: «Nichts.» Hatte der eine Ahnung!

2. Meuterei in Nancy und Züchtigung in Rouen

Wie der Aufruhr in Paris immer brutaler und der König schmählich vom Volk gefangen genommen wurde. Wie die Schweizer Regimenter die Lebensmittelzufuhr sichern sollten, aber von Revolutionären zum Meutern aufgewiegelt wurden. Wie Leutnant von Flüe die blutige Meuterei in Nancy erlebte. Wie von Flües Regiment einen neuen, brutalen Kommandanten erhielt, dem drei Hauptleute die Stirn boten. Wie Leutnant von Flüe befördert wurde und einen wichtigen Brief erhielt.

König Ludwig hätte allen Grund gehabt, mehr als dieses grandiose «Nichts» seinem Tagebuch anzuvertrauen. Der Ernst der Lage um seinen rapiden Machtverlust schien noch nicht in seinem Hirn angekommen zu sein. Diesen adligen Hirnwindungen schien das Volk und seine liebedienernde Umgebung ohnehin nicht viel Geist zuzutrauen. Wenn sich sein Ränzchen bei dröhnendem Lachen nach plumpen Spässchen wie ein Blasebalg hin- und herbewegte, glaubte man, einen der Verblödung nahen Fettsack zu erblicken. In ganz Paris war er zur Witzfigur geworden, nachdem bekannt wurde, dass er nachts im langen Nachthemd durch den Spiegelsaal zum Zimmer seiner Gattin watschelte, um einen Nachfolger zu produzieren. Lange ohne Erfolg.

Der Fall der Bastille am 14. Juli, dem nachmaligen Nationalfeiertag, hatte immense Folgen für die Machtbasis des Königs. Viele Adlige verkleideten sich als Bauern, als Handwerker, ja gar als Frauen und zerstoben in benachbarte Länder.

In den folgenden Tagen und Wochen fegte ein Orkan des Köpfens, Aufhängens und Ersäufens durch Paris. Die in Versailles tagende Nationalversammlung konnte sich nur mit grösster Mühe als einzige Ordnungsmacht behaupten. Tag für Tag wurden neue Gesetze erlassen, die dem Druck des Mobs nachgaben.

Am 5. Oktober hatten die Marktfrauen genug von den leeren Versprechungen in Sachen Brot und Mehl. Trotz intensiven Regens bewegte sich ein Zug von sechstausend Hellebarden schwingenden Poissardes, Fischweibern, nach Versailles, an der Spitze sieben Tambouren und drei Kanonen. Nach einer versoffenen Nacht offerierte der König, mit dem Hofstaat sofort nach Paris zu übersiedeln, was mit Jubel und wildem Geschrei quittiert wurde. Und so setzte sich um dreizehn Uhr dieses denkwürdigen 6. Oktobers ein langer und grauslicher Kutschenzug in Bewegung. Voran wurden auf Stangen bluttriefende Köpfe im Triumphzug getragen, dann folgten die von Schweizergardisten flankierten Kutschen der königlichen Familie, sodann die Nationalgardisten, die Abgeordneten der Nationalversammlung und Wagenladungen voll Brot und Mehl. Um den ganzen Zug tanzten besoffene Furien, die sich gegenseitig in obszönem Fluchen und Benehmen überboten.

Nun war also der König in Paris der Gefangene seines Volkes. Die Versorgung von Paris wurde infolge dieser Unruhen nicht besser, insbesondere als auch noch in den Häfen von Toulon, Marseille und Brest Aufstände ausbrachen. Da mussten immer wieder Truppen für Ordnung sorgen, wobei die französischen immer weniger dazu taugten, da Tausende ihrer Offiziere getürmt waren, weil sie als Privilegierte den Hass ihrer Soldaten fürchteten und mancherorts auch derb zu spüren bekamen.

Dann also die Schweizer? Sie schob man in ganz Nordfrankreich herum, um sicherzustellen, dass für Paris bestimmte Lebensmitteltransporte nicht überfallen wurden und erstes Glimmen von Aufruhr erstickt wurde. Es waren Aufgaben, die nahezu unmöglich zu erledigen waren. Da war die Bindung an den König durch den Treueschwur. Da war dann aber auch die ständige Wühlarbeit durch die Jakobinerclubs, die zur Gründung von revolutionären Soldatenclubs anstachelten. Sie versuchten so einen Keil zwischen den aus zwergadligen Geschlechtern der Schweiz stammenden Offizieren und den angeblich im Dreck gehaltenen Soldaten zu treiben. Wenige desertierten. Aber die Stimmung in den Regimentern wurde durchwegs miserabel.

Als man im Regiment Salis-Samaden, das in Arras nahe der Grenze zu Belgien stationiert war, vernahm, dass es beim Schweizer Regiment Châteauvieux in Nancy gewaltigen Aufruhr gebe, beschloss man, einen Verbindungsoffizier mit Eskorte zur Nachrichtenbeschaffung dorthin zu schicken. Die Wahl fiel auf Leutnant Joseph Ignaz von Flüe. Den abenteuerlich gesinnten Obwaldner Offizier reizte zwar die Aufgabe, doch wäre er gerne länger im beschaulichen Städtchen mit seiner gewaltigen Festungsanlage des Ingenieurs Vauban und der mit Giebelhäusern umrahmten Grande Place mit ihren Kneipen unter den Arkaden geblieben. In früher Morgenstunde fuhr das Detachement mit drei Kutschen in den von der aufgehenden Sonne rosa gefärbten Nebel hinein.

Nancy: Ein guter Klang für einen Schweizer. Am 5. Januar 1477 verlor dort Herzog Karl der Kühne nicht nur eine entscheidende Schlacht gegen mehrere Tausend Schweizer Söldner, sondern auch sein Leben. Nach den Schlachten bei Murten und Grandson war dies der dritte und endgültige Streich gegen diesen Burgunderfürsten, der an seinem Eroberungsdrang zugrunde ging. Eine helvetische Hellebarde spaltete ihm in dichtem Schneetreiben den Schädel. Was sich nun aber in Nancy abspielte, mehrte den Ruhm der Schweizer nicht. In dieser lothringischen Stadt waren 1790 drei Regimenter stationiert: ein Regiment des Königs, ein Reiterregiment und das Schweizer Regiment Châteauvieux.

Am 20. August 1790 traf von Flüe neugierig, aber auch etwas bange in Nancy ein. Oberstleutnant Merian, der in der notorischen Abwesenheit des Kommandanten das Regiment befehligte, berichtete ihm, was vorgefallen war, doch die Lage sei nun wieder im Griff. Glaubte er!

«Begonnen hat der ganze Schlamassel bei den französischen Regimentern, diesen Hurensöhnen, zuerst mit Befehlsverweigerungen, dann mit Geldforderungen. Durch üble Drohungen konnten sie von den Offizieren nicht weniger als 170'000 Louisdor erpressen. Und dann ...»

Jetzt zitterte der Schnauz von Merian, «dann glaubten zwei üble Karnickel, Grenadiere aus Genf, sie könnten ebenfalls von uns Geld erpressen. Ich befahl Major von Salis, Kriegsgericht über sie zu halten. Er verurteilte sie zu zehnfachem ‹Passer les courroies›, Spiessrutenlaufen. Sie wissen, was das heisst, Leutnant?»

Klar wusste das von Flüe. Es war eine der strengsten Strafen im Solddienst. Vorerst kahlgeschoren werden, dann nackt durch das Spalier der Kameraden durch, wobei diese mit Knüppeln zuschlagen. Kaum einer überlebte diese blutige Prozedur, und wenn, dann wurde er mit Schimpf und vor allem Schande weggejagt.

«Darauf brach hier die Hölle los. Die französischen Regimenter, diese hundsföttischen Rebellen, und viele Einwohner, auch sie gemeine Ratten, zogen los und befreiten die Genfer und führten sie im Triumph durch die Stadt. Und uns wollten sie ans Lebendige.»

Das pockennarbige Gesicht des Kommandanten lief rot an. Speichel spritzte ins Gesicht von von Flüe, den dieser nicht wegzuwischen wagte.

«Sie brüllten uns an, wir müssten Spiessruten laufen, wenn wir den beiden Aufrührern kein Schmerzensgeld bezahlten. Stellen Sie sich das vor, Leutnant! Am Abend machten sich über zweihundertfünfzig verblendete Kindsköpfe stockbesoffen grölend auf die Suche nach dem Major von Salis, um ihm die Gurgel durchzuschneiden. Stellen Sie sich das vor! Zum Glück konnte er sich mit seiner Gemahlin übers Dach in ein anderes Haus flüchten und sich – mit der Pistole in der Hand – dreissig Stunden lang hinter einem Bettvorhang verstecken, während sein Quartier kurz und klein geschlagen wurde.»

«Schlimm! Unglaublich! Und dann gab's ein neues Kriegsgericht?», fragte der sichtlich beeindruckte Leutnant aus Sachseln.

«Was denken Sie? Wie hätten wir so viele Irre einfangen und einsperren können! Am 12. August glaubte die grosssprecherische Nationalversammlung in Paris, sie könne mit donnernden Worten aus der Ferne die Lage beruhigen. Sie liess an allen Strassenecken von Nancy Plakate anbringen, auf denen die Meuterer scharf verurteilt wurden. Ei, wie da die Hornissen auf den Platzkommandanten Delanoue losgingen! Die Meuterer forderten, dass er sich – obwohl er ja gar nicht dafür verantwortlich war – für den Text entschuldigen müsse, sonst werde er aus dem Fenster in aufgepflanzte Bajonette geworfen. Stellen Sie sich das vor, Leutnant! Der arme Hund gab in Todesängsten nach. Was sollte er anderes tun?»

Leutnant von Flüe schüttelte ungläubig den Kopf. Das war ja noch viel schlimmer, als das, was bis Arras durchgedrungen war. Schweissperlen begannen auf seiner Stirn zu glitzern.

«Setzen wir uns, Leutnant! Das dicke Ende kommt noch. Vor einer Woche, am 13. August, versammelte sich der aufrührerische Teil unserer Leute auf dem Hauptplatz, bestens geschützt von den hämisch grinsenden französischen Truppen. Ich wurde gezwungen, mit meinem Stab anzutreten. Wieder einmal ich, der immer wieder das Kommando übernehmen musste, weil der vornehme Herr Châteauvieux sich meist an sicherem Ort fernab der Truppe vergnügt. Da stand ich dann, konnte nicht einmal sitzen, obwohl mir die Beine wegschwimmen wollten. Man verlangte die Bezahlung von ausstehendem Sold und Freigabe des Ausgangs am Abend. Stellen Sie sich das vor! Woher sollte ich das Geld nehmen? Das musste zuerst von Paris herangekarrt werden. Und diesen Ratten unbeschränkten Ausgang geben, damit sie sich sinnlos betrinken und die ganze Stadt unsicher machen konnten? Ach ...»

Mit einem tiefen Seufzer fuhr der Basler Oberstleutnant Merian leise fort. «Ich musste alles versprechen. Soll ich Ihnen etwas sagen? Beinahe in die Hosen geschissen habe ich. Jawohl! Ist Ihnen das noch nie widerfahren?»

Leutnant von Flüe wusste nicht, was er auf das freimütige Bekenntnis des Kommandanten antworten sollte. Ein Adjutant brachte zwei Gläser Wein.

«Aber jetzt ist wieder Ruhe?»

«Santé, Leutnant. Ehhhh. Ja, im Moment. Die hehre Nationalversammlung hat einen Boten geschickt und an die Meuterer appelliert. Er hat ihnen die Konsequenzen ihres Handelns drastisch dargelegt. Und hat ihnen zugestanden, dass sie eine Delegation zur Nationalversammlung schicken könnten. Hat auch eindringlich gesagt, dass jeder Soldat sich seines Eides erinnern solle und ab sofort wieder den Befehlen der Offiziere gehorchen müsse.»

«Und das haben sie getan?»

«Kommen Sie mit!»

Sie leerten die Gläser und standen auf. Mit einer Leibwache, die offenbar nicht zu den Aufrührern gehörte, nahm Oberstleutnant Merian den Offizier aus Arras zu einem Inspektionsrundgang mit. Es war schon zehn Uhr abends und die Schleier der Nacht senkten sich rasch über Nancy. Es war ruhig. Auch in den Kneipen, in denen nur noch Einheimische becherten und die Katastrophe beklagten, so viele Truppen beherbergen zu müssen. Die Posten an den Stadttoren waren bezogen und meldeten reglementsgemäss. Das Zeughaus war bewacht. Einzig das Wachtjournal war zu beanstanden, das nur schludrig geführt wurde. Alles in Ordnung? Leutnant von Flüe spürte wohl, dass es in der Luft von Nancy immer noch knisterte. Das ferne Wetterleuchten eines Gewitters konnte man in übertragenem Sinne auch als Menetekel für die kommende Zeit deuten.

Am 24. August war die Meuterer-Delegation noch immer nicht aus Paris zurück. Sie wurde zurückgehalten und mit der Andeutung grossartiger Versprechen benebelt. Stattdessen erschien der vom Oberbefehlshaber aller Truppen in Nordfrankreich gesandte General Malseigne in Nancy, um mittels Verhandlungen wieder Ruhe einkehren zu lassen. Sehr erfolgreich war er damit nicht, musste er doch gar selbst um sein Leben fürchten. Malseigne gelang es, ins Haus des Platzkommandanten Delanoue zu flüchten. Von dort befahl er dem Schweizer Regiment, aus der Stadt auszumarschieren. Gleichzeitig befahl er allen in der Region stationierten Einheiten der Nationalgarde, sich im Eilmarsch nach Nancy zu verschieben. Die Meuterei war wieder im vollen Gange.

In der folgenden Nacht preschte General Malseigne – er hätte keinen ominöseren Namen tragen können – mit einigen Dragonern zur Stadt hinaus. Sofort setzten ihm einige Reiter des Dragonerregiments nach. Nach kurzem Gefecht kehrten diese unverrichteter Dinge, aber mit Rachedurst geladen zurück. Nun ging die Meute auf den Stadtkommandanten los, den sie über den Hauptplatz ins Gefängnis prügelten. Jeden Offizier, dessen sie habhaft werden konnten, sperrten sie ebenso ein. Einige Rädelsführer riefen zur Plünderung des Zeughauses auf und sammelten danach ihre Räuberbanden, um den geflüchteten General Malseigne zu ergreifen. Dreitausend Mann zogen lärmend zu diesem Vorhaben aus der Stadt. Leutnant von Flüe überlegte, ob er sich jetzt nicht besser nach Arras absetzen sollte. Die Lage war dramatisch und zu tun hatte er mit ihr nichts. Die Meuterer würden bei ihm als Offizier keine Gnade walten lassen. Offizier war Offizier, basta!

Die Lage wurde noch dramatischer, als anderntags die Meuterer von ihrem Ausmarsch zurückkehrten und im Triumph General Malseigne, dem die Uniform in Fetzen vom Leib hing, durch die Stadt führten. Die Ruhe war dahin. Tag und Nacht wurde nun gefeiert, geschossen, gesoffen und gehurt. Von Flüe fand keine ruhige Ecke, in der er an seinem Brief in die Heimat basteln konnte. Sollte er bekennen, dass er so bald als möglich den Dienst quittieren wollte? Dass ihm das Soldatenhandwerk zum Kotzen verleidet war? Dass er als Offizier zum Frass für die Revolution und ihre freigelassenen hirnlosen Bestien geworden war? Sollte er das Wort Liebe oder Zuneigung oder etwas Ähnliches erwähnen? Anneli, Anneli! Zu gefährlich, sachlich bleiben! Vorerst aber musste er aus dieser Hölle wieder entkommen, sonst musste Anneli nicht mehr auf ihn warten.

Den Spuk in Nancy beendete am 30. August General de Bouillé, der mit dreitausend Infanteristen und tausendvierhundert Reitern vor der Stadt erschien. Er forderte die Meuterer auf, die Stadt sofort, aber wirklich sofort, zu räumen und wieder die normale Befehlsordnung herzustellen. Die französischen Truppen bekamen es mit der Angst zu tun, räumten ihre Kantonnemente und ergaben sich General de Bouillé. Ein Teil des Schweizer Regiments tat es ihnen gleich, nachdem sie alle Offiziere inklusive General Malseigne aus der Haft befreit hatten. Vorsichtig stahl sich auch der Stab des Regiments Châteauvieux aus der Stadt. Mit ihm Leutnant Joseph Ignaz von Flüe. Oberstleutnant Merian erteilte erste Befehle, bange, ob sie auch befolgt würden, was der Fall war. Ein sturer Haufen von etwa dreihundert Schweizer Meuterern blieb in der Stadt und verweigerte jede Kapitulation, zu allem entschlossen. Sie versuchten, ihre Offiziere gefangen zu setzen, doch diese entkamen in letzter Minute auf die Zitadelle. Kurz darauf erfolgte der Angriff von General de Bouillé. Rasch waren die Angreifer in der Stadt, hatten aber drei Stunden lang gegen die Aufrührer zu kämpfen, die sie aus Fenstern und von Dächern herab beschossen.

Am Abend breitete sich traurige Ruhe in den zerschossenen Strassen von Nancy aus. Leutnant von Flüe durfte Oberstleutnant Merian, dem die Tränen aus den geröteten Augen kullerten, auf seiner Tour durch das städtische Schlachtfeld begleiten. Überall wurden blutende und verstümmelte Leichen der Schweizer von ihren Kameraden weggetragen. Merian sprach kein Wort, wischte sich nur manchmal das Gesicht ab. Im Feldlager wurde ihm gemeldet, dass dreihundertneun Mann gefallen oder verwundet seien. Und das von einem Regimentsbestand von neunhundertzweiundsiebzig Mann. Die französischen Angreifer behaupteten überdies, dass sie über hundert Meuterer gefangen genommen hätten. Das Regiment war kein Regiment mehr! Ausgebrannt, ausgeblutet, zerstückelt, reif für die Auflösung.

Leutnant von Flüe wollte sich bei Merian abmelden. Er hatte genug gesehen. Übergenug. Er nahm Achtungstellung vor dem Kommandanten an, der gerade von einem Rapport bei General Bouillé zurückkehrte, und meldete für morgen seine Abreise. Merian packte ihn am Ellbogen.

«Bleiben Sie noch, Leutnant. Die Sache wird noch bereinigt.»

«Bereinigt?»

«Ich habe soeben Befehl erhalten, mit dem ganzen Rest des Regiments am 4. September der Urteilsverkündigung beizuwohnen. Dann wird bereinigt, Sie werden sehen, Leutnant. Es wird nach schweizerischem Recht abgeurteilt, denn das Gericht wird aus den Schweizer Bataillonen Vigier und Castella gebildet, die zur Truppe des Generals gehören. Ich befürchte Schlimmstes!»

«Muss ich da dabei sein? Ich habe ja damit nichts ...»

«Sie müssen nicht, aber ich würde es sehr schätzen, wenn Sie über mich und die Wiederherstellung der Soldatenehre in unserem Regiment berichten könnten.»

«Was wäre über Sie zu sagen, Oberstleutnant?»

«Sie könnten Zeugnis davon geben, dass ich alles versucht habe, die Ordnung wiederherzustellen. Und das, obwohl ich ja nur Stellvertreter war und noch bin. Immer wieder, weil der Kommandant sich anderweitig vergnügt. Aber das alles reicht wohl nicht, mich zu befördern.» Bitterkeit überzog das Gesicht von Merian.

Was am 4. September geschah, durfte Leutnant von Flüe Anneli nicht schreiben und später nie erzählen. Es würde ihr, dem zarten Geschöpf, den Schlaf für lange rauben. Und ob sie einem, der solche Ungeheuerlichkeiten erlebt hatte, noch wohlgesinnt sein konnte?

Auf sechs Uhr früh hatten alle Truppen der in Nancy stationierten Regimenter unbewaffnet auf dem zentralen Platz anzutreten. Die dem General unterstellten

Schweizer Bataillone standen im Geviert da, in dessen Zentrum die Richter an Tischen Platz nahmen. Den Platz sicherten bewaffnete französische Truppen, die auch die Fenster der umliegenden Gebäude zu beobachten hatten. Dragoner zu Pferd sperrten alle Zugänge. In der Nacht waren sechs Galgen errichtet worden, was allen Anwesenden ein Kribbeln im Bauch verursachte. Nach einer Viertelstunde wurden hundertsechsunddreissig Gefangene mit auf den Rücken gebundenen Händen vorgeführt. Dann ein Trommelwirbel. Der oberste Richter erhob sich zur Verkündung des Urteils:

Der Anführer, Soldat Soret aus Genf, zum Tode auf dem Rad; angesichts der Abschaffung dieser Strafe: zum Tode durch den Strang. Dreiundzwanzig Soldaten zum Tode durch den Strang. Einundvierzig Soldaten für dreissig Jahre auf die Galeeren. Die übrigen zurück ins Gefängnis zur weiteren Abklärung.

Dann erneut ein Trommelwirbel. Die ersten sechs wurden an den Galgen gehängt. Als sie ausgezappelt hatten, kamen die nächsten sechs an die Reihe. Immer wieder ein Trommelwirbel, der den Anwesenden das Rückgrat hinunterzitterte. In manchem bärtigen Gesicht zuckte es. Die Galeerensträflinge wurden nach Brest weggeführt, nach ihnen die Gefangenen zurück in ihre Verliese. Heisere Befehle. Abmarsch. Stampfen einiger Tausend Füsse im Takt.

Noch am selben Tag fuhr das Detachement von Flüe zurück nach Arras.

*****

Oberleutnant Michael von Flüe war anfangs Dezember 1791 wieder einmal von einer seiner Pensionsreisen in die Innerschweiz zurückgekehrt. Sofort wurde er umringt und ausgefragt.

«Die Stimmung in den Innerschweizer Kantonen?»

«Seid froh. Das ist noch ein Paradies. Allerdings zerreissen sich einige Frechdachse das Maul gegen die Obrigkeit. Das seien Blutsauger, Profiteure und Verräter. Aber die haben ja keine Ahnung, müssen schliesslich froh sein, wenn fähige Männer das Volk führen.»

«Und die Eidgenossenschaft?»

«Man hört eigentlich nur von Unstimmigkeiten in den Berner Herrschaftsgebieten. Gegen die Waadtländer Separatisten sollen sie auch schon Truppen eingesetzt haben. Apropos Truppen: Diesbezüglich habe ich ganz Übles gesehen. Die Kantonsregierungen haben realisiert, dass ihre Truppen nicht viel taugen. Verlumpt, schlecht geführt, miserabel ausgerüstet, keine ernsthafte Musterung mehr. Nun hat man da und dort ‹Trüllsonntage› eingeführt, an denen wehrfähige Männer ausgebildet werden sollen. Als wehrfähige Männer werden auch Buben betrachtet, denen noch kein Flaum unter der Rotznase spriesst. Ich habe gesehen, wie ein altgedienter Söldneroffizier auf der Allmend Brunau bei Zürich versucht hat, denen das Kriegshandwerk beizubringen. Aber die haben gemault, gelacht, sind herumgelegen, haben zwischendurch mal einen Schuss aus rostiger Flinte gegen den Uetliberg hin gewagt und haben dann zur Feier des Waldschadens ausgiebig gebechert. Möge der Herrgott verhindern, dass unsere Schweiz jemals sich gegen fremde Fötzel verteidigen muss.»

Leutnant Joseph Ignaz von Flüe war gespannt, als ihn sein Vetter Michael zu sich winkte. Ja, tatsächlich. Er zog wieder einen Brief aus Obwalden aus seiner Ledertasche. Den habe man für ihn mitgegeben, sagte er, mit den Augen schelmisch zwinkernd. Eine späte Antwort auf seinen Brief, den er anfangs Jahr einem Heimkehrer mit auf den Weg gegeben hatte? Sehr aufschlussreich war das ja nicht gewesen, was er Anneli geschrieben hatte. Es gehe ihm gut, man habe recht zu essen, das Wetter solala, interessante Stadt. Kein Wort darüber, ob unter seiner Uniform ein zartes Prickeln sich regte, nicht einmal die sorgende Frage, wie es ihr gehe.

Joseph Ignaz zog sich in eine Ecke zurück.

Lieber Joseph,

ich danke Dir aus ganzem Herzen für Deinen Brief. Ich bin fast trübselig geworden, dass ich so lange nichts mehr von Dir gehört habe. Man weiss ja dann nicht, ob Du meinen Brief überhaupt erhalten hast, ob Du noch lebst (mein Gott, dieser Gedanke!) oder ob er Dir lästig war und Du einfach nichts mehr von mir wissen wolltest.

Es geht mir wieder gut. Hatte eine Erkältung mit bösem Husten. Wir hatten einen ganz strengen Winter. Der Schnee lag bis über die Hagstecken hinaus. Viele mussten mit einer Leiter aufs Dach steigen, um den Schnee herunterzuschaufeln, damit die Häuser und Ställe nicht zusammengedrückt wurden. Und es war bissig kalt. Die Luft über dem See war blau und die Sonne war so schwach, dass sie nichts ausrichten konnte. Deshalb hat man dann wie verrückt geheizt und trotzdem hat man gefroren. In der Schwendi hat einer so viel Holz in den Ofen gestossen, dass dann das Haus abgebrannt ist. Wenigstens ist kein Mensch verbrannt. Auch kein Vieh. Bei uns war der Weg vom Haus zum Dorf eisglatt (Onkel Baschi hat dafür ein unanständiges Wort geschimpft). Ich bin dann einmal ausgeglitten und so dumm hingefallen, dass ich tagelang Schmerzen im rechten Bein hatte. Aber jetzt ist es wieder gut. Ist ja schon längst vorbei.

Der Frühling war dann wieder gut und auch der Sommer hat sich gut angelassen. Ausser ein wenig Rumpeln hat uns kein Gewitter geplagt. Jetzt sortieren wir das Obst. Der Most gärt schon ganz gut. Es gibt auch wieder viele Körbe zu flechten. Vater ist ganz zufrieden. Mutter auch.

Es wäre schön, wenn Du wieder heimkämest. Auch nur für zwei, drei Wochen Urlaub. Ich möchte Dich wieder einmal sehen. Ich würde Dir dann eine goldbraune Rösti mit gebratenen Äpfeln kochen. Lass es mich schnell wissen, wenn Du kommst.

Ich habe für Dich schon viele Rosenkränze gebetet und der Muttergottes im Bildstöckli lege ich immer wieder Blumen hin, damit sie Dich beschützt.

Ich wünsche Dir alles, alles Gute! Ganz liebe Grüsse
Anneli

Bedächtig faltete Joseph Ignaz den Brief zusammen und steckte ihn in die Tasche. Das farbige Herbstlaub an den Hängen ob dem Sarnersee, das in seiner Erinnerung aufsässig wurde, drückte ihm den Hals zu und die graue Gegend vor ihm begann zu schwimmen. Er stand mit einem energischen Ruck auf. Um die Fassung wiederzugewinnen, liess er einen ellenlangen Fluch in die kühle Luft hinausfahren, in dem der Teufel, eine ganze Kompagnie von Heiligen und einige Sakramente in einem Satz abgehandelt wurden. Verdammt! Und verreckt! Und überhaupt, was erlaubte sich eigentlich dieses Töchterlein eines Korbflechters, sein Leben durcheinanderzubringen. Für geistige Unruhe für die nächste Zeit war wieder gesorgt.

*****

Noch im Dezember 1791 lernte Leutnant Joseph Ignaz von Flüe die Stadt Rouen am Unterlauf der Seine kennen, als das Regiment Salis-Samaden von der belgischen Grenze dorthin verlegt wurde. Es war eine Stadt, in der die frühere, nun in den Wind der Revolution geratene Religiosität in hundert Kirchtürmen zum Himmel schoss, unter denen die im Jahre 1450 fertig erbaute Kathedrale besonders hervorstach. Joseph Ignaz beeindruckte aber auch die Geschichte der mutigen Jeanne d'Arc, die dort auf der Place du Vieux-Marché als Hexe verbrannt worden war. Eine Frau! Ein Mädchen! Eine junge Frau der gröberen Sorte.

Der Dienst in Rouen war vorerst ziemlich langweilig. Exerzieren, Retablieren, Wache schieben. Doch der Spaltpilz, der überall durch die Revolution in die durch Geburt zufällig geadelten Obrigkeiten angesetzt war, tat auch sein Unwesen im Regiment. Es waren aber nicht nur die gemeinen Soldaten, die einer neuen Gesellschaftsordnung das Wort redeten. Zunehmend taten auch Offiziere kund, dass Recht und Vorteile besser verteilt werden sollten. Auch Leutnant Joseph Ignaz von Flüe begann, in seinem Kopf abzuwägen. Was konnte eigentlich Anneli dafür, dass sie mausarm geboren worden war?

*****

Nach der frivolen Kriegserklärung Frankreichs an Österreich fuhren die desertionsgeplagten französischen Regimenter Niederlage auf Niederlage ein. Würde man nun in höchster Not die Schweizer in die Schlacht werfen? Ein Unglück besonderer Art für die Reihen der Schweizer Söldner brachte im Sommer 1792 die Übernahme des Regimentskommandos durch den grimmigen Glarner Oberstleutnant Bachmann (mit den Vornamen Franz Leodegar Niklaus Ignaz reichlich gesegnet), der seine Leute wie Vieh behandelte und sich auf diese Art für die Fussstapfen seines Vaters empfahl, der in französischen Diensten den Titel eines Feldmarschalls geführt hatte. Tag für Tag brüllte er hoch zu Ross mit geschwungenem Säbel die Kompagnien über den Exerzierplatz und pickte wahllos Soldaten heraus, denen er erniedrigende Strafen verordnete. Kompromisslose Disziplin müsse bei seiner Truppe herrschen, verkündete er schneidig. Keinen Millimeter dürfe man vom Eid für den König abweichen. Auf die Fahne liess er die Worte sticken «Pro patria et liliis», also für Vaterland und die Wappenlilien des Königs. Schluss mit dem teuflischen Säuseln von Revolutionsgedanken! Ordnung, Ordnung und nochmals Ordnung, und diese in altbewährter Manier. Mannszucht nannte er sie. Bachmann fühlte sich dabei von Ludwig Affry, dem von der Nationalversammlung ernannten Generalobersten der Schweizer Truppen in Frankreich, gestützt, der nur jene Offiziere förderte, die dem König unzweideutig die Treue hielten.

Der Sonnenschein des Generals Affry strahlte auch über den eifrigen, disziplinierten, aber etwas ruhigen Joseph Ignaz von Flüe, der zum Hauptmann befördert wurde. Das würde auch am Jahrmarkt in Sarnen, der Nachrichtenbörse des Kantons, anerkennend zu reden geben. Potztausend, was für ein tüchtiger Mann! Sein Vater, Landamman Johann Nikodem, durfte sich mit geschwellter Brust dem Volk zeigen, dem oberen und dem niedrigeren. Anneli? Sie würde sich bestimmt auch freuen oder aber vielleicht traurig sein, dass ihre beiden Kontinente immer weiter auseinanderdrifteten. Jetzt traten wohl andere, erbschwangere Jungfrauen ins Blickfeld.

Im Restaurant «La Couronne» fanden Abend für Abend immer heftigere Auseinandersetzungen unter Offizieren statt. Auffällig vertraten die Hauptleute Salis, Buxdorf und Bourcart die Auffassung, dass die Treue zum König ein Gang auf den Friedhof der Geschichte bedeute und man sich besser in den lebenskräftigen Auen einer neuen Zeit einbetten sollte. Das kam Oberstleutnant Bachmann zu Ohren. Er liess diese Offiziere antreten, kanzelte sie ab und stellte in Aussicht, ihnen schon noch Gelegenheit zum Nachweis zu geben, dass sie als Offiziere etwas taugten.

Diese Gelegenheit liess nicht lange auf sich warten. Als Bachmann den Befehl erhielt, ein Detachement nach Le Havre zu entsenden, schickte er die Kompagnien der von revolutionären Bazillen infizierten

Offiziere dorthin, fünfundsechzig Kilometer weg von seinem Zorn. Ungern gingen die drei Kompagnien nicht. Sie erwartete dort ein ruhigeres Leben als unter Bachmanns Fuchtel. Revoluzzer gab es dort zwar auch, aber diese waren etwas gesitteter als jene in Paris, schlugen nicht gleich drein, führten nur ein grosses Maul, fürchteten vielleicht auch die Gewitter aus Schweizer Gewehren. Le Havre wollte sich nicht selber kaputt revolutionieren. So hatten es die Söldner recht gemütlich, konnten bei Spaziergängen in der wachtfreien Zeit den im Holz ächzenden Schiffen im Hafen zuschauen, die Sonnenuntergänge hinter tanzenden Wellen bewundern, mit den Seeleuten einen fröhlichen Abend versaufen und manch lustig kreischendes Weibsbild auf den Knien schaukeln und befingern. Ein wahres Paradies für Männer, die aus üblem Leben in der Heimat geflohen waren, aus dem Dreck drückender Armut, verrauchter Küchen, aus kratzenden Strohmatratzen in mit Geschwistern und Flöhen geteilten Betten, weg von serbelnden Müttern und hochprozentigen Fusel saufenden Vätern, die sich mit Streit und Schlägereien zu behaupten versuchten.

Die Idylle hatte ein jähes Ende, als wie ein Blitz der Befehl zum Rückmarsch nach Rouen eintraf. Am 26. Juni, bei den ersten Hahnenschreien, marschierten die drei Kompagnien aus, begossen von einem unaufhörlich niederprasselnden Regen, der auch am nächsten Tag nicht nachliess. Am dritten Tag brannte dann die Sonne auf die müden, durchnässten Soldaten nieder. Als sie in einer Marschpause ihre Klamotten an Sträuchern zum Trocknen aufzuhängen begannen, tauchte wie der leibhaftige Teufel Oberstleutnant Bachmann im Galopp auf seinem schweisstriefenden Pferde auf: «Weitermarschieren, weitermarschieren, ihr faulen Hunde!»

Was blieb ihnen anderes übrig? Als sie bei der Stadtmauer anlangten, begannen Trommeln zu wirbeln. Was dann die auf die Strasse eilenden Bürger beim Durchmarsch zur Kaserne zu sehen bekamen, war empörend. Bachmann, der bisher scheinbar ruhig vorangeritten war, explodierte in einem fürchterlichen Zorn und bellte der Truppe die übelsten Schimpfwörter entgegen. Dazu schlug er mit dem Säbel auf die Köpfe der «Halunken», der «Lumpenkerle» und der «Wildsäue, die das ganze Regiment entehrten». Er forderte die zutiefst betroffenen Offiziere auf, ebenfalls diesen «Abschaum von Soldaten» mit ihrem Säbel zu züchtigen. So wie die verhagelten Soldaten ohne Murren ihren Marsch fortsetzten, weigerten die Offiziere sich, dieses üble Spiel der Demütigung mitzumachen, obwohl ihnen Bachmann mit Arrest wegen Befehlsverweigerung drohte. Manchen Soldaten rannen Blut und Tränen in die Bartstoppeln und Furchen ihrer braungebrannten Gesichter. Nicht wenige hatten Mühe, im Schritt zu marschieren, zu sehr schmerzten ihre Füsse. Zuschauer pfiffen und bedachten den aus seiner Würde gefallenen Obersten mit Schimpf- und Schandworten. Den Geschundenen aber hielten sie Krüge mit Wasser und Wein hin.

Am nächsten Morgen liess Bachmann das ganze Regiment zur Inspektion antreten, die er dazu benützte, die aus Le Havre heranmarschierten Kompagnien vor allen anderen blosszustellen. Das empörte auch Joseph Ignaz von Flüe, der stramm in neuer Hauptmannsuniform neben seinem Bataillonskommandanten stand. Wieder mussten die einfachen Soldaten den Preis dafür bezahlen, dass eigentlich nur ihre Kompagniechefs Zielscheibe eines unerklärlichen Zornes waren. Nach diesen Beleidigungen verlangten die Hauptleute der Truppe eine Aussprache bei Bachmann. Buxdorf begann:

«Woher, Herr Oberst, nehmen Sie die Gewissheit, dass unsere Kompagnien das Regiment entehrt hätten?»

«Was fällt Ihnen ein, mir Vorhaltungen zu machen? Wer seid Ihr, he? Stehen Sie zuerst gerade hin, bevor Sie mit mir reden! Welche Vorstellungen von Unterordnung habt Ihr? Soll ich Euch sofort in Arrest führen lassen? Wenn Ihr Euch zu beklagen habt, dann verlasst das Regiment! Demissioniert, und zwar sofort. Ich nehme es an. Und dann könnt Ihr dem Herrn Affry schreiben, Euch als Freunde der Revolution auch bei der Nationalversammlung beklagen. Dann werden wir sehen, wer Recht hat. Verstanden! Abtreten!»

Hauptmann Buxdorf wollte noch etwas sagen, doch der Regimentskommandant fuhr ihn an:

«Haben Sie nicht gehört? Abtreten, habe ich gesagt! Marsch, marsch!»

Die Hauptleute Salis, Buxdorf und Bourcart gingen aufgebracht in ihr Quartier. Nach kurzer Beratung setzten sie ihr Demissionsschreiben auf, das sie am anderen Morgen Bachmann überreichen liessen. Dieser liess sie sofort zu sich kommen und empfing sie mit salbungsvollen Worten.

«Ach! Wir sollten doch keine Geschichte daraus machen. Demissionieren? Wegen einer solchen Lappalie? Wir finden doch bestimmt einen guten Ausweg.»

«Unser Entschluss steht fest, Herr Oberst», erwiderte Hauptmann Salis.

«Bha, bha, bha! Wir können doch wieder in Frieden miteinander leben. Lassen einen gütigen Schwamm darüber wischen. Nur eines muss ich Euch sagen: Ihre revolutionären Ideen sollten Sie begraben. Das hat doch keine Zukunft. Verstehen Sie? Auch für Sie persönlich keine Zukunft. Vertrauen wir wieder einander und folgen unserem Eid!»

Das war vergebliche Mühe. Das von Bachmann in Stücke gehauene Geschirr liess sich nicht mehr flicken. Auch das inständige Bitten ihrer Unteroffiziere half nicht. Die drei Offiziere reisten unverzüglich nach Paris, um dem Generalobersten Affry eine Beschwerde gegen Bachmann zu unterbreiten, die sie auf schnellstem Wege auch der Regierung in Basel zukommen liessen. Auf eine Antwort mussten sie länger warten. Sie hörten in der Zwischenzeit, wie die in Nancy zur Galeere verurteilten Meuterer des Regiments Châteauvieux nach der Begnadigung durch die Nationalversammlung im Triumph durch Paris geführt worden seien. Weiss gekleidete Mädchen hätten ihre Ketten getragen. So ein Karneval!

Und dann war es den Hauptmännern Salis, Buxdorf und Bourcart vergönnt, den lärmigen Einzug einer bunt zusammengewürfelten Freiwilligentruppe aus Marseille zu erleben, die immer wieder ihr Revolutionslied sangen, in das das ganze Volk einstimmte: «Allons enfants de la Patrie; le jour de gloire est arrivé … Aux armes, citoyens! ... Tremblez, tyrans!»

Welche Schrecken kündigten sich da an?

3. Das Gemetzel in den Tuilerien

Wie Hauptmann von Flüe vom geflohenen Luzerner Hauptmann Dürler erfuhr, wie die Schweizergarde bei den Tuilerien niedergemetzelt wurde.

Beim Regimentsstab in Rouen erschien am 13. August 1792 gegen neun Uhr aufgeregt der Sohn eines Gastwirtes aus einem Weiler ausserhalb der Stadt und verlangte dringend, mit einem Offizier zu sprechen. Er liess sich nicht abweisen, auch nicht mit dem Hinweis, dass jetzt gerade eine Befehlsausgabe des Regimentskommandanten stattfinde. Er hatte vor der Türe zu warten, und wenn er das nicht wolle, solle er abhauen. Drinnen tobte Oberstleutnant Bachmann:

«Was für eine Schweinerei! Unsere besten Soldaten in Paris abschlachten wie Vieh! Dabei standen sie treu zum König, hielten den Eid selbst im Tode hoch! Was wir zu hören bekommen, ist himmelschreiend. Und nun werden die verdammten Revoluzzer auch ausserhalb von Paris immer frecher. Wollen uns an die Gurgel. Gestern Abend hat mich so ein nichtsnutziger Halunke angeschrien, jetzt werde man uns alle massakrieren. Uns, jawohl uns! Die werden etwas erleben!»

Als Bachmann mit der Faust auf das dicke Tischblatt schlug, fuhr Hauptmann von Flüe, der seinen Bataillonskommandanten begleitete, zusammen, wie auch andere, die nun wieder einen Bachmann'schen Gewittersturm erwarteten. Dann aber hielt der Regimenter einen Moment inne, stülpte seine dicke Unterlippe vor, schien unter den zusammengezogenen Augenbrauen einen tiefgründigen Entschluss zu fassen und gab dann bekannt, dass das Regiment in die etwas ruhigere Gegend von Arras dislozieren werde. Heute die ersten zwei Bataillone, morgen der Rest. Bis zum Mittag würde der Stab die genauen Befehle herausgeben.

Sein «Abtreten!» hallte von allen Wänden wie ein Kläffen wider.

Der Bursche des Gastwirts drängte sich zu Bachmann vor:

«Herr General! Ein Schweizer Offizier aus Paris hält sich bei uns versteckt. Er möchte dringend mit einem Offizierskameraden aus der Schweiz sprechen.»

«Soll herkommen!»

Das könne er nicht, er sei verletzt.

Bachmann rief Hauptmann von Flüe nach: «Von Flüe! Das machen Sie! Aber sehen Sie sich vor, kann auch nur eine Finte sein.»

Mit drei Grenadieren als Begleitschutz machte sich von Flüe auf den Weg.

In der Spelunke «Lion» versperrten ihm vorerst zwei finstere Gesellen in Bauerntracht den Weg. Sie gaben sich als Überlebende der königlichen Schweizergarde in Paris zu erkennen und führten ihn in das obere Stockwerk. In einem kargen Zimmer sass ein Dritter, der in seinen schmutzigen Klamotten den erbärmlichen Eindruck eines Bettlers machte, wie man sie in diesen Tagen zuhauf zu sehen bekam. Das Gesicht hatte er in beide Hände vergraben, die er langsam öffnete, als der Besucher eintrat. Dem Hauptmann von Flüe zeigte sich ein tränennasses Gesicht, über dessen Stirn zwei Striemen mit vertrocknetem Blut wie mit Pinseln hingemalt verliefen. Die rechte Schulter war in ein blutverkrustetes Tuch eingebunden. Einer seiner Begleiter oder Bewacher rückte einen Stuhl zurecht und liess die beiden allein. Der Bettler stiess einen tiefen Seufzer aus:

«Wie kann ich weiterleben? So viele Tote. Ach! Dieses Gemetzel! Dieses Blut! Meine Kameraden!»

«Wer sind Sie?»

Der Bettler sah von Flüe todtraurig an.

«Jost Dürler, Hauptmann des Schweizer Garderegimentes.»

Von Flüe fuhr diese Offenbarung wie ein Blitz ins Herz. Ein Überlebender des Tuileriensturms? Dieser Abschlachtung? Ein Hauptmann? – ein lebender Leichnam, in dessen Augen sich ein unbeschreibliches Elend spiegelte.

«Und du, Kamerad?»

«Joseph Ignaz von Flüe vom Regiment Salis-Samaden.»

«Nachkomme vom seligen Bruder? Wie sehr habe ich ihn in diesen Tagen vermisst.»

Von Flüe senkte die Augen, schwieg. Dieser fromme Familienvorfahre schien ihn immer wieder vorwurfsvoll aus seinem ausgemergelten Gesicht anzublicken. Er musste es verdrängen. Er gab sich einen Ruck.

«Wie bist du hierhergekommen?»

«Ich hätte nicht überlebt, wenn mich nicht tapfere und edelmütige Leute versteckt, mich unverdächtig in Lumpen eingekleidet und aus Paris hinausgebracht hätten.»

«Dann warst du also bei den Tuilerien?»

Dürler seufzte.

«Der einzige Kommandant. Die anderen sind abgehauen. Haben mich und unsere Soldaten im Stich gelassen.»

«Aber da war doch der Regimentskommandant Affry.»

«Ein steinalter Mann. Neunundsiebzig! Schleppte sich mit seiner Schwermut wie ein verirrtes Gespenst herum. Befahl uns, wir dürften die Waffe nur auf schriftlichen Befehl des Königs gebrauchen. Dann verschwand er. Ins warme Bett, hat man gesagt. Das Kommando hatte nun Oberstleutnant de Maillardoz.»

Von Flüe schüttelte ungläubig den Kopf. In Dürler kochte es. Die rechte Hand hielt er vor sein schmerzverzerrtes Gesicht, die Finger zu Krallen verkrampft.

«Dabei sah man doch, was auf uns zukam. Fünfunddreissigtausend Mann aus den revolutionären Garden und den Desertierten der Nationalgarde mit Artillerie sammelten sich nachts in den umliegenden Strassen. Dazu das furchtbare Heulen der von Danton und Robespierre aufgeputschten Pariser. Und wir? Nicht mehr als achthundert. Aber königstreu bis zum Letzten.»

Dann offenbarte sich dem Obwaldner Hauptmann die ganze Katastrophe, die man von Rouen bisher nur wie das zuckende Wetterleuchten eines fernen Gewitters wahrgenommen hatte. Wie nachts plötzlich alle Glocken in Paris zu läuten begannen. Wie morgens um sechs zu Trommelschlag und Pfeifengetriller ein verschlafener, völlig desorientierter König mit schiefer Perücke wie ein Kasper eine letzte Inspektion der stramm dastehenden Schweizer abnahm, während den Sturmkolonnen beim Rathaus die Befehle zum Angriff auf die Tuilerien zugebrüllt wurden. Wie die Königsfamilie, eskortiert von hundert Schweizern unter der Führung der höchsten Offiziere und bedrängt von der hemmungslosen Menge, die tückisch versprochene Zuflucht in der Nationalversammlung suchte. Wie der betrogene König und die Schweizer Offiziere dort sofort verhaftet wurden. Wie nun plötzlich Hauptmann Dürler der ranghöchste Offizier in den Tuilerien war. Wie das Hauptportal mit Sturmböcken und Äxten aufgeschlagen wurde. Wie Dürler mit seinen Gardisten in Gefechtsordnung der blutrünstigen Meute, die die Kapitulation forderte, kampfentschlossen gegenüberstand. Wie mit Kanonenschüssen die erste Reihe der Schweizer niedergemäht wurde. Wie sie die Angreifer unter grossen Verlusten hinauswarfen. Wie dann der unselige Befehl des Königs eintraf, sich zurückzuziehen. Wie nur ein Teil der um ihr Leben kämpfenden Gardisten diesen Befehl erhielt. Wie sich Hauptmann Dürler mit zweihundert Mann in die verwirrte Nationalversammlung durchkämpfte, wo er gefangen gesetzt wurde. Wie dann noch etwa vierhundertfünfzig Schweizer in versprengten Gruppen gegen die Furien kämpften. Wie diese bis zum letzten Mann niedergemetzelt wurden. Wie sich ein unvorstellbarer Sadismus an den Getöteten und Verwundeten vergriff. Wie im Schloss alles kurz und klein geschlagen wurde. Wie Dürler in Zivilkleidern aus Paris flüchten konnte.

Mit blutunterlaufenen Augen starrte Dürler den Besucher an.

«Und nun bin ich hier. Wie ein Tier gejagt wie die anderen Landsleute, die von aufgepeitschten Tigern noch nicht zerfleischt werden konnten.»

Er hatte wirklich Glück. Die Verwundeten wurden – wie man schliesslich vernahm – fast ausnahmslos niedergemacht. Die zweihundert, die gefangen genommen wurden, wurden gefoltert und umgebracht, auch die Offiziere. Ungefähr tausend Schweizer liessen in diesen bluttriefenden Tagen ihr Leben. Viele auf grausame Art, wie Hauptmann von Erlach, dem wildgewordene Weiber den Kopf absägten. Den Oberbefehlshaber Affry nahm man fest, stellte ihn vor ein Gericht, sprach ihn dann aber frei. Einige sagten, in Anbetracht seines hohen Alters, andere wiesen darauf hin, dass er sich feige damit herausgeredet habe, dass er das Kommando über die Garde gar nicht ausgeübt habe.

Was Dürler erzählte, traf nun wie ein Hagelwetter die Seele von Flües, der sich bisher immer noch hatte einreden können, es sei alles nicht so schlimm gewesen, man übertreibe in geschlagenen Schlachten gerne, besonders in Niederlagen. Was sollte er sagen? Er zwirbelte nervös an seinem Schnurrbart. Dürler brach das gespannte Schweigen.

«Kamerad! Ich möchte zu eurem Regiment kommen, euren Schutz geniessen. Ich habe genug von dieser Flucht, von der permanenten Angst in den Knochen, dass mich jemand verrät, ausliefert.»

Von Flüe überlegte kurz, dann entschloss er sich, Hauptmann Dürler mit seinen zwei Grenadieren sofort aufs Regiment mitzunehmen.

*****

Als er sich beim Regimentskommandanten zurückmeldete und rapportierte, putzte ihn dieser mit einem seiner berüchtigten Donnerwetter ab.

«Was fällt Ihnen ein, Hauptmann! Selbstherrlich zu handeln! Ohne zu fragen und Befehle zu holen! Herrgott noch einmal! Und jetzt gehören wir dann selber zu den Gejagten dieser gottverdammten Revolution. Haben Sie denn nicht gehört, dass Horden von Revoluzzern auch in unsere Gegend ausgeschwärmt sind, um Überlebende von den Tuilerien aufzuspüren? Sie Ignorant, Sie!»

Mit hinter dem Rücken verschränkten Armen stapfte Bachmann einige Male schweigend hin und her, sah manchmal mit heraufgezogener Augenbraue Hauptmann von Flüe an, der in Achtungstellung hinter der Tür stand, weitere Blitzschläge erwartend. Doch der Oberstleutnant hatte es sich zum Guten überlegt.

«Also gut! War ja ein Königstreuer, obwohl nicht ganz klar ist, wie er davongekommen ist. Wer desertiert, hat immer irgendwelche Märchen zu erzählen. Aber lassen wir das. Sie sorgen dafür, dass dieser Hauptmann – wie haben Sie gesagt? – Dürler, Hauptmann Dürler, mit seinen Kumpanen verpflegt, verarztet und ausgerüstet wird. Sie sollen Ihrem Bataillonsstab zugeteilt werden. Abtreten! Los, marchez!»

So rabiat, wie Bachmann mit seinen Leuten umging, so rabiat plagte ihn im Innersten etwas, das zu offenbaren sein Stand nicht zuzulassen schien.

In den Tagen, als sich das Regiment in und um Arras einrichtete, trafen weitere Versprengte der Schweizer Garde ein. Auch sie mit schrecklichen Erlebnisberichten, die die Fragen um die Zukunft des Regiments nur noch banger werden liessen. Ein Schwyzer erzählte, dass man seinen schwer verletzten und unter Leichen liegenden Hauptmann Rudolf von Reding für tot gehalten habe. Von barmherzigen Leuten sei er gepflegt worden. Dann hätten ihn Revolutionäre aufgespürt, in ein Kloster verschleppt und ihm schliesslich die Kehle durchgeschnitten.

Und dann traf es Oberstleutnant Bachmann selber. Sein Bruder Karl Joseph war ebenfalls im Sturm auf die Tuilerien als Major gefangengenommen worden. Vor einem Revolutionstribunal legte er sich mit den Richtern an, denen er die Kompetenz absprach, über ihn zu urteilen, da die Schweizer mit diesen Kommissären keine Verträge hätten. Diese erwiderten, die Schweizer hätten sich mit blinder Ergebenheit für den König gegen das französische Volk gestellt und er habe Befehle zum Widerstand erteilt. Wegen der «persönlichen Verderbtheit des Sieur Bachmann» wurde Karl Joseph zum Tode verurteilt. In seinem roten Uniformmantel über dem offenen Hemd und erhobenen Hauptes führte man ihn auf einem Karren durch eine gaffende Menge zum Richtplatz. Bevor er den Kopf unter das Fallbeil legte, rief er noch: «Mein Tod wird gerächt werden.»

Oberstleutnant Bachmann wurde ruhig. Stundenlang sass er allein da, blickte in eine unendliche Ferne, führte Gespräche mit der Luft und mit den Fliegen, die über den Tisch krabbelten. Das Regiment führten nun faktisch andere, doch viel gab es nicht mehr zu führen, nur noch die Disziplin aufrechtzuerhalten, die Ehre zu retten.

4. Die Entlassung

Wie die Nachricht von den Tuilerien die Schweizer Gemüter zum Kochen brachte. Wie die Schweizer Regimenter schmählich entlassen wurden und Hauptmann von Flüe einer ungewissen Zukunft im Obwaldnerland entgegenstapfte.

Die Nachrichten über die Katastrophe in Paris trafen nun nach und nach in den helvetischen Landen ein. Es waren vor allem jene, die dem Gemetzel entfliehen konnten, die die himmelschreiendsten Schilderungen nach Hause trugen. Immer wenn man vernahm, dass einer auf dem Weg nach Hause war, eilte man ihm entgegen. Auch in Obwalden.

«Hast du etwas von Melk gehört? War ja auch in deiner Kompagnie.»

«Ich habe ihn noch gesehen, wie er schoss und dreinschlug.»

Also durfte man sich noch an einen Strohhalm der Hoffnung klammern. Der Herrgott würde es schon richten.

Und dieser und jener? Wusste er nicht. Zuletzt bei der Inspektion des Königs gesehen. Wieder ein Strohhalm.

Als man nach Nikodem Rohrer fragte, blickte der müde Heimkehrer zu Boden, dann mit wässrigen Augen hinauf zum Stucklichrüz, das von einer milden Abendsonne beleuchtet wurde. Ja, da wusste man es. Er brauchte nichts mehr zu sagen. Die Männer um ihn rieben ihre Bärte, die Frauen drückten weinend ihre Schürzen ins Gesicht.

In manchem Haus wurde in diesen Tagen, als dieser und jener Söldner in seine vertraute Heimat tröpfelte und neue Nachrichten brachte, bis in den späten Abend hinein beim Schein einer Kerze gebetet und geweint. Die Pfarrherren kamen mit bedächtigen Schritten zu Besuch, trösteten, segneten und liessen ein Heiligenbildchen zurück.

Der Tannensepp aber fluchte alle Zeichen vom Himmel über diese gottverdammten Franzosen, als er im Stall über den warmen Rücken seiner Kuh Mathilde strich. Und auch den von Flüe, diesen geldgierigen Menschenhändlern, war mancher Kraftausdruck gewidmet.

Auch Anneli hatte keine gute Zeit. Sie schlief schlecht, war einsilbig. Zwar glaubte sie zu wissen, dass Joseph Ignaz in einer anderen Stadt und nicht in diesem bluttriefenden Paris Dienst tat. Aber immer wieder aufkommende Zweifel bohrten sich in ihre Seele, denn die Revoluzzer hätten nun nach neuesten Meldungen keine Hemmungen mehr, überall auf die Schweizer loszugehen. Wieso musste er ausgerechnet bei diesen gemeinen Franzosen Dienst tun? Nur des Geldes wegen? Das hatte er doch nicht nötig. Seine Familie war ja so vermögend, dass keines ihrer Mitglieder auf Geld aus fremden Ländern angewiesen war. Sie würde ihm ins Gewissen reden, wenn er zurückkam. Ihm schreiben? Ihren Brief würde er in diesem Durcheinander nie mehr erhalten.

Die Wut gegen die Franzosen wuchs in der ganzen Eidgenossenschaft, nicht nur gegen die Revolutionäre, auch gegen den unwürdigen König, einfach gegen alle Franzosen mit Ausnahme jener, die aus ihrem unwürdigen Land in die Schweiz geflüchtet waren. Emigranten nannte man sie. Man rief nach Vergeltung, besonders in Freiburg und Solothurn, die die meisten Opfer zählten.

Die Österreicher und Preussen wollten die Gunst der Stunde nutzen und mit Beteiligung der Schweizer über den Jura ins kochende Frankreich eindringen. Um diese Frage zu klären, wurde eine Tagsatzung in Aarau einberufen. Die Stimmung der Abgeordneten wurde noch weiter aufgeheizt, als immer mehr Meldungen von Mordorgien in den ersten Septembertagen an wehrlosen, gefangenen Schweizern eintrafen. Es wurden Namen herumgereicht. Die Namen der Offiziere, die Namen der Unteroffiziere, die Namen der Soldaten. Um die tausend getötete Schweizer waren es. Man polterte nach Vergeltung. Dann wurde bekannt, dass die Nationalversammlung die Entlassung der Schweizer Regimenter beschlossen habe. Der Schultheiss von Bern, Friedrich von Steiger, forderte in einem fulminanten Plädoyer den

Abbruch der diplomatischen Beziehungen mit Frankreich. Andere wollten zu den Waffen rufen. Basel erklärte sich kriegsbereit, wollte auf Hüningen und die dort stationierten Franzosen losziehen und denen das Fell über die Ohren ziehen. Aber in Aarau begann man zu zögern. Schliesslich gewannen die Bedenkenträger die Oberhand. Man begnügte sich damit, die zehn noch in Frankreich befindlichen Regimenter heimzurufen und den französischen Botschafter zum Teufel zu jagen.

*****

Der Tambour Achermann hätte seine Schläger in seiner Wut lieber auf den Schädeln der zuschauenden Deputierten der Nationalversammlung wirbeln lassen als auf dem malträtierten Fell seiner geliebten Trommel, als er am 19. September 1792 den Takt zum Ausmarsch des Regiments Salis-Samaden schlug.

Vor Tagen waren vierzehn hochnäsige Herren in Arras angekommen, um den Beschluss der Nationalversammlung zur Auflösung der Schweizer Regimenter zu verkünden. Wohl wird ihnen dabei nicht gewesen sein, denn für den Fall der Widerspenstigkeit der Söldner waren in der Stadt und in deren Umkreis mehrere Bataillone mit Artillerie alarmbereit aufmarschiert. Man konnte ja nie wissen, was diesen Schweizern noch einfiel. Im Grunde genommen waren die Schweizer nun Gefangene der Revolutionäre. Am Vorabend hatte Oberstleutnant

Bachmann beim Maire der Stadt noch vorgesprochen und ihm eine energische Protestnote übergeben, die von allen Offizieren des Regiments unterzeichnet worden war. Offenbar machte dieses Schreiben nicht den geringsten Eindruck. Dennoch redeten die Offiziere ihrer Mannschaft zu, sich nicht provozieren zu lassen und stattdessen den treulosen Revoluzzern zu demonstrieren, was schweizerische Disziplin und Soldatenehre hiess.

Auf dem Exerzierplatz angekommen bildete das Regiment ein Viereck um die Fahnen, den Stab und die Musik, die aus Tambouren, Trompetern und Pfeifern bestand. Ringsum waren bewaffnete Sansculottes postiert. Bachmann befahl das Regiment nach einem Trommelwirbel zur «Garde à vous!» und meldete es dem Maire, der von den Abgesandten der Nationalversammlung und der Stadtregierung flankiert wurde. Dann wurde «Repos!» befohlen und der Maire las den Entlassungsbefehl vor, dem er salbungsvolle Worte nachschickte:

«Ihr habt jetzt abgedankt und müsst keinen Dienst mehr tun. Ihr müsst wissen, dass Ihr Euch in einer freien Nation befindet und es würde mir ein ausserordentliches Vergnügen bereiten, Euch als Brüder zurückbehalten zu dürfen. Wir bieten Euch Hand, Euch als Mitbürger aufzunehmen. So könntet Ihr sowohl im Zivil- wie auch im Militärdienst zu hohen Ehren, Beamtungen und Reichtümern gelangen. Man wird Euch mit Geld und anderen Gaben unter die Arme greifen. Bedingung ist aber, dass

Ihr Euch bei Gefahr für unser Vaterland sofort in die Armee einreihen lässt und dem Feind an der Grenze entgegengeht. Euer Eigentum in der Schweiz wird unsere mächtige Nation gegen die dortige Obrigkeit schützen.»

Bei diesen Worten begann es in einigen Seelen zu brodeln, dann kochte es über. Aus allgemeinem Gemurmel erhoben sich Rufe:

«Schweig!»

«Und der 10. August? Die Tuilerien?»

«Wir sind Schweizer und keine Franzosen.»

Die Offiziere suchten mit Worten und Händen zu beruhigen. Ihnen war nicht nach einem neuen Gemetzel zumute.

Der Schalmeien dudelnde Maire wurde nervös und setzte zu einem letzten Aufruf an:

«So, wie Tell die Freiheit liebte, solltet auch Ihr als seine Abkömmlinge den wahren Freiheitsfahnen folgen.»

Wieder Flüche, die in unflätigen Zwischenrufen explodierten. Die Situation war nahe daran, ausser Kontrolle zu geraten. Hauptmann Joseph Ignaz von Flüe ging wie die anderen Offiziere durch die Reihen und redete jenen zu, deren Wut die Adern auf Stirn und am Hals anschwellen liess. Eskortiert durch Sansculotten, die ihre Gewehre drohend auf die nun nicht mehr stramm, sondern wie ein Hühnerhaufen Marschierenden richteten, wurde die Truppe zu ihrer Kaserne geleitet. Dort musste sie die Munition auf einen Haufen werfen. Gewehr und Fahnen beliess man den Soldaten. Die Offiziere wurden separiert und jeder Kontakt mit ihrer Truppe verboten.

Am 1. Oktober zogen die völlig frustrierten Söldner des Regiments Salis-Samaden in Richtung Basel ab. Hauptmann Ignaz von Flüe und sein Vetter Michael wurden ebenfalls freigelassen. Auf ihrem Weg trafen sie einige Unterwaldner, mit denen sie sich zu einem Detachement verbanden, das allfällige Übergriffe aus der feindseligen Bevölkerung parieren konnte, denn es war einigen Schlaumeiern gelungen, ihre Munition bei sich zu verstecken. Ein trauriger Haufen, der sich zur Schweiz hinschleppte und in dem die über die letzten Wochen gewachsenen Spannungen zwischen Offizieren und ihren Soldaten durch das gemeinsame Schicksal zugedeckt wurden.

Nicht alle Söldner lenkten ihre Schritte ihrer Heimat zu. Doch nur wenige liessen sich von den Revolutionären überreden und unterschrieben einen Vertrag zu Diensten in deren eilends im Aufbau begriffenen Armeen. Einige strebten eine Heirat mit einer Französin an, obwohl sie damit – weil von der eigenen Kantonsregierung nicht genehmigt – riskierten, das angeborene Bürgerrecht zu verlieren. So auch der Verteidiger der Bastille, Ludwig von

Flüe, der in Reims heiratete. Andere wollten ihre niedergemetzelten Kameraden rächen, indem sie sich als Söldner bei den Gegnern Frankreichs verdingten. Darunter befand sich auch der aus den Tuilerien entkommene Hauptmann Jost Dürler, der bei den Engländern anheuerte und in deren Diensten Korsika, Elba und Portugal kennenlernte. Als Oberst starb er 1802 in Alexandria bei der Rückeroberung Ägyptens durch die Engländer.

Oberstleutnant Bachmann blieb noch bis zum 5. Oktober in Arras, um die Liquidation des Regiments sicherzustellen. Bei seiner Abreise musste er zu einer List Zuflucht nehmen, denn es kam ihm eine Warnung zu, dass man ihn unterwegs ergreifen und liquidieren wolle. Während er sein Gepäck aufladen und die Pferde einspannen liess, schlich er verkleidet aus der Stadt und gelangte mit der Hilfe Wohlgesinnter unbeschadet über die Grenze ins österreichische Feldlager, wo er vergeblich seine Dienste anbot. Darauf zog er schwer enttäuscht in die Heimat zurück, in der er in den folgenden Jahren noch eine bedeutende Rolle einnehmen sollte.

Je näher er der Schweizer Grenze kam, umso elender wurde es Joseph Ignaz von Flüe zumute. Eine ruhmreiche Karriere hatte er sich erhofft, war ja schon bis zum Hauptmann aufgestiegen. Doch nun stand er am Rande eines Abgrunds, am Rande des Nichts. Sold hatte er wie alle Schweizer Offiziere von den Franzosen keinen mehr erhalten. Er war ein geächtetes Wesen, nur noch mit letzten Resten des Anstands von den ihn begleitenden Füsilieren behandelt. Wo sollte er wieder Tritt fassen können? Würde er in Obwalden freudig oder mitleidig oder gar verächtlich empfangen werden? Eigentlich hätte er seiner Meinung nach ja das Zeug zum Landammann, wie viele andere aus seiner weitverzweigten Familie – unter anderem gerade zu dieser Zeit sein Vater. Aber sein Schicksal war nicht aus den Sternen zu lesen, auch aus jenen nicht, die er in Luzern ankommend über dem Pilatus und dem Bürgenstock flackern sah. Irgendwie würde er aber mit seinem Schneid schon wieder eine angemessene Position finden. Und da war noch Anneli. Sie war ja schon recht, war sicher ein gutes Menschenkind, aber für einen wie ihn? Sein Vater würde toben. Korbflechter … arme Kirchenmaus … aber lieb. Doch Liebe durfte nicht mitreden, wenn mit adligem Sieb ausgeschüttelt wurde, wer durch die Maschen fiel und wer nicht.

5. Helvetische Gärung

Wie Joseph Ignaz von Flüe an der Schützenchilbi in Sachseln sein Anneli traf. Wie er zur Nachrichtenbeschaffung durch die gärende Schweiz reiste. Wie er an Weihnachten erfuhr, was echte Liebe wäre. Wie er an jener Tagsatzung in Aarau teilnahm, die einem Totentanz über die Eidgenossenschaft glich.

«Ja, dann müssen wir eben sehen, wo wir in Zukunft unsere Einkünfte herholen. Mit oder ohne Franzosen. Vielleicht in anderen Ländern. Es wird sich zeigen, woher und wohin der Wind in Europa wehen wird.»

Das war der achselzuckende Kommentar des Johann Nikodem von Flüe auf die Schilderung der dramatischen Ereignisse seines Sohnes Joseph Ignaz, der mit verschlissener Uniform heimgekehrt war. Vater von Flüe hatte selbst in jungen Jahren Erfahrungen in fremden Kriegsdiensten gesammelt. In Frankreich, Korsika und Deutschland. Das war offenbar zu dieser Zeit noch eine gewichtige Referenz für politische Ämter: Landesfähnrich, Landvogt im Thurgau und nun war er Landammann des Standes Obwalden. Und eben auch Unternehmer im bisher lukrativen Söldnerwesen. Mit solchen Einkünften konnte man es sich schon auf dem stattlichen Heimwesen am Hang oberhalb der Pfarrkirche mit weitem Blick über den See und gegen Sarnen hin wohl sein lassen. Er zündete nochmals die Pfeife an, schwenkte das Schwefelhölzchen zum Auslöschen in der Luft und blickte Joseph schräg an:

«Jetzt hast du wenigstens Zeit, dich um ein anständiges Weib zu kümmern … Wenn du nicht selber fündig wirst, kann ich allenfalls helfen.»

Joseph nickte nur. Er wusste, Anneli wäre kein «anständiges Weib» im Sinne des Vaters, ja der ganzen Sippschaft der von Flüe.

*****

Am folgenden Sonntag schlug der Puls der ganzen Gemeinde wegen der Schützenchilbi höher. Nach einem feierlichen Gottesdienst mit Beschwörung von Freiheit und Vaterlandsliebe zog man in Festtracht hinter dem Banner St. Sebastians zum Schiessplatz, wo mit schweren Stutzern geschossen wurde, während Geistlichkeit, politische Behörde und Schützenobrigkeit einem üppigen Mahle zusprachen, das mit viel Wein die Kehle hinuntergejubelt wurde. Als es zum Schiessen nicht mehr hell genug war, wurde mit vaterländisch gesalbten Worten die Rangverkündigung vollzogen. Anschliessend schwankte die weinselig gestimmte Festgemeinde wieder ins Dorf, wo sie mit Böllerschüssen begrüsst wurde. Die älteren Semester zogen zu weiterem Umtrunk und zum Kartenspiel in die Gaststuben des «Engels», des «Löwen», des «Kreuzes» und des «Schlüssels». Joseph Ignaz von

Flüe jedoch lenkte seine Schritte erwartungsvoll zur mit Fackeln beleuchteten Tanzlaube bei der Kirche, wo sich schon viele Paare auf den Brettern zur Musik von Trommel, Klarinette und Pfeife drehten. Er hatte seine frisch geflickte und gebürstete Hauptmannsuniform angezogen, sich sorgfältig den Schnauzbart zurechtgestutzt und noch etwas französisches Rosenwasser aus Mutters Flacons auf Stirn und Wangen getätschelt. Eigentlich hatte er sich vorgenommen, mit hocherhobenem Kopf und strammen Schultern wie ein siegesgewohnter Feldherr aufzutreten, damit die simplen Dörfler, die nie etwas von der weiten Welt gesehen hatten, nur so staunen konnten, was er für ein tüchtiger Kerl, eine Zukunftshoffnung für Sachseln, ja für das ganze Obwaldnerland war. Doch in ihm zitterte eine andere Gemütslage. Fast schon schämte er sich, derart wie ein Maskierter an der Fasnacht unter seine Landsleute zu treten und ihre Bewunderung herauszufordern, die schnell in spöttisches Tuscheln kippen konnte. Dann wieder reckte sich sein Kopf erneut. Er lehnte sich an einen Baum und begann, die Tanzenden betrachtend, langsam die Pfeife zu stopfen. Dann durchfuhr ihn ein Blitz. Dort stand sie. In einer einfachen Tracht, mit ihrem lieblichen Gesicht, kurzen Zöpfen, die Hände unter der Schürze versteckt … die schönste, die allerliebste Frau der Welt! Sein Herz raste. Der Takt der Trommeln dröhnte in seiner Brust. Drämm-dä-dä-drämm. Er zwang die Augen in eine andere Richtung, aber sie schnappten immer wieder zu ihr zurück. Er steckte die Pfeife ein und wagte Schritt um

Schritt zu ihr hin. Dann sah auch sie ihn, errötete und trippelte anmutig auf ihn zu.

«Joseph! Du! Du wieder da.»

Sie war überwältigt. Sie wollte mehr sagen. Ihre Lippen zitterten. Dann glänzten Tränen auf ihren Wimpern, während sie zu Boden sah. Der Herr Hauptmann stand da wie ein Klotz, wusste nicht, wie ihm geschah, und wusste vor allem nicht, wie er sich benehmen sollte. Das war eine andere Dimension als Kommandieren, Präsentieren und todesmutig mit gezogenem Säbel in eine Schlacht ziehen. Hier war er wehrlos, ein Gefangener seines Herzens. Dann sah sie zu ihm auf. Das warme Licht der Fackeln spiegelte sich in ihren Augen. Sie hielt ihm die weiche Hand hin. Er konnte nicht anders, als sie anzunehmen und leicht zu drücken. Dann zwängte sich endlich ein Wort aus seiner zugeschnürten Kehle.

«Komm!»

Er nahm sie sacht am Arm und führte sie weg, dorthin, wo das Licht des Mondes stärker war als das der Fackeln bei der Tanzdiele, dorthin, wo ein Käuzchen auf einem Nussbaum die Musik zu übertönen vermochte, dorthin, wo sie allein sein konnten.

«Ich danke dir für deine Briefe, Anneli … Sie haben mir in der weiten Fremde ein Stück Heimat geschenkt.»

«Danke auch dir! Auch wenn ich manchmal lange warten musste. Ich habe mich so gesorgt um dich.»

«Du hättest dich doch nicht um mich sorgen sollen, Anneli. Ich war ja immer in Sicherheit. Sonst hätte ich mich schon wehren können. Wie konntest du dich nur sorgen?»

Sie senkte wieder den Blick. Nach einem tiefen Seufzer brach es hervor:

«Weil du mir … Weil ich dich …»

Es schüttelte sie. Sie bedeckte das verweinte Gesicht mit beiden Händen. Joseph hätte sie am liebsten fest in seine Arme geschlossen, wäre seinem Herzen gefolgt, aber da meldete sich schmerzhaft die Grenze des Standes, die missbilligenden Rufe seiner landaristokratischen Sippe. Doch Anneli überwand unbedarft alle Schranken, schlang ihre Arme um seinen Hals und drückte sich an ihn. Nun wagte auch Joseph, sie an sich zu ziehen, mit der Hand etwas ungelenk über ihre Wangen zu streichen und tränenverklebte Haare nach hinten zu legen. Dann liess er sich vollends gehen und drückte ihr einen Kuss auf ihre warme Stirn. Anneli löste sich, trat einen Schritt zurück und blickte zu ihm auf.

«Danke! Danke, Joseph! Es tut so wohl.»

Dann senkte sie ihren Blick und sagte leise, abgrundtief traurig:

«Ich weiss schon, dass du eine arme Kirchenmaus nicht heiraten darfst; gern haben schon, aber mehr nicht. Du, der hohe Offizier. Du, der Sohn des Landammanns … und ich nur das Korbflechteranneli.»

Joseph ging durch die Hölle. In ihm brannte die Seligkeit der Liebe, während ihm die Krallen der Konvention aller Generationen von Landammännern und Offizieren, ja gar eines Heiligen seines Namens den Hals zuschnürten. Ja, ja, er wusste auch, dass sich ihre himmlischen Gefühle letztlich in der Wüste der Hoffnungslosigkeit verlieren mussten. Aber wie Schluss machen? Er konnte doch diesen wunderbaren Menschen nicht ins Unglück stossen. Er stand da und versuchte zu verbergen, dass er den Tränen nahe war. Ungeschickt wischte er über sein Gesicht, über seine Augen, als ob es eine Mücke zu verscheuchen gälte. Dann würgte er:

«Anneli … du hast ja schon recht. Aber es zerreisst mich … und auch dich.»

Er zog sie wieder an sich, fest, noch fester, spürte ihre Brüste und drückte ihr wieder die Lippen auf ihre Stirn. Dann löste er sich mit einem Ruck.

«Anneli … So oder so: Ich werde dich nie vergessen … Ich gehe jetzt tanzen.»

Damit hatte er ein Messer in ihre Brust gestossen.

«So, du gehst jetzt tanzen.»

Joseph hatte die Verzweiflung aus diesen Worten nicht wahrgenommen, als er sich abwandte und bedächtig dem Lärm der Tanzdiele zustrebte. Anneli aber lehnte sich an den rauhen Stamm des Birnbaumes und schluchzte und schluchzte.

Joseph ging an diesem Abend der Halt vollständig verloren. In ihm drehte sich alles. Das Gewissen flüsterte ihm Worte wie «Gemeinheit», «Feigheit», «Niedertracht» in die Seele. Er machte einen Bogen um den lärmigen Tanzplatz und wanderte zum schlummernden See hinunter, dem er den ganzen Seelenschmetter anvertraute. Als eine aufgescheuchte Ente wütend aufbegehrte, schrie er ihr die schlimmsten Flüche nach – deutsch und französisch. Égalité – Gleichheit, ja so falsch war das nicht, was man in Frankreich forderte. Ach, wenn das nur auch in den hiesigen versteinerten Hirnen Eingang finden würde! Nicht Hauptmann wollte er sein, Mensch, nur Mensch, und Anneli als gleichen Menschen neben sich haben. Aber da hätte er zuerst dem Pilatus den Gipfel abschlagen müssen.

Erst als das erste Morgenlicht die Silhouette des Stanserhorns hervortreten liess, schleppte er sich zum Haus Obkirchen hinauf. Immer noch hatte er den seligen Geruch von Annelis Haar in der Nase. Auf dem

Friedhof grölte ein Besoffener, der den Heimweg nicht mehr fand und mit den Toten seltsame Zwiesprache hielt.

*****

Am andern Tag sass Joseph Ignaz schweigsam auf der Bank vor dem Haus, sah und sah doch nicht. Die Mutter trat zu ihm, legte ihm die Hand auf die Schulter.

«Was ist mit dir los?»

«Nichts.»

Anneli sortierte währenddem gedankenverloren die aus feuchtem Gras aufgelesenen Baumnüsse, als ihr Vater, dem der Schnaps aus den Kleidern stank, hinzutrat.

«Was ist mit dir los?»

«Nichts.»

«Schau mich an! … Warum heulst du?»

«Nichts!»

*****

Als in den Obwaldner Gemeinden bekannt wurde, dass Joseph Ignaz von Flüe, der ledige Offizierssohn des Landammanns, aus Frankreich zurückgekehrt sei, strichen unverheiratete, glitzernd herausgeputzte und erbträchtige Töchter wie hungrige Katzen um das

Heimwesen Obkirchen herum. Einige gingen mehr als einmal langsam am Haus vorbei ins Dorf hinunter und wieder zurück und bestürmten den seligen Bruder Klaus an dessen steinernem Sarkophag, dass der Zufall ihnen doch den flotten Herrn Hauptmann über den Weg und an die Angel schicken möge. Andere waren weniger zurückhaltend, betraten das Haus des Landammanns und benebelten ihr Kommen mit irgendeinem Vorwand. Und wenn es dann gar einer gelungen war, Joseph nicht nur zu sehen, sondern sich mit ihm allein in der Stube an den Tisch oder unter der Linde auf eine Bank zu setzen, wurde dieser mit einem Feuerwerk an Lobhudeleien bedacht.

«So ein flotter Mann bist du! Bis in das hinterste Tobel redet man von dir. Grossartig! Ein künftiger Landammann, ein General! ... Müsste nur noch eine stattliche Gemahlin an seiner Seite haben. Eine, die ihm mit ihrer Anwartschaft auch noch das Haus vergoldet. Was meinst du?»

Für solche Frontalangriffe hatte Joseph kein Gehör, für Überfälle aus dem Hinterhalt schon gar nicht. Sobald es nur einigermassen schicklich war, winkte er ab, lief diesen Weibsbildern davon, schützte irgendeine dringende Verrichtung vor. Auch wenn der Vater beim Nachtessen beim Abschneiden einer Speckschwarte augenzwinkernd meinte, das gehe ja zu wie in einem Bienenhaus, seit er wieder zuhause sei, ging Joseph gar nicht darauf ein. Für ihn war es eine Pein, anhören zu müssen, was da für seltene Exemplare von Jungfrauen mit einem Stammbaum wahrscheinlich bis zurück zum König Salomon zu Besuch gewesen seien. Er nahm es schweigend hin. Schliesslich bemerkte Vater Nikodem, dass sein Filius bockte, und meinte:

«Ich glaube, dir tut das Herumhocken hier nicht gut. Du brauchst wieder Abwechslung. Ich hätte dir eine Aufgabe, die deinem Rang angemessen ist.»

Am Abend setzte er ihm auseinander, dass man in der Regierung von Obwalden wissen wolle, wo es in der Schweiz ruhig sei, wo es brodle, wo das verdammte Gift der Franzosen schon Fieber verursache und wo noch etwas von der ungebärdigen Freiheitsliebe der Altvorderen zu spüren sei. Deshalb solle er als Kundschafter das Land bereisen und der Regierung davon Bericht erstatten.

*****

In den folgenden Monaten reiste Hauptmann Joseph Ignaz von Flüe durch die ganze Schweiz, vom Bodensee bis zum Genfersee. Der Obwaldner Regierung wusste er dabei von einer immer bedrohlicheren Entwicklung zu berichten.

In St. Gallen würden immer mehr Gemeinden dem Fürstabt die Abgaben verweigern und zornige Versammlungen mit mehreren Tausend Teilnehmern organisieren.

Im Baselbiet hätten die sich frech «Patrioten» nennenden Aufrührer Schlösser angezündet und damit gedroht, die Franzosen um Hilfe zu ersuchen, wenn die Stadt am Rhein ihnen nicht sofort die Unabhängigkeit gebe. Der Grandseigneur von Basel, Peter Ochs, sei nach Paris abgehauen, um dort gegen die Schweiz zu konspirieren.

Die Stadtzürcher Aristokraten liessen sich von keiner Klage wegen Unterdrückung dazu verleiten, ihre Untertanen auf dem Land in die Freiheit zu entlassen. In Stäfa rebelliere man offen und die Stadt sei daran, eine Militärintervention vorzubereiten, um die ganze Anführerbande festzunehmen.

Ganz übel sehe es in Genf aus. Berner und Zürcher Truppen hätten dort zwar eine französische Besetzung verhindern können. Aber nach ihrem Abzug sei dort als Folge der fränkischen Wühlarbeit die Revolution ausgebrochen.

Viel Freude habe das sture Bern des Bürgeradels nicht mit seinem Untertanengebiet in der Waadt. Die dortige Bevölkerung fühle sich unterdrückt, ausgeplündert und immer wieder ins Unrecht versetzt, ja müsse selbst Willkür und Schikanen ertragen. Mit den herausgepressten Steuern verziere die Stadt Bern nur ihre prunkvollen Adelssitze – sage man –, statt irgendetwas für das Wohlergehen ihrer Knechte am Lac Léman zu tun, die immer mehr verarmten. Es werde nicht mehr lange dauern, bis die von Waadtländer Intriganten in Paris zu Hilfe gerufenen Franzosen einmarschierten und die bernische Soldatenherrschaft vertreiben würden. Einen Vorgeschmack habe man erhalten, als der zum General beförderte Napoleon Ende November 1797 durch die Schweiz zu einem Kongress nach Rastatt zog, um den Preussen und Österreichern den Marsch zu blasen. Hauptmann von Flüe war zufälligerweise in Bern Augenzeuge der Schmach, die Napoleon der Berner Regierung zufügte, als er ihre Einladung zu einem Essen ausschlug und ihnen aus der Kutsche heraus zurief, sie, die «Freiheitsverächter», sollten besser den Waadtländern zu essen geben.

Vater von Flüe leerte bedächtig das Glas Elsässer Wein und stellte es weit von sich auf den Tisch.

«Ja, ja, dieser Näpälion. Kann froh sein, dass er nicht hier vorbeigefahren ist. Dem seiner Kutsche hätten wir schon auf dem Brünig die Räder abmontiert.»

Immerhin sah man in Obwalden die Gefahr für den Zusammenhalt der Eidgenossenschaft, wo jeder nur noch seine eigenen Interessen verfolgte. Den Bernern und den Baslern riet man zur Mässigung im Umgang mit Untertanen und dem gemeinen Volk. Zudem sagte man den verängstigten Bernern, dass man sich im Falle eines französischen Angriffs nicht verpflichtet fühle, Truppen zu entsenden. Diese Grossmäuler sollten jetzt einmal für sich selber sorgen.

Der Aufruf zum Zusammenstehen kam schon bald. Auf den 26. Dezember 1797 wurde eine dringliche Tagsatzung nach Aarau einberufen. Noch am Weihnachtstag machte sich der Obwaldner Landammann Johann Melchior Bucher auf den Weg zu dieser schicksalsschweren Zusammenkunft. Als Begleitung wurde ihm aufgrund seiner profunden Kenntnisse der politischen Verhältnisse in der Eidgenossenschaft Joseph Ignaz von Flüe beigesellt, der von der letzten Landsgemeinde zum Major befördert worden war. Klar, dass ihn diese Anerkennung des Landvolkes einige Zentimeter höher wachsen liess, aber die Weihnachtstage in Sachseln hatten sich tief in seine Seele gebrannt. Man kann sich ja denken, warum.

Denn auf die wehmütigen Weihnachtstage hin hatte Joseph Ignaz wieder besonders an Anneli gelitten. Über all die Jahre seines Herumreisens in der ganzen Schweiz konnte er sie nie vergessen. Immer wieder sann er, wie er sie wieder einmal treffen oder zumindest sehen könnte. Zu schreiben wagte er nicht. Sie offenbar auch nicht. An all den Festen, die Gelegenheit zum Tanzen boten, sah er sie nie mehr. Bei der Beerdigung ihres Vaters hätte er ihr nahe sein können. Aber er wagte nicht, dort aufzutauchen, lief aber den ganzen Tag wie betäubt herum. «Was ist mit dir los?», schnauzte ihn der Vater an. «Nichts.»

Bei anderen ledigen Burschen hätte mit der Zeit die schleichende Gleichgültigkeit dem endgültigen Vergessen den Weg bereitet. Nicht so bei Joseph Ignaz, in dem das Feuer des Liebeshungers vermischt mit der Furcht, Anneli würde ihn längst vergessen und sich einem anderen zugewandt haben, einer unheilbaren Krankheit gleich Jahr für Jahr heisser brannte. In der Christmette dann sah er sie endlich wieder. Lieblich wie immer. Der ganze Weihrauch, die süssen Lieder, die Kerzen und die Glöcklein dieser Heiligen Nacht interessierten ihn nun nicht mehr. Nur beim Anblick der Krippe schoss ihm durch den Kopf, wie es doch heuchlerisch sei, die Armut so festlich zu feiern, während noch in diesen Tagen und in den hiesigen Landen bitterste Armut neben wohlgenährtem Adel vegetierte. Immer wieder sah er auf die Frauenseite hinüber, und da! – Anneli drehte den Kopf auf seine Seite hin, erblickte ihn. Er glaubte, ein Lächeln wie ein Sonnenstrahl auf ihrem Gesicht zu sehen. Nun hielt es ihn nicht mehr. Er trat aus der Bank, wischte sich ein fahriges Kreuz übers Gesicht, deutete eine Kniebeugung an und eilte zum Ausgang. Vor der Tür streckte ihm der einarmige Kriegsversehrte Rohrer Toni einen hölzernen Becher entgegen. Eilig klaubte Joseph eine Münze aus der Tasche. Grosse Schneeflocken segelten auf das Dorf nieder, dessen Hausdächer schon mit beinahe einer Elle davon bedeckt waren. Es knirschte unter seinen Füssen, als er zu jener Baumgruppe hinstapfte, an der Anneli auf ihrem Heimweg vorbeigehen musste. Unter einer Tanne mit weit ausladenden Ästen blieb er keuchend stehen und wartete. Während die Schneeflocken still herniederschwebten, tobten in seinem Kopf tausend Gedanken vermischt mit ebenso vielen Fragezeichen. Ein gedämpftes

Glockengebimmel zeigte ihm an, dass die Christmette aus sei und die Gläubigen nun den Heimweg antraten, nachdem sie sich noch reihum gesegnete Weihnachten gewünscht hatten. Anneli, komm!

Schon bald sah er durch das Schneetreiben das matte Licht einer schwankenden Laterne, dann eine warm verpackte Person und schliesslich unter einem wollenen Kopftuch das Gesicht, das ihm die Seele so versengte.

«Anneli!»

Sie erschrak, blieb stehen, starrte ihn an. Dann stotterte er:

«Frohe … Weihnacht!»

Als sie nicht antwortete, schob er nach:

«Dir alles Gute, Anneli! … Ich habe dich nie vergessen … Die Liebe zu dir …»

Sie schüttelte kaum merklich den Kopf.

«Bitte vergiss mich, Joseph. Es ist doch hoffnungslos.»

Er trat zu ihr hin, wollte sie berühren, sie aber wich zurück.

«Du weisst gar nicht, wie oft ich an dich gedacht habe, Anneli. Wie oft ich dich in meinen Träumen umarmt habe … Verstehst du?»

Betrübt schaute sie in die im Schnee versinkende Weihnachtsnacht hinaus. Sie stellte die Laterne neben sich. Ein feiner Nebel entfuhr bei jedem Wort ihrem Mund.

«Soll ich jetzt von meiner Liebe zu dir reden? Ich habe sie über all die Jahre wie einen kostbaren Edelstein in mir herumgetragen. Nicht deine Uniform, nicht deinen Reichtum, nicht deinen Adel habe ich geliebt, nur den Menschen in dir, wie er wie alle anderen Menschen in diese Welt gekommen ist. Aber dann musste ich begreifen lernen, dass unsere Lebenspfade so weit auseinandergegangen sind, dass keine Brücke mehr sie jemals überspannen könnte, auch nicht das, was man Liebe nennt …»

Er hob die Hand, wollte etwas sagen, aber die Sprache versagte ihm.

«Im Krieg magst du mutig sein. Aber du wirst nie den Mut haben, deinen Eltern zu sagen, dass du ein armes, schlichtes Mädchen liebst und mit ihm das ganze Leben verbringen möchtest … Nein, das kannst du nicht. Und deswegen ist es wohl besser, wenn wir uns vergessen, unserer Wege gehen. Du mit Politik, mit Militär, mit Geld … ich mit der Freude an einem Krumen Brot, an Wiesenblumen, an einem besonders schön gelungenen Korb, an einem guten Wort, das mir geschenkt wird, an jedem Tag, den ich leben darf … Begreifst du?»

Sie nahm die Laterne wieder auf, hielt das Kopftuch unter dem Kinn zusammen und setzte den Weg zu ihrem Hüttlein fort. Joseph wusste nicht, wie ihm geschah. Er kam sich vor wie ein Stück Holz, das man ungespitzt in den Boden geschlagen hatte. Ein leiser Windstoss blies ihm die Schneeflocken ins Gesicht. Er sah ihr nach, unfähig etwas zu sagen oder zu tun. Nach einigen Schritten drehte sie sich um.

«Ich wünsche dir gesegnete Weihnachten und ein gutes Neues Jahr ... viel Glück ... alles ...»

Mehr vermochte sie nicht zu sagen. Sie drehte sich wieder weg, biss sich auf die Lippen, kämpfte mit den Tränen, die sie Joseph keinesfalls sehen lassen mochte. Dann setzte auch er sich langsam in Bewegung, ging wie in Trance seines Weges, an in Schlaf versunkenen Häusern vorbei, durch den unbeteiligten, glitzernden, schwarzglänzenden Schnee.

*****

Die dringliche Tagsatzung in Aarau wurde zu einem Fest der Schande, zum schrillen Totentanz der alten Eidgenossenschaft. Freilich war das den wenigsten Teilnehmern bewusst. Wie Schlafwandler torkelten sie durch ihre Traktanden, glaubten an Wunder und besoffen sich an alten Freiheitsbeteuerungen. Sie nahmen die Warnzeichen nicht wahr, nicht den zu Trotz gefrorenen

Eigensinn, nicht die immer wieder aufflammenden Streitereien untereinander, nicht die Folgen ihrer hochnäsigen Ablehnung der Freiheitswünsche der Untertanen (ein Berner meinte: «Das hiesse sich selbst hängen, um nicht gehängt zu werden.»), nicht die Ankunft des neuen französischen Gesandten Mengaud, der ein gemeiner Ränkeschmied war und von klarsichtigen Abgeordneten als «unverschämte Canaille» bezeichnet wurde. Illusionen geisterten durch alle ihre Beratungen, Illusionen über ihre Wehrkraft, die schon längst unter Magersucht litt, aber immer noch als kraftstrotzendste Armee Europas beschönigt wurde; Illusionen über die wohlwollenden Absichten der Franzosen, die man mit untertänigster Ergebenheit mit einem honigtriefenden Schreiben an Napoleon noch zu befeuern suchte.

In frivolem Übermut – letztlich aber mit schlotternden Knien angesichts der Gewitterwolken an der Grenze – beschloss man die Vornahme einer feierlichen Bundesbeschwörung.

Am 25. Januar 1798 um elf Uhr zogen die Tagsatzungsherren unter Glockengeläute und Kanonendonner und begleitet von Militär zum Schützenplatz, wo ein grosses Gerüst aufgebaut worden war. Dort lieferte der Zürcher Bürgermeister von Wyss eine vaterländische Rede ab. Anschliessend wurde feierlich geschworen, worauf man sich mit Tränen in den Augen umarmte. Bei der

Rückkehr ins Rathaus wurden die Gesandten der Kantone von der Menge mit begeisterten Rufen gefeiert. Die Freude dieses Festes bekamen alle Gasthäuser zu spüren, vor allem aber die Gesandten an dem vom Kanton Bern spendierten üppigen Mahl. Die Welt schien wieder in Ordnung zu sein – für die Dauer eines Wimpernschlags.

Kaum waren die letzten Tagsatzungsherren am 1. Februar zum Stadttor hinaus, wurde der vom Gesandten Mengaud organisierte Freiheitsbaum aufgepflanzt. Dazu wieder Glockengeläute, Böllerschüsse und der Auftritt einer Militärmusik. Zu Ehren der neuen Freiheit wurde gejubelt, getanzt und gebechert. Es war ein Totentanz auf der verfaulenden Leiche der alten Eidgenossenschaft.

Landammann Bucher und sein Begleiter Hauptmann von Flüe aber strebten zur selben Zeit mit gemischten Gefühlen in ihre Heimat Obwalden zurück.

6. Zerschlagen und ausgeblutet

Wie die Obwaldner ängstlich zwischen Widerstand und Unterwerfung schwankten und den von den Franzosen überwältigten Bernern die Hilfe versagten. Wie Major Ignaz von Flüe den widerspenstigen Schwyzer Anführer Aloys von Reding umzustimmen versuchte. Wie die Franzosen die Schweizer Kantone an ihre Verfassung nagelten.

Am 10. März 1798 war auf dem Dorfplatz in Sarnen ein emsiges Treiben. Die zweihundert Männer, die man Ende Februar unter Ausschöpfung aller Verzögerungsmöglichkeiten endlich den Bernern zu Hilfe geschickt hatte, waren frohen Mutes schon wieder zurückgekehrt. Sie hatten keinen Schuss abgefeuert, keinen Feind gesehen und wurden nun dafür von der ziemlich orientierungslosen Regierung grosszügig mit dem doppelten Sold beschenkt, der nachher zu einem guten Teil in den umliegenden Gasthäusern liegen blieb.

Den Offizieren spendierte die Regierung ein reiches Willkommensmahl. Anschliessend beorderte sie den Kommandanten dieser Truppe, alt Landammann Peter Ignaz von Flüe, zur Berichterstattung und Beratung ins Rathaus. Schwer ruhten die bedenkenvollen Köpfe der Ratsherren in den Handballen, als ihnen das Verhältnis der Innerschweizer Truppen zum Berner Oberst Brun dargelegt wurde.

«Er kam zu uns und erklärte frech, wir seien ihm unterstellt. Ich habe ihm deutlich dargelegt, dass wir unter gar keinen Umständen für die Berner Aristokraten in der Waadt in den Krieg ziehen würden. Darauf hat er gedroht, er werde der Berner Regierung beantragen, uns mit den anderen renitenten Innerschweizern heimzuschicken. Wir sollten uns bewusst sein, dass jetzt nicht nur Bern, sondern die ganze Eidgenossenschaft tödlich bedroht sei.»

Die Lage habe sich dann aber so ungünstig für die Berner entwickelt, dass er beschlossen habe, mit seinem Harst eilends wieder zurückzukehren. Schon am 28. Februar seien die Franzosen in der Waadt einmarschiert. Und dann sei das ganze Berner Kartenhaus zusammengestürzt. Solothurn und Freiburg seien gefallen und bereits am 5. März hätten die Franzosen in der Stadt Bern Einzug gehalten. Wie er gehört habe, sei es zwar noch zu Gefechten in Neuenegg und in einem Wald vor Bern gekommen. Aber es habe an Führung gefehlt. Es solle sogar vorgekommen sein, dass alkoholisierte Soldaten ihre Offiziere gemeuchelt hätten.

«Ja, ja, es ist schlimm. Es ist bös um unsere Eidgenossenschaft bestellt», knurrten die Herren Regierungsräte. Dann packten sie aus, was sie ihrerseits vernommen und aufgrund dessen angeordnet hätten. Aus Bern seien laufend Flüchtlinge über den Brünig gekommen und hätten ihnen über die himmeltraurige Situation in Bern berichtet. Sogar der Berner Schultheiss Steiger habe ihnen die Ehre seiner Flucht nach dem Kanton Schwyz und darüber hinaus gegeben. Die Franzosen würden sich unflätig benehmen, plünderten und hätten sich einen Spass daraus gemacht, ihre Bären durch die Stadt wegzuführen. Die Kirchen benutze man als Ställe. Der General von Erlach sei von wütenden Bürgern erschlagen worden. Man höre! Als dann zu allem Überfluss der Gemeindevorsteher von Brienz gemeldet habe, dass sie im Berner Oberland kapitulieren wollten, hätten sie, die Regierungsräte, sogleich den Obwaldner Widerstand organisiert. Vor allem den Brünig hätten sie besetzen lassen und in allen Gemeinden Patrouillen rund um die Uhr befohlen. Alle Gewehre aus dem Zeughaus seien auf die Gemeinden verteilt worden. Und zu guter Letzt habe man eine Delegation zu General Brune geschickt, um in Erfahrung zu bringen, welches die Absichten der Franzosen bezüglich Obwaldens seien.

«Wir sind bereit! Sollen sie kommen, diese gottverdammten Revoluzzer!», polterten lautstark die Herren Regierungsräte von Obwalden, in deren Seelen es aber eher wie bei einer Seekrankheit wogte.

Alt Landammann Peter Ignaz von Flüe widersprach: «Schon recht, schon recht! Aber jetzt müsst Ihr einfach zur Kenntnis nehmen, dass nun alle Stände bis auf die kleineren sich den Franzosen ergeben haben. Auch

Zürich, auch Basel. Und da glaubt Ihr, dass man uns Innerschweizer verschonen wird?»

Die Antwort kam unerwartet. Den hohen Herren im Rathaus wurde die Ankunft der zu General Brune gesandten Delegation gemeldet. Alt Landammann Niklaus von Flüe, Landvogt Imfeld und der stramme Major Joseph Ignaz von Flüe, dessen Französischkenntnisse sehr dienlich waren, überbrachten milde Frühlingslüfte. Major von Flüe verlas die Botschaft des Generals, die er bereits in die deutsche Sprache übersetzt hatte:

Die Grosse Nation hat niemals aufgehört, die Bande, welche sie mit dem Kanton Unterwalden vereinigen, als kostbar anzusehen. Sie hat keinen Befehl zu Feindseligkeiten gegen diesen Kanton gegeben. Die Grosse Nation wünscht im Gegenteil, mit dem alten Kanton Unterwalden die alten Verbindungen beizubehalten.

«Da siehst du, Niklaus, wie unnütz nervöses Getue ist», stellte der Landammann mit hell aufleuchtendem Gesicht fest. «Da ist es wohl nicht mehr nötig, unsere Grenzen zu bewachen. Das könnte allenfalls nur die Franzosen provozieren.»

Und so erteilten sie den Befehl, die Mannschaft vom Brünig heimzuschicken und auch alle übrigen Wachen einzuziehen. Der sanfte Friede umnebelte das Tal der Sarneraa und die es regierenden Hirne erneut.

Andernorts vergriffen sich die Franzosen wenig friedlich am Staatsschatz. In Bern wurde das Geld mit elf Leiterwagen und vierundvierzig Pferden nach Frankreich weggeführt. Nicht nur das: Überall folgten den Truppen die Vampire, die in ihre Taschen wirtschafteten, bestachen und ihre Günstlinge vergoldeten. Als General Brune abgelöst wurde, verabschiedete er sich mit einer Kutsche, die er dem Schultheissen gestohlen hatte. Sie war mit Preziosen so gefüllt, dass ausserhalb der Stadttore die Achsen brachen. Es ist doch der immer gleiche Mechanismus weltweit und «von Ewigkeit zu Ewigkeit», wenn ein Staatswesen zusammenbricht. Kriminelles Verhalten durchdringt ungestraft alle Gesellschaftsschichten. Es ist die Zeit der kleinen und grossen Oligarchen.

*****

Die Franzosen fackelten nicht lange. Als Teil der Trümmerbeseitigung verpasste man Helvetien eine neue Verfassung, in der die Landsgemeinden abgeschafft wurden und die von den Kantonen unverzüglich angenommen werden musste. Sodann knebelte man die Eidgenossen mit einer unverschämt hohen Kontribution von sechzehn Millionen Franken und beorderte eine Tagsatzung nach Aarau ein, an der ein Schweizer Direktorium und ein Senat gewählt werden mussten.

Vor allem in der Innerschweiz loderte der alte Widerstandsgeist gegen fremde Herren wieder auf. Tell gegen

Gessler. Freilich stellten sich den Hitzköpfen, die am liebsten gleich mit Hellebarde und Morgenstern nach Paris gezogen wären, besonnenere Persönlichkeiten entgegen, die aus der hoffnungslosen Lage der Eidgenossenschaft das Beste zu machen hofften, indem man sich mit den Franzosen möglichst gut zu verständigen versuchte. Natürlich waren da auch Opportunisten dabei, die aus dem Windfähnlein abzulesen versuchten, wo für sie die besten Posten zu holen waren.

Major Joseph Ignaz von Flüe hielt sich vorerst zurück. Er wollte sich einerseits alle Türchen für einen neuen Solddienst – notfalls auch bei den Franzosen – offen halten. Andererseits war man als ehemaliger Söldner in französischen Diensten im Volk nicht sehr angesehen, umso mehr, als dieses vermutete, dass sich solche Herren bei Gefahr sofort auf die Seite der Eroberer schlagen würden.

So hielt er sich still, als am 4. April eine ausserordentliche Landsgemeinde auf dem Landenberg tagte, um zu entscheiden, ob man den von aussen aufgezwungenen Verfassungsentwurf annehmen wolle oder nicht. Jene einfachen Redner aus dem Volk hatten schlechte Karten, die eindringlich von einem Angriff auf die Freiheit, die ehrwürdige Landsgemeinde, ja gar auf die Religion sprachen. Denn es war gerade die Geistlichkeit, die sich für die neue Verfassung einsetzte, denn diese sei ja gar nicht so schlimm wie befürchtet. Der Pfarrer von Sachseln verlas einen Brief des bischöflichen Kommissars Krauer von Luzern: *Ein alles verheerender Krieg schwebt vor Augen … Alles, was Euch lieb ist, Ehr, Gut, Leib und Leben, Euer teures Vaterland, selbst das edelste Kleinod des Himmels, Eure wahre catholische und allein seligmachende Religion ist erst recht in Gefahr, wenn man diesen Krieg riskiert.* Und Pfarrer Bieler von Giswil liess sich gar zu einer Lobhudelei sondergleichen hinreissen: *Es lebe Frankreich! Unsterblicher Ruhm und Dank sei ihm! Es gibt unserer Schweiz eine Freiheit, die nach dem Plane und den Grundsätzen der amerikanischen Freiheit verfasst und einer schönen Mutter ebenso schöne Tochter ist.* Kaum ein Murren im Volk. Trotz einigen missbilligenden Blicken der Herren aus der Landaristokratie reckte sich eine Mehrheit der Hände zur Annahme der Verfassung in die Höhe.

In den anderen Innerschweizer Kantonen brodelte die Wut über die Franzosen und das helvetische Direktorium. Die neue Verfassung wurde als Teufelswerk bezeichnet. Anders als in Obwalden zählten dort geistliche Herren zu den hitzigsten Aufrührern im Volk, allen voran der Kapuzinerpater Paul Styger von Rothenturm. Das Kloster Einsiedeln spendete den Widerspenstigen Segen und reichlich Louisdors.

Im Wahn des Zornes beschränkte man sich nicht auf die Verteidigung, sondern wollte auf Eroberung gehen, nach Rapperswil, nach Luzern, nach Zug, ins Berner Oberland. Man sah sich darin bestärkt, einen kriegserfahrenen Feldherrn als Anführer in den eigenen Reihen zu wissen: Aloys Reding. Der würde es richten.

Major Joseph Ignaz von Flüe schlug der Obwaldner Regierung vor, Reding zu besuchen und mässigend auf ihn einzuwirken. Man liess ihn ohne viel Hoffnung auf eine Sinnesänderung dieser Schwyzer Heisssporne ziehen.

Schon das palastähnliche Herrschaftshaus der Familie von Reding beeindruckte ihn gewaltig. So etwas gab es in ganz Obwalden nicht, in Nidwalden ohnehin nicht. Die eleganten Türmchen, die geschwungenen Dächer, die rot umrahmten Fenster, die verzierten Fensterbrüstungen. Im vornehmen Zimmer, in das er geführt wurde, blickten ihn die in farbenfrohe Uniformen gekleideten Ahnen prüfend aus ihren Gemälden an. Dann trat ihr Nachfahre ein, in der Paradeuniform eines spanischen Oberstleutnants. Hochgestellter Kragen, gefranste Schulterstücke. Von Flüe hatte dem nichts entgegenzusetzen, zog er es doch aufgrund der franzosenfeindlichen Stimmung im Lande vor, die Uniform zuhause hängen zu lassen und in einfacher Bürgertracht zu erscheinen. Ein freundliches Lächeln umspielte den Mund des mit dreiunddreissig Jahren noch jugendlichen Hausherrn, als er von Flüe die Hand zum Gruss entgegenstreckte und ihn zum gedrechselten Eichentisch bat, wo schon eine Karaffe Wein bereitstand. Ja, von Reding schien ein Mann der Tat zu sein. Sein forscher Blick und sein vorgestelltes rundes

Kinn zeugten davon, auch wenn ein Anflug von Traurigkeit das Gesicht umschattete. Von Flüe wies mit der Hand zu den Gemälden hin.

«Ihre Familie hat eine ruhmreiche Vergangenheit, wie ich sehe und wie man ja überall hört.»

«Ja, über die Jahrhunderte haben aus unserer Familie etwa zweihundert Offiziere in fremden Kriegen gedient. Mehr als dreissig waren Marschall, General oder Regimentskommandant. Ich bin da nur ein unbedeutender Oberstleutnant.»

«Oh, seien Sie nicht so bescheiden, Kamerad.»

«Die von Flües sind doch auch mit Offizieren in der ganzen Welt reich gesegnet, auch mit Landammännern, und schliesslich können sie noch auf einen heiligmässigen Vorfahren zurückblicken.»

Bei diesem Hinweis auf seinen friedfertigen, der Welt entrückten Vorfahren war von Flüe nicht ganz wohl, da er ihm zu schwer auf dem vom Söldnerexport gefüllten Geldbeutel lag. Er lenkte das Gespräch rasch auf die Profanität ihres Berufes.

«Sie haben in einem anderen und entfernteren Königreich gedient als ich. Man hört, dass es in Spanien auch nicht mehr einfach sei, sein Blut als Söldner aufs Spiel zu setzen.»

«Das kann man wohl sagen. Spanien ist zwar ein exotisches Land. Doch fühlte ich mich dort dennoch nie ganz fremd, da sich auch meine Brüder in der Nähe befanden. Aber dann ...»

Reding umfasste das Weinglas mit beiden Händen. Dann erzählte er, was seiner Familie widerfahren war. Vier Brüder seien sie im Solde des spanischen Königs gewesen. Im Kampf gegen französische Revolutionsfanatiker sei Bruder Louis in den Pyrenäen gefallen. Mit ihm habe das Regiment sechshundert Mann verloren, tot, verletzt, gefangen. Ihr ganzes Familienvermögen sei an einem Tag zusammengeschossen und zusammengestochen worden. Für eine Neurekrutierung habe das Geld und den jungen Männern am Fusse der Mythen die Lust gefehlt. Seine Brüder Nazare und Theodor seien noch geblieben. Theodor gar als Oberst und Kommandant des eigenen Regiments, in dem zu den Schweizern auch Ausländer und dubiose Gesellen aufgenommen werden mussten, um die Bestände aufzufüllen. Reding lehnte sich zurück und blickte an von Flüe vorbei zum Fenster hinaus.

«Ja, diese Franzosen. Was haben sie mit unserem Bruder Rodolphe in Paris gemacht. Ich nehme an, Sie wissen es.»

In der trauerumflorten Pause, die nun eintrat, erschien von Flüe das Drama dieses verwundeten Offiziers, als ihm Tage nach dem Gemetzel der Tuilerien von jubelnden Schlächtern der Kopf abgesäbelt worden war.

«Man hat es mir erzählt. Schrecklich. Bestien.»

«Papa leidet noch heute furchtbar darunter. Er wollte nach diesem Unglück, dass alle Brüder sofort in die Sicherheit der Heimat zurückkehren würden. Ich hab's getan, damit er vor Gram nicht ganz zugrunde ging.»

Mit leiser Stimme fügte er hinzu: «Wissen Sie, Kamerad, es wirft das ganze Leben tüchtig durcheinander, dreht einem in unendlichem Schmerz das Herz um, wenn ein lieber Mensch ...»

Von Flüe ahnte, worauf er anspielte. Von Reding litt sehr unter dem frühen Tod seiner Gattin Louise.

«Es tut mir leid für Sie, Kamerad.»

Von Reding richtete einen leeren Blick auf ihn.

«Sie sind nicht verheiratet?»

Wie aus einem Nebel erschien von Flüe das Gesicht von Anneli, wachsbleich, mit tränenverschwommenen Augen. Er rückte unbehaglich auf dem Stuhl herum, schluckte leer.

«Nein.»

«Seien Sie froh. Für uns Söldneroffiziere ist es kein Honiglecken, eine Frau zu ehelichen. Man meint vielleicht, es der Familie schuldig zu sein, dass man einen Stammhalter zeugt. Aber man muss sich dann entscheiden. Militärische Karriere oder Familie. Wenn man dann in der Fremde ist, ist es nur ein beschränktes Vergnügen, wenn man einen Brief erhält mit der Mitteilung, dass ein Kind für einen geboren worden ist, oder gar dass die Frau am Kind gestorben ist … Und wenn dann noch Liebe …»

Wieder fiel von Reding in eine melancholische Stimmung, fuhr dann fort.

«Ach, lassen wir das.»

Von Reding gab sich einen Ruck, setzte sich gerade auf und schoss einen vergifteten Pfeil auf den Besucher los.

«Was ist eigentlich mit euch in Obwalden los? Habt ihr noch einen Tropfen Blut eurer Vorfahren in den Adern? Von Melchthal und anderen? Wie kommt ihr dazu, diesen üblen französischen Verfassungswisch anzunehmen und euch selber abzuschaffen?»

Von Flüe setzte die Beine, die er bisher lässig überschlagen hatte, nebeneinander, um einen besseren Stand zu haben.

«Man muss doch auch die Realitäten sehen. Was wollen Sie gegen die grösste Militärmacht Europas? Wollen Sie das Volk der Rache der Franzosen preisgeben? Die werden uns doch wie lästige Käfer mit ihren Stiefeln zertreten.»

«Gemach, gemach, Kamerad. In der ganzen Geschichte der Eidgenossenschaft ging es immer auch um die Verteidigung der Ehre. Wer diese verliert, verdient auch keine Zukunft in Freiheit. Da hätten sich die Obwaldner ein Beispiel an unserer Landsgemeinde nehmen können, an der mit den Jauchzern von unseren Alpen und Tälern die Franzenverfassung weggeschleudert wurde. Oder die Nidwaldner, wie sie sogar einen heiligen Eid zur Verteidigung geschworen haben, und als General Schauenburg sie in die Ordnung des helvetischen Rates zwingen wollte, sie ihm an einer neuen Landsgemeinde trotzig die knochige Faust zeigten.»

Dem Besucher wurde es ungemütlich.

«So sehr man diesen Trotz bewundern kann, so wenig wird er ihnen letztlich helfen, auch wenn sie nun ihre Waffen emsig entstauben und das Pulver trocknen. Wäre es denn nicht gescheiter, man würde sich arrangieren, um sich wenigstens die kleinen Freiheiten zu bewahren und sie mit der Zeit wieder zu grossen Freiheiten auszubauen? Die Franzosen haben doch in Europa Wichtigeres zu tun, als sich mit ein paar renitenten Bauern herumzuschlagen, bei denen zudem nur magere Beute zu erwarten ist.»

Von Reding schüttelte den Kopf.

«Das Bewahren der Ehre wird in künftigen Jahrhunderten heller leuchten als das unterwürfige Buckeln, glauben Sie mir, Kamerad. Aber Sie haben etwas Wichtiges gesagt. Wir sind den Franzosen nur lästiges Ungeziefer. Das eröffnet uns ausgezeichnete Chancen, die es zu packen gilt. Sie als Offizier werden wohl begreifen, wie man das anstellt.»

Der Obwaldner kniff in Erwartung eines einvernehmlichen Auswegs die Augen zusammen.

«Wie meinen Sie das?»

Von Reding war nun in seinem Element, schlug mit der Handkante auf den Tisch.

«Im Vertrauen: Wir müssen angreifen. Wir müssen den helvetischen Verrätern so viel Gelände wegnehmen wie möglich.»

Wie ein General wies er auf ein grosses Astloch im Tischblatt.

«Hier ist Schwyz. Da der Zürichsee.»

Seine Rechte wischte dabei über einen dunklen Schatten im Holz.

«Wir müssen auf Rapperswil los. Von da nach Zürich hinschwenken.»

Mit dem Zeigefinger wies er auf ein kleineres Astloch.

«Da ist Luzern. Eine leichte Beute. In der Flanke mit einem Detachement nehmen wir Zug. Und hier ...»

Er wies auf eine krumme Kerbe hin.

«Hier der Brünig. Eine ausserordentlich starke Stellung. Von da werden wir das Berner Oberland mit Leichtigkeit abtrennen. Aber da braucht es Einigkeit, Kamerad, freundeidgenössische Einigkeit!»

Mit der flachen Hand schlug er auf seine hölzerne Generalstabskarte.

«Auf euch Obwaldner müssen wir zählen können. Verdammt nochmal! ... Aber wenn ihr nicht wollt, dann eben ohne euch.»

Von Flüe suchte einen versöhnlichen Abgang, hob das Weinglas und sagte zu, diese Gedanken bei seiner Regierung einzubringen. Freilich spürte von Reding, dass sein Besucher nicht viel Überzeugung verströmte.

*****

Die Obwaldner Regierungsräte kratzten sich beim Bericht ihres Emissärs von Flüe die Glatzen wund. Mit einer von General Schauenburg angeordneten Sperre gegen die Nidwaldner würgte man Obwalden auch den lebenswichtigen Verkehr zu Luzern ab. Man beschloss, alt Landammann Nikodem von Flüe und seinen Sohn, Major Joseph Ignaz, mit Begleitung zu General Schauenburg in Bern und zum Helvetischen Rat in Aarau zu schicken, um unter Hinweis auf das Wohlverhalten Obwaldens leise Proteste und zaghafte Bitten vorzubringen.

Kaum waren diese Emissäre am 21. April ennet dem Brünig, überstürzten sich die Ereignisse hinter ihrem ahnungslosen Rücken. Zu spät erreichte sie ein Bote, der ihnen von der Überrumpelung Obwaldens durch eine Nidwaldner Streitmacht und einer aufgezwungenen Landsgemeinde in Sarnen berichtete, die die neue Verfassung wieder ablehnte. Damit war ihnen jegliche Grundlage für eine erfolgreiche Mission entzogen. Ihre Versuche, wenigstens dem Helvetischen Rat, dem Senat und dem Direktorium die Vorgänge in Obwalden zu erklären, ernteten Hohn, Spott und Zorn.

Mittlerweile waren die von Oberstleutnant von Reding befehligten Eroberungszüge nach ersten trügerischen Erfolgen am Rande einer schmählichen Niederlage. Rapperswil konnte man einnehmen, aber entlang des Zürichsees rückten die Franzosen zügig vor. In Luzern feierten die Aufständischen am 29. April unter dem Kommando von Aloys Reding eine kurze, aber eindrückliche Fasnacht. Als ihnen die verängstigten Stadtbewohner die Tore öffneten, stürmten sie jubelnd hinein. Voran wie ein Cowboy der wirrbärtige Kapuziner Paul

Styger auf seinem Gaul, Pistolen im Gurt, Kreuz und Schwert schwingend. «Nieder mit dem Freiheitsbaum! Nieder mit den Gottlosen!» An einem Tedeum in der Hofkirche für den gloriosen Sieg heizte er der Truppe weiter ein. Dann stellte er sich auf eine Kanone und rief: «Nehmt, Kinder, nehmt! Alles ist euer! Ihr seid ja die Sieger!» Darauf nahm eine Orgie der Plünderung und Zerstörung, des Saufens und des Greifens unter Röcke ihren Anfang. Die Trunkenbolde wurden erst wieder einigermassen nüchtern, als die Offiziere am anderen Morgen den Befehl zum raschen Rückzug erteilten, denn Zug war gefallen und auch andernorts waren die Angreifer in der Defensive. Schwyz war in tödlicher Gefahr. Schon anderntags war Luzern wieder in fester Hand der Franzosen.

Nun kämpfte das von den anderen verängstigten Urkantonen im Stich gelassene Schwyzer Volk ums Überleben. Das Kloster Einsiedeln wurde ausgeraubt, alles Heilige zertrümmert, die Kirche als Pferdestall benützt. Von Reding, von dem General Schauenburg ausserordentlich beeindruckt war, gelang es schliesslich, einen ehrenhaften Waffenstillstand auszuhandeln, worauf am 4. Mai auch eine Schwyzer Landsgemeinde knurrend die neue Verfassung annahm. Anschliessend kapitulierten auch die anderen Innerschweizer Kantone. Die eingeschüchterten Obwaldner drehten eine neue Pirouette, indem sie am 10. Mai an einer weiteren Landsgemeinde die helvetische Verfassung wieder annahmen, um einen Krieg zu vermeiden.

Alt Landammann Nikodem von Flüe war von den kriegerischen Ereignissen um Luzern so verwirrt, dass er mit seinem Sohn Joseph Ignaz vorläufig dort blieb und dies seiner Regierung mit gebrechlichem Alter und angeschlagener Gesundheit begründete.

7. Knebelung und Aufschrei

Wie die Franzosen der Schweiz an die Gurgel gingen und Major von Flüe als neuer Grossrat der verhassten Helvetischen Republik seinem Vater Kompromisse beizubringen versuchte. Wie die Franzosen Obwalden überschwemmten und Major von Flüe aus der Ferne den blutigen Überfall auf die Nidwaldner beobachtete.

Bei den neuen Machtverhältnissen konnte man bezüglich des Helvetischen Direktoriums und seiner nachgelagerten Räte nur von einer Marionettenregierung sprechen, bei der die französischen Machthaber als Diktatoren die Strippen zogen.

Ein besonders hochnäsiges Diktat war die Zusammenfassung der Kantone Schwyz, Uri, Zug, Ob- und Nidwalden in einen neuen Kanton Waldstätten. Ein Aufschrei der Empörung folgte. Protestdelegationen aus den betroffenen Kantonen pilgerten zu General Schauenburg und dem ungehobelten, korrupten, trunksüchtigen Kommissar Rapinat, um gegen eine solche Vergewaltigung zu protestieren. Sie ernteten nur Hohngelächter und schnöde Abkanzelung.

Am 21. Mai 1798 übersiedelte Pannerherr von Flüe mit seinem Sohn wieder von Luzern nach Sachseln. Er riet seinen Landsleuten, sich um des Friedens willen zu fügen und die befohlenen Wahlen durchzuführen. Er selber wurde dem neuen Distrikt Sarnen vorangestellt. Sein Sohn, Major Joseph Ignaz von Flüe, wurde als Vertreter des Kantons Waldstätten in den Grossrat der Helvetischen Republik abgeordnet.

Vorerst schien in den Urkantonen wieder Ruhe eingekehrt zu sein. Es war jedoch eine Ruhe der Erschöpfung. Schon bald regten sich die wilden Geister erneut und begann der Volkszorn wieder zu brodeln, nachdem die Räte in Aarau am 12. Juli ein Gesetz erlassen hatten, wonach innert acht Wochen alle Bürger auf die neue Verfassung vereidigt werden mussten. Das war Öl ins Feuer, das Aufwiegler wie etwa der hitzige Kapuzinerpater Styger überall anfachten. Aushänge der Regierung wurden heruntergerissen, Amtspersonen angepöbelt und bedroht, franzosenfreundliche Geistliche verjagt. Am 20. August setzte eine zornige Landsgemeinde in Stans mit einer Todesverachtung sondergleichen wieder die alte Regierung ein.

Nikodem von Flüe fühlte sich bei den Anfeindungen in Obwalden nicht mehr sicher und floh nach Luzern, wo er auf den ebenfalls geflüchteten Schwyzer Statthalter von Matt traf, mit dem er zum Direktorium nach Aarau pilgerte. Dort traf er in einem Gasthaus in der Kirchgasse seinen Sohn und Eidgenössischen Grossrat Joseph Ignaz. Dieser hatte ihn mit «Bürger Vater» begrüsst, was einen Lachanfall des so Angeredeten zur Folge hatte.

«Ihr seid ja wohl nicht bei Trost, Joseph. Jetzt glaubt ihr im Ernst, uns Berglern französische Sitten beibringen zu können? ‹Bürger Vater›, ha! Bitte, hör auf damit. Oder soll ich dich jetzt ‹Bürger Sohn› nennen?»

Ärgerlich wischte Joseph diese Zurechtweisung weg und versuchte sich zu erklären.

«Das sind ja nur Marginalien, Nichtigkeiten. Wenn die Franzosen das von uns verlangen und Freude daran haben, dann verlieren wir ja nichts, können aber Entgegenkommen in den wichtigeren Dingen erwarten.»

«Nochmals: Das ist einfach lächerlich. Ernsthafter ist aber, was ihr nach der gloriosen Idee eines Kantons Waldstätten mit dem befohlenen Bürgereid angerichtet habt. Das wird bei uns wie eine Verneigung vor dem Gesslerhut empfunden. Es ist doch klar, dass da unsere Tellen zu den Waffen greifen. Nehmt ihr denn das nicht zur Kenntnis? Mit den Nidwaldnern sind auch bei uns die Bauern einiger Gemeinden bereit, sich mit den Waffen zu wehren. So ein Blödsinn, dieser Eid.»

Wiederum versuchte es Joseph mit einer Erklärung:

«Das ist doch nicht so wichtig. In Frankreich mussten auch alle Bürger schwören. Bis auf einige Geistliche stemmte sich niemand dagegen. So wird es auch bei uns sein. Schwört in Gottes Namen, dann kann das Leben weitergehen. Und wer weiss, was die Zukunft bringt.»

«Nein, nein, nein. So einfach ist das nicht. Die Missstimmung ist schon zu weit gediehen. Zuerst dieser idiotische Kanton Waldstätten, dann dieser lächerliche Eid und dann und dann? Wir sind doch nicht Knechte oder Sklaven! Die Nidwaldner werden ihre Landsgemeinde nicht mehr freiwillig hergeben, da kannst du Gift drauf nehmen. Und in Obwalden kommt's auch noch so weit.»

Es trat eine schwer zu ertragende Pause ein, in der sich die Argumente in den Köpfen von Vater und Sohn neu zu formieren versuchten, während das Sirren von Fliegen an den Fenstern, die die Freiheit suchten, zu hören war. Nikodem wischte Schweissperlen auf seiner hohen Stirne ab.

«Ihr müsst wissen, was ihr uns allen antut. Man kann ja nicht sagen, ich sei ein aufrührerisches Element, aber dass die Furcht um mein Leben begonnen hat, in mich zu schleichen, das musst du, mein lieber Bürger Sohn, zur Kenntnis nehmen.»

«Ach, Vater. Wir wollen doch beide nur das Beste. Lass uns doch nicht im Streit auseinandergehen. Ich verspreche dir, deine Bedenken im Rat einzubringen. Aber du musst auch das Deine dazu beitragen, dass zuhause dieser gefährliche Trotz aufhört.»

Bedächtig nickte Vater Nikodem, kniff aber dazu die Augen bis auf einen kleinen Schlitz argwöhnisch zu.

Ihre Blicke lösten sich voneinander und wandten sich einem Abgeordneten aus dem Kanton Bern zu, der aufgeregt an ihren Tisch trat.

«Hört: Schauenburg lässt nicht mit sich spassen. Soeben hat er mitgeteilt, dass er befohlen habe, von verschiedenen Seiten gegen Nidwalden mit starken Truppen vorzurücken. Über den Brünig, von Luzern, von überall her. Die erneute Brüskierung durch die Verweigerung des Bürgereides und die Auslieferung der Rädelsführer haben ihn toben lassen. Gnade Gott Euren Landsleuten!»

*****

Die Franzosen in Obwalden! Das schlug bei Joseph Ignaz von Flüe gewaltig ein. Er wusste, was geschehen konnte, wenn dieser rohe Soldatenhaufen von der Leine gelassen wurde. Feuersbrunst, Mord, Zerstörung, Plünderung, Vergewaltigung. Anneli! Wenn diese Wilden Anneli etwas antäten ... Sein Herz krampfte sich zusammen. Die schlimmsten Ahnungen drückten ihn nieder. Horrorszenen und Geschrei durchblitzten seinen Kopf. Er hielt es nicht mehr aus.

Als er am Morgen des 6. September durch Sarnen ritt, begegnete er französischen Dragonern, die den Weg und das Quartier für die Truppe erkundeten. Auf dem Dorfplatz wurde inmitten aufgeregten Volkes ein

Freiheitsbaum mit Bändern in den Farben der französischen Republik errichtet. Tambouren und Pfeifer übten für den Empfang. In Sachseln dasselbe ängstliche Katzbuckeln. Weitere Dragoner ritten vom Brünig her durchs Dorf nach Sarnen. Es würde nicht mehr lange dauern, bis der fremdländische Heerhaufen ganz Obwalden überschwemmte. Joseph Ignaz von Flüe sprengte weiter, hin zum Häuschen der Korbflechter. Er klopfte. Kein Laut. Die Türe war zugesperrt. Auch ein vorsichtiger Gang rings um das Häuschen verriet kein Lebenszeichen. Wo war Anneli? Bei einer Gruppe Stauden sah er den Haselmelk – auch ein ehemaliger Söldner –, der mit einem schweren Schlegel Hagpfosten in den Boden rammte.

«Weisst du, wo die Korbflechter sind?»

Melk kratzte sich am Kopf, von dem grauweisses Haar quoll.

«Warum? Haben sie etwas angestellt?»

«Nein, aber ich sollte sie etwas fragen», log von Flüe.

«Aha. Ja, also ... Sie sind gestern auf die Alp Aelggi ... wegen den Franzosen ... wie andere junge Meitli und Frauen der hübscheren Sorte ... Dort hinauf wagt sich keiner dieser Teufel.»

Joseph Ignaz fiel ein Stein vom Herzen.

Zuhause in Obkirchen war man in heller Aufregung. Die Furcht vor den Franzosen dominierte alles. Vom Wohnhaus der Familie konnte man sehen, wie diese Armada Richtung Sarnen zog. Zum Glück blieben sie nicht in Sachseln. Trotzdem fuhr Mutter von Flüe mit zittrigen Händen über ihr Gesicht, als sie Joseph Ignaz sagte, der Vater sei aufgebracht zur Regierung nach Sarnen geeilt.

«Hoffentlich geschieht ihm nichts.»

Ohne die angebotene Verpflegung anzunehmen, schwang sich Joseph Ignaz wieder aufs Pferd und galoppierte Sarnen zu. Dort empfing ihn ein grosses Durcheinander. Die Franzosen drangen in die Häuser und Ställe ein, um sich ein angenehmes Quartier zu sichern. In den Gasthäusern verlangten sie, umsonst zu trinken und zu essen. Vor allem Schnaps musste man ihnen auf den Tisch stellen. Die Kirchen und Klöster wurden mit Pferden gefüllt. Hafer und Stroh musste man den Eindringlingen auch noch liefern. Auf dem Dorfplatz wurde immer noch um den Freiheitsbaum getanzt. Der Obwaldner Hauptort war zum lärmigen Irrenhaus geworden. Und über allem Todesangst. Franz Stockmann, der Kantonsverwalter, drängte sich durch das Gewimmel zu Joseph Ignaz durch.

«Du musst uns helfen! Tausendsechshundert Soldaten sind hier, fressen und saufen alles weg. Man verlangt von uns, dass wir in allen Öfen Brot backen. Doch woher das Mehl nehmen? Kühe und Schweine nimmt man uns zur Schlachtung weg. Joseph, bitte, hilf uns!»

Von Flüe suchte den französischen Kommandanten, Brigadier Majnoni, der sich grossspurig im Rathaussaal eingenistet hatte. Auf Französisch verlangte er, vorgelassen zu werden. Majnoni fuhr ihn barsch an.

«Wer ist der Herr?»

Joseph stellte sich als Offizier im ehemaligen Schweizerregiment Salis-Samaden vor und wollte zur weiteren Erläuterung etwas ausholen und auch seine Mitgliedschaft im helvetischen Parlament erwähnen. Majnoni hielt ihm die offene Rechte abwehrend entgegen.

«Es genügt. Also ein Ehemaliger. Sie wurden ja entlassen, nicht wahr? Also sind Sie auch nicht mehr Offizier. Klar? Immerhin sprechen Sie akzeptabel Französisch. Vielleicht kann man Sie noch brauchen. Was wollen Sie?»

Bei Joseph Ignaz von Flüe war die Luft draussen. Dennoch versuchte er, einen fairen Umgang mit der Bevölkerung zu erwirken. Die Truppen der Grossen Nation seien herzlich willkommen. Es wäre jedoch im Interesse der brüderlichen Freundschaft, wenn diese mit der Bevölkerung …

Der Brigadier fuhr ihn verächtlich an:

«Wir wissen schon, was wir zu tun haben. Wir brauchen keine Belehrungen. Sorgen Sie dafür, dass dieses Volk unverzüglich seinen Pflichten in Sachen Verpflegung und Unterkunft nachkommt.»

«Bürger Kommandant, das Volk ist arm und hat selber kaum zu essen. Ich bitte Sie ...»

«Wegtreten! Auch ein ehemaliger Offizier sollte wissen, wie man mit Befehlen umgeht.»

inem Nachbarhaus traf Joseph Ignaz frühere Mitglieder der Regierung, die in ihrer Betrübnis nicht wussten, was sie tun sollten. Der Einfall der Franzosen kam für sie wie ein gefrässiger Heuschreckenschwarm übers Land. Im Chaos gab es kaum noch Ordnung schaffende Strukturen. Was half es noch, das Volk in dieser Not führen zu wollen? Wer sollte das tun? Den Leuten wurde alles genommen. Sie bedankten sich dafür noch mit Gesang und Tanz, die Gesichter zu Fratzen verzerrt. Andere flüchteten in die Wälder an den Berghängen. Nun wurden gar in den Kirchen die Bänke zertrümmert, um mit dem Holz Lagerfeuer zu nähren. Dem jungen von Flüe beschied man, sein Vater sei nach Nidwalden geritten, um in letzter Minute ein Blutbad zu verhindern. Was sollte man sonst auf den Hilferuf von Stans antworten, der eben überbracht worden war: *Brüder! Seyd unsere Brüder; wir sind es auch und wollen es immer, und in kurzem fröhlicher seyn.* Wie konnte man da noch die Fröhlichkeit beschwören?

Joseph Ignaz ritt wieder nach Sachseln. Dort sorgte man sich fürchterlich um Vater, den die einen als Idealisten, andere als Phantasten oder gar als Selbstmörder bezeichneten. Die Nacht war schlimm. Gegen Sarnen hin loderten überall Lagerfeuer. Was sollte er tun? Er litt schwer unter seiner Entscheidungsnot. Sollte er dem Vater folgen? Die Nidwaldner bestürmen? Auf sie kam eine wahre Katastrophe zu. Konnte er die französischen Kommandanten umstimmen?

Anderntags versuchte er es noch einmal bei Majnoni. Der schrie ihn zornig an und befahl ihm, dafür zu sorgen, dass ihnen alle Kanonen und alles Pulver dieses Kantons übergeben würden. Es liess sich nicht verhindern.

In der folgenden Nacht dachte er daran, mit der ganzen Familie zu flüchten, auch auf eine Alp, wo sich kein Franzose hinwagte. Dorthin, wo Anneli sich in Sicherheit befand? Aber gehörte er nicht zu den politischen Entscheidungsträgern? In Aarau könnte er vielleicht etwas bewirken, allenfalls sogar General Schauenburg treffen. Das war vielleicht einfacher, als die Nidwaldner Dickschädel umzustimmen.

Am 9. September bewegten sich lange Kolonnen gegen Nidwalden zu. Vorne die Grenadiere und Dragoner mit ihren nicht mehr so weissen Hosen und den roten und blauen Kitteln. Dahinter missmutige Obwaldner, die man gezwungen hatte, den Nachschub zu schleppen.

Schon bald war Kanonendonner zu hören. Joseph Ignaz von Flüe beschloss gegen Mittag, nach Luzern und Aarau zu reisen, wo er vielleicht etwas ausrichten konnte. Auf dem Weg dorthin hörte er deutlich das dumpfe Knallen der Geschütze. In der Richtung von Stans waren immer mehr Rauchschwaden zu sehen. In Luzern traf er seinen Vater wieder, der nach erfolglosem Beschwören tauber Ohren noch rechtzeitig mit einem Schiff hatte flüchten können. Am Abend gingen sie zusammen auf eine Anhöhe und erschraken beim Anblick der vielen Feuer unterhalb des Stanserhorns, die ihre üppigen Rauchschwaden rötlich färbten.

«Das hätte nicht sein müssen», bemerkte alt Landammann Nikodem von Flüe.

Joseph war es nicht gelungen, General Schauenburg ausfindig zu machen, sodass er sich Aarau zuwandte. Dort konnte er jedoch bald rechtsumkehrt machen, da beschlossen wurde, den Hauptsitz der inzwischen total verarmten helvetischen Regierung von Aarau nach Luzern zu verlegen. Diese gesetzgebenden Räte schämten sich nicht, den Franzosen für die Gewalt in Nidwalden zu danken und zu erklären, dass die französische Armee und der Bürger General Schauenburg sich um die

Helvetische Republik verdient gemacht hätten. Die andere Seite ihrer peinlichen Schizophrenie zeigte sich im Aufruf, das kriegsversehrte Nidwalden mit Hilfspaketen zu unterstützen, nachdem das ganze Ausmass der Schrecken bekannt geworden war (414 Tote, darunter viele Kinder, 587 Gebäude zerstört, das meiste Vieh niedergemacht) und das Mitleid aller Miteidgenossen, ja gar ganz Europas erregte. Schauenburg verhehlte seine Hochachtung vor dem Heldenmut dieses «wackeren Völkleins» nicht, das jedoch leider irregeleitet worden sei.

Nikodem von Flüe kehrte niedergeschlagen in seinen Kanton zurück, in dem ein penetranter Brandgeruch aus Nordosten noch tagelang die Nasen reizte und zu aller Resignation im Volk noch tausend Vorwürfe auf die schon arg zerknitterten Seelen legte. Derweilen blieben noch lange französische Truppen in den Dörfern einquartiert, die sich wie die Herren aufführten und das zu Sklaven verkommene Volk weiter in die Armut drückten.

Am 30. September musste der Schwur auf die neue Verfassung nachgeholt werden, was in allen Gemeinden untertänigst mit feierlichem Gottesdienst, dem Schwenken der Monstranz über die sich bekreuzigenden Menschen und einem verlogenen «Te deum laudamus» vollzogen wurde.

Eine Woche später schworen auch jene Nidwaldner, die überlebt hatten.

8. Die Schweiz unter der Knute der Franzosen

Wie die Schweiz unter der Okkupation der Franzosen und dem Durchzug fremder Heere zu leiden hatte und sich der Hunger ausbreitete. Wie Major von Flüe dem Anneli helfen wollte, aber eine bittere Abfuhr erlitt.

Nach der brutalen Unterwerfung sei eine friedliche, ruhige Zeit gefolgt, meinte ein Historiker. Ob das Volk es damals auch so empfand, mag bezweifelt werden. Am 20. September 1798 übersiedelten die Helvetischen Räte an den neuen Hauptort Luzern, wo sie eifrig legiferierten. So wurde etwa das Heiratsverbot wegen Religionsverschiedenheit abgeschafft, für alle – hoch oder niedrig – die Anrede «Bürger» dekretiert und die Folter im Gerichtswesen nicht mehr zugelassen. Zwar wurde die Religionsfreiheit festgeschrieben, faktisch stellte sich der Staat jedoch gegen die Gläubigen. Die Geistlichkeit verlor ihr Aktivbürgerrecht, die Kirchengüter wurden beschlagnahmt. Die Schwestern im Sarner Kloster St. Andreas wurden zum Austritt gedrängt, die Franzosen schürten die Feindseligkeit gegen Papst und Bischöfe.

Den «Bürgern Mönchen» von Engelberg schrieb der französische Kommissar:

Wartet nicht, bis euch die Philosophie aus dem Asyl der Faulheit und Unbrauchbarkeit heraustreibt. Leget das Kleid des Aberglaubens ab, kehret in die menschliche Gesellschaft zurück und lasst darin so viele Tugenden leuchten, als nötig sind, um die Jahre eures Lebens vergessen zu machen, die ihr in mönchischem Nichtstun zugebracht habt. Gruss und Brüderschaft!

Zudem wurden Pfarrherren, die zugunsten der Franzosen redeten, vom Volk beschimpft oder gar verjagt – bis zum Teufel sollten sie sich verdrücken –, Freiheitsbäume wurden abgesägt und verbrannt.

Weiterhin musste Obwalden die Einquartierung französischer Truppen hinnehmen, die sich zwar etwas disziplinierter benahmen als vor der Niederwerfung Nidwaldens. Trotzdem bürdeten sie dem Volk durch Unterkunft und Verpflegung weitere Lasten auf, sodass die Leute die Armut kaum mehr ertrugen. Wenn da nicht auch noch Bettler in Lumpen landauf, landab an die Türen geklopft oder sich halbtot vor einem Haus hingelegt hätten.

Das Gewissen des Majors Joseph Ignaz von Flüe wühlte und kratzte angesichts der Not im Obwaldner Volk. Während in einfachen Häusern bis zu zwanzig Franzosen einquartiert waren, konnte er verhindern, dass dies auch bei ihnen in Obkirchen geschah. Nicht einmal einem Offizier mussten sie ein Bett abtreten. Und wie war das wohl bei Anneli zuhause? Obwohl er gehört hatte, dass sie nun mit ihrer Mutter einigermassen sicher beim Onkel Noldi Rohrer wohnte, wagte er sich eines Tages mit bangem Herzen zum Korbflechterhäuschen. Schon von weitem sah er Rauch aus dem Schornstein aufsteigen. Als er näher trat, sah er, dass die Behausung von französischen Soldaten in Beschlag genommen worden war. Einige lümmelten gelangweilt draussen auf einer Holzbank herum. Von drinnen hörte man Geklapper von Kesseln. Einer hackte mit einer Axt an einem Birnbaum herum, den sie gefällt hatten und für Brennholz ausweideten. In Joseph stieg der Zorn bis unter die Schädeldecke. Er hatte für diesen Besuch keine Uniform angezogen. Dennoch sollten diese Frechdachse spüren, dass er mit Militärpersonen umzugehen wusste. Als er einen jungen Leutnant erblickte, fingerte er diesen zu sich.

«Bürger Leutnant, damit Sie es gleich wissen, mit wem Sie es zu tun haben: Ich war Stabsoffizier in französischen Diensten. Wer hat Ihnen dieses Haus zugewiesen?»

Der Franzose wusste nicht recht, wie er hinstehen sollte. «Es wurde für uns requiriert.»

«Und jetzt plündern Sie es aus?»

Der Bürger Leutnant zuckte mit der Schulter.

«Wir müssen auch überleben.»

Joseph Ignaz trat ganz nahe an ihn heran.

«Ich sage Ihnen jetzt eines, Bürger Leutnant. Sie sind verantwortlich dafür, dass diesem Haus und seinem

Inventar kein Schaden entsteht. Ich werde das kontrollieren und wenn ich feststelle, dass ... dass ... dann werde ich dafür sorgen, dass Sie bestraft werden. Und zwar nicht zu knapp. Wie heissen Sie übrigens?»

«Dumoulin.»

«Aha. Merke ich mir. Und jetzt sorgen Sie dafür, dass Ihre Truppe sich anständig aufführt. Schauen Sie sich einmal an, wie sie angezogen sind. Jeder läuft herum, wie es ihm gerade passt. Mit und ohne Kittel, mit und ohne Hemd. Die Gewehre liegen herum. Noch nie etwas davon gehört, wie man Gewehre parkiert? Bürger Dumoulin, Sie hören wieder von mir.»

Joseph Ignaz drehte sich um und wischte dabei mit der rechten Hand einen Gruss vom Kopf, als ob er eine Mütze tragen würde. Der andere Bürger setzte nur ein saures Lächeln auf und wandte sich verlegen seinen Leuten zu.

Anneli war wahrscheinlich bei ihrem Onkel, beim Noldi Rohrer. Dem strammen Major begann das Herz wie einem Rekruten zu zittern, als er mit seinem Rucksack zu dessen Heimwesen hinaufstieg, bei jedem Schritt zweifelnd, ob es wohl nicht besser wäre, wenn er umkehren würde. Was würde man denken, wenn er dort unvermittelt auftauchte? Er konnte doch nicht sagen, es sei wegen Anneli. Er hatte noch etwa hundert Meter zurückzulegen, als plötzlich ein gewaltiger Lärm zu hören war. Aus dem Haus flüchtete einer, dahinter Noldi

Rohrer, der mit einem Stecken bewehrt dem Flüchtenden alle Flüche, die ihm einfielen, hinterherschickte. Oben stemmte Rohrer zornig die Fäuste in die Seite und blickte verwundert auf den neuen Besucher.

«Herrgott, Sakrament! Was willst denn du, Josepheli? Hast auch du Sehnsucht nach meinem Haselstecken?»

«Moment, Moment», versuchte Joseph zu beschwichtigen. «Ärger?»

Dann liess Rohrer los:

«Weisst du, was für ein gottverdammter Lümmel gerade aufgetaucht ist? Von Sarnen haben sie den zu mir geschickt. Er habe Befehl von der Obrigkeit, bei mir die Steuern einzuziehen. So eine Frechheit! Ausgerechnet bei uns, die wir selber kaum etwas zu beissen haben. Und was wir haben, nimmt man uns noch weg oder lässt die Franzen daran kauen. Dieser Schelm und Spitzbub. Ich hätte ihm eigentlich die leeren Teller in die Fresse schmeissen sollen. Herrgott, Sakrament!»

Joseph war schon beim ersten Anblick aufgefallen, dass es Arnold Rohrer nicht gut hatte. Die durchlöcherte Hose, die früher wohl ein stattliches Bäuchlein umspannt hatte, hielt nur dank grau verschmutzter Hosenträger. Das dreckige Hemd, dessen Ärmel er bis zum Ellbogen aufgeringelt hatte, war an zwei Stellen zerrissen. Vor allem aber fiel ihm das knochige Gesicht auf, das ihn an einen gewissen Eremiten erinnerte, der freiwillig keine Nahrung mehr zu sich genommen hatte. Der struppige Bart und der wirre Haarschopf passten dazu. Dann legte Rohrer wieder los:

«Und du? Bist auch so ein feiner Herr, der zu den Franzosenfreunden pilgert und dem es egal ist, wenn das eigene Volk aus lauter Hunger Gras und Baumrinde fressen muss. Oder? Du!»

Aus den schwarzfaulen Zähnen schnaubte es wie aus einem Drachenschlund.

«Wirst wohl diese Franzen noch dazu angestiftet haben, sich in der Hütte meiner Schwester einzunisten. Potz Sakrament! Wenn sie diese anzünden … dann kennt der Arnold nichts mehr. Dann gibt's Besuch bei euch in Obkirchen.»

Das war zu viel. Joseph würgte seinen Ärger hinunter und wandte sich zum Gehen. Wenn Anneli diese Schimpflawine drinnen nur nicht hören konnte … sofern sie überhaupt im Haus war. Joseph liess den Rohrer weiter sakramenten und stieg den Hang hinunter, seinen braunen Rucksack fest an den Rücken geklemmt. Wenn man ihn derart unflätig anfuhr, dann trug er eben den Laib Brot wieder nachhause, den er Anneli schenken wollte. Was für Erniedrigungen musste man in diesen Tagen ertragen vom gemeinen Volk. Es gab keine Ordnung mehr. Jeder konnte jedem antun, was er wollte. Anstelle von

Gerichten herrschten Fäuste, allenfalls Blei aus irgendwo versteckten Flinten. Wenn man sich noch für die Leute einsetzen wollte, dann spien sie einem frech ins Gesicht. Solches Chaos musste ein Ende haben. Zucht und Ordnung mussten in der Helvetischen Republik wiederhergestellt werden. Aufrührer mussten unbarmherzig bestraft werden. Auch anständiges Militär musste wieder her.

Mit trotzigem Schritt stapfte der gedemütigte Major zum Familiensitz Obkirchen hinauf. Da fiel sein Blick auf den Friedhof. Dort stand sie. Am Grabhügel ihres Vaters, dem Soldaten das Kreuz wie allen anderen Gräbern als Brennholz geraubt hatten. Er hielt inne. Sollte er …? Es zog ihn unwiderstehlich zu ihr. Sie hörte das Knirschen der Kieselsteine, schaute auf. Joseph erschrak. Ihr so liebliches Gesicht war eingefallen, die Backenknochen traten hervor, die Augen starrten ihn aus dunklen Höhlen an. Ihr Haar war unter einem wollenen Kopftuch verborgen. Abgetragene Kleider verhüllten ihren mageren Körper. Joseph räusperte sich.

«Anneli, ich wollte dir etwas bringen.»

Er klaubte aus dem Rucksack das in ein Tuch eingeschlagene Brot und hielt es ihr hin.

Sie zögerte. Aber der Hunger war stärker als der Stolz. Sie nahm es und steckte es in die Tasche auf dem Boden.

«Danke … Da werden sich alle freuen.»

Sie wird wohl in ihrer Güte alles den anderen geben und selber hungern, dachte Joseph Ignaz.

«Ich wollte dir noch etwas geben, damit du ... Warte mal.» Er tat, als ob er in seinem Kittel suchen müsste, und hielt ihr dann einen Lederbeutel hin, den er mit Gulden gefüllt hatte. Sie schüttelte den Kopf, senkte den Blick zu Boden.

«Bitte nimm! Es wird mich freuen.»

Mit traurigem Gesicht sah sie zu ihm auf.

«Ich weiss nicht ... Vielleicht ... Gut, für mein Müetti.»

Sie nahm zögernd den Beutel und fügte an:

«Ich brauche kein Geld mehr.»

Verwundert kniff Joseph die Stirnfalten zusammen. Was meinte sie? War sie krank?

Dann fuhr sie mit der Zunge über die trockenen Lippen, blickte an ihm vorbei zur Kirche hin und flüsterte.

«Ich gehe ins Kloster.»

Es war ihm, wie wenn Felsbrocken von den Hängen hinabpoltern würden und ein gewaltiges Erdbeben ihn aus dem Stand zu werfen drohte. Ihm wurde schwindlig, aber kein Geländer war in der Nähe, an dem er sich hätte festklammern können. Zwischen ihnen war etwas wie eine Glaswand. Er sah sie zwar, konnte sie aber nicht berühren. Sie spürte, dass ihm kein Wort aus dem zugeschnürten Hals entschlüpfen wollte.

«Morgen.»

«Ganz sicher?», hauchte er.

Sie nickte.

«Ich wünsche dir alles Gute!»

«Ich dir auch, Joseph. Danke für alles ... Leb wohl.»

Langsam schritt sie zum Seitenportal der Kirche hin, schaute nicht mehr zurück.

Joseph hatte Mühe, die zentnerschweren Füsse zu heben. Dann schleppte er sich nach Hause. Es war vorbei! Vorbei das sinnlose, zukunftslose Suhlen in den wohligen Gefühlen einer hoffnungslosen Liebe. Vorbei! Schluss! Aus! Seine Zukunft lag anderswo. Ordnung, verdammt, Ordnung. In seinem Leben, in Obwalden, in der Helvetischen Republik!

*****

Die politische Grosswetterlage in Europa begann sich zu Ungunsten der Franzosen zu verändern. Der Vormarsch der Österreicher wurde immer bedrohlicher und damit nahm auch die Furcht vor lokalen Rebellionen zu. Überall im Lande suchte man nach «heimlichen Feinden», die man rechtzeitig unschädlich machen müsse.

Auch der Obwaldner Unterstatthalter Peter Ignaz von Flüe stellte eine Liste solcher potentieller Unruhestifter zusammen.

Am 1. Mai 1799 spätabends, als laue Frühlingslüfte über die in zartem Grün erwachenden Hügel am Sarnersee strichen, polterte der Gemeindeweibel ins Haus von Michael von Flüe und befahl ihm und seinem Bruder Joseph, auf Geheiss des Unterstatthalters sofort mit ihm zu kommen. Im «Rössli» in Kerns erfuhren sie vom Unterstatthalter, dass sie verhaftet seien. Begründet wurde diese Festnahme mit ihrer Vergangenheit als Offiziere bei den Engländern, den Erzfeinden der Franzosen. Im Verlauf der Nacht wurden weitere Verdächtige hereingeführt, darunter auch der Guardian des Kapuzinerklosters in Sarnen. Noch vor Tagesanbruch wurden sie per Kutsche in Richtung Bern weggeführt, von wo man sie auf ein Schloss in Morges in Verwahrung schickte.

Aufgrund des Vormarsches der Österreicher bekam es das Helvetische Direktorium einmal mehr mit der Angst zu tun und übersiedelte mit den anderen Räten am 28. Mai 1799 von Luzern nach Bern. Da wurde der Boden auch für den Unterstatthalter Peter Ignaz von Flüe zu heiss. Um sich vor der Wut seiner Landsleute zu retten, flüchtete er Hals über Kopf über den Brünigpass nach Bern zu den helvetischen Gesinnungsgenossen. Dort traf er wieder auf seinen «Kollegen» Major Joseph Ignaz von Flüe.

Die beiden kümmerte es offenbar nicht sehr, dass nach der von den Franzosen verlorenen Schlacht bei Zürich im Juni 1799 Obwalden wieder von französischen Truppen besetzt wurde und damit wieder unsäglich zu leiden hatte. Die Verheerungen der Kriegszüge und der Einquartierungen hatten vor allem in den Gebirgskantonen eine grosse Hungersnot zur Folge.

In Alpnachstad standen eines Tages winkende Mütter, die sich ihre Augen ausweinten, als der Nauen weggerudert wurde, auf dem ihre halbverhungerten Kinder nach Luzern geführt wurden, um in Ortschaften, die vom Krieg verschont worden waren, wieder aufgefuttert zu werden. 4500 Kinder aus den ausgebluteten Kantonen versuchte man auf diese Art vor dem Hungertod zu retten. Sogar der französische Gesandte in der Schweiz schrieb nach Paris: *Man macht sich kaum einen Begriff davon, welchen Grad das Elend erreicht hat.*

*****

Die Schüssel mit Kartoffelbrei, in den Wurzeln von Löwenzahn hineingeschnetzelt worden waren, war leer. Die Petroleumlampe verbreitete ein armseliges gelbes Licht über den Küchentisch der Familie Rohrer. Die Blitze und der Donner des abendlichen Gewitters hatten sich grollend gegen den Pilatus verzogen. Nun aber übergoss ein gewaltiger Regen das einfache Hüttlein oben am Hang der Wolfsweid. Vater Nikodem runzelte die Stirn.

Hoffentlich hielt das ausgebesserte Schindeldach diesmal besser als beim letzten Unwetter.

«Ist das alles?», fragte der zwölfjährige Konrad.

«Ich habe noch Hunger», schob Sophia nach und drehte ihr schmales Gesicht zur Mutter hin.

«Ich auch», sekundierte Magdalena, in deren tiefliegenden Augen das Licht der Lampe flackerte. Nur der Älteste, Poldi, blieb still, stützte sein ausgemergeltes Gesicht mit beiden Händen.

Mutter Katharina seufzte.

«Ach, Kinder! Ihr wisst doch, dass wir sparen müssen. Für morgen haben wir noch etwas Hafermus. Die Äpfel von Tante Rosa rüste ich dann noch dazu.»

Besorgt strich sie sich über den gewölbten Bauch, in dem ein weiteres Kind dem Tag seiner Geburt entgegenschlummerte. Mochte ihm der Herrgott gnädig sein. Drei vor ihm lebten nur wenige Stunden, konnten aber noch rechtzeitig getauft werden.

«So, jetzt geht ihr ins Bett! Poldi, du bleibst noch hier. Wir müssen noch etwas mit dir besprechen.»

Während der Regen in der Dachtraufe gurgelte, setzte sich Vater Rohrer Poldi gegenüber. Die Mutter begann ihre Augen abzuwischen.

«Nächste Woche wirst du sechzehn, Bub. Dann bist du ein Mann.» Der Vater hustete, zwirbelte verlegen an seinem Bart.

«Du weisst, wie es mit uns steht. Mit unserem Heimetli können wir kaum überleben. Deine Geschwister hungern, sind immer wieder krank. Und Mutter ... ja, du weisst schon. Und da haben wir gedacht ...»

Mutter schluchzte auf, wie wenn am Begräbnis der Sarg in die Grube hinuntergelassen würde.

«Wir haben gedacht, dass du dich bei von Flües um eine Stelle in einer ihrer Kompagnien, die schon bald wieder aufgestellt werden, bewerben könntest. Napoleon braucht wieder Soldaten, habe ich gehört. Man zahlt dort einen guten Sold und nur schon mit dem Handgeld, das man bei der Unterschrift auszahlt, könnten wir wieder einigermassen über die Runden kommen. Gross genug bist du und stark auf jeden Fall.»

Poldi zeigte sich gefasst. Eigentlich hatte er das mehr oder weniger schon kommen sehen. Einige seines Alters waren bereits rekrutiert worden. Die einen unterschrieben freiwillig, andere von Alkohol in Wirtsstuben benebelt. Er wäre also nicht der Einzige, der auf diese Weise die Familie zuhause am Leben erhielt – solange er selber am Leben blieb.

«Zudem siehst du etwas von der Welt, lernst fremde Sprachen. Und wenn du deinen Mann stellst, kannst du auf Beförderung hoffen. Ich begleite dich morgen. Vielleicht kann ich noch irgendwo etwas Obst und Brot auftreiben.»

9. Helvetische Konvulsionen unter den Augen Napoleons

Wie sich in der von Franzosen besetzten Schweiz die Eidgenossen stritten und sich Major von Flüe als Franzosenfreund immer mehr von seinen heimischen Wurzeln entfremdete. Wie er an einem Sonntag unter einem Berner Wirtshaustisch Ruhe fand.

Am 9. November 1799 verjagten die Truppen Napoleons den Nationalkonvent in Paris. Er selber ernannte sich zum Ersten Konsul und umgab sich mit willfährigen Figuren. Das sollte gravierende Folgen für Europa, aber auch für die Schweiz haben.

Das Land war ausgeblutet, das Volk apathisch geworden und französische Truppen zogen durch die Gegenden, als ob sie die Herren wären, was sie faktisch auch waren. Selbst Napoleon führte ohne Ankündigung eine Streitmacht vom Genfersee über den Grossen St. Bernhard, um in Oberitalien jene Ordnung herzustellen, die ihm behagte.

In den Eidgenössischen Räten kam es nun zur Spaltung zwischen den Unitariern (Republikanern), die eine starke Zentralgewalt haben wollten, und den Föderalisten (Patrioten), die möglichst viel in der Kompetenz der Kantone angesiedelt haben wollten. Die beiden von Flüe, Major Joseph Ignaz und Senator Peter Ignaz, beteiligten sich engagiert an den hitzigen Diskussionen um eine neue Verfassung, und zwar auf der Seite der Zentralisten. Gleichen Sinnes waren auch die obersten Beamten des Kantons Waldstätten, die – über die Köpfe des andersdenkenden Volkes – in einer Eingabe an die Vollziehungsräte in grossartig blumiger Sprache auftrumpften: *Die Idee der Einheit ist in den Waldstätten auf den Grabhügeln der Erschlagenen, auf den Brandstätten ganzer Dörfer, auf den bleichen Wangen verwaister Mütter und Töchter und auf der ernsten Stirn ausgeraubter Väter tief und unauslöschlich eingegraben ... Die Abstämmlinge von Stauffacher, Tell, Winkelried und von der Flüe wollen keinen Föderalistenbund, wollen nicht die Wiederherstellung der alten Ordnung der Dinge, wollen zur Grundlage der Verfassung: Unabhängigkeit der Republik, Neutralität der Republik, Einheit der Republik.* Man wolle nicht mehr «in die morschen Hütten der alten Verfassung» zurückkehren.

Das war Wasser auf die Mühlen der wichtigtuenden von Flüe in Bern, an denen Vorwürfe, sie litten Mangel an Kenntnis des Volkswillens, wirkungslos abprallten. Selbst der französische Diplomat Verninac hielt nicht viel von den umtriebigen Obwaldnern. Über Joseph Ignaz von Flüe schrieb er: *Ses talents et son charactère ne sont pas fort distingués* – also ein wenig ruhmvolles Urteil über seine Geisteskraft und seinen Charakter.

*****

Am späten Abend des Karsamstags 1800 stand das Volk dichtgedrängt in der nur von wenigen Kerzen beleuchteten Pfarrkirche zu Sachseln. In düsterer Stimmung wurde des Leidens Jesu Christi gedacht. Nach der Erzählung der Kreuzabnahme und der Grablegung reihte man sich zur Prozession um die Kirche ein. Vorne ein grosses Kreuz, dem die lateinisch singende Geistlichkeit und Ministranten folgten, die munter ihre Weihrauchfässer und hölzernen Rätschen schwangen. Dahinter wankten die Reihen der Behörden und anderer, die sich ihrer eigenen Wichtigkeit bewusst zur Obrigkeit zählten. Unter der Sippschaft von Flüe marschierte auch Major Joseph Ignaz in Offiziersuniform mit. Mit zusammengekniffenen Augen blickte er wie ein General auf dem Feldherrenhügel vor einer Schlacht über das gewöhnliche Volk hinaus. Beim Hinausgehen streifte sein Blick kurz die Bank mit den Nonnen. War da nicht auch Anneli? In weissem Schleier einer Novizin? Er versuchte den Gedanken rasch wegzuwischen. Aber dieser verfolgte ihn auch, als die Gebete murmelnde Prozession sich um die Kirche wand, den Dorfplatz überquerte und vor der verschlossenen Kirchentür hielt. Der Pfarrer begehrte mit dreimaligem Anklopfen Einlass und rief: «Attolite portas, principes, vestras et introibit rex gloriae!» (Machet auf die Türen, ihr Fürsten, und der König der Herrlichkeit wird einziehen.) Wie sich nun die Kirchentür öffnete, ertönten die Schellen und die Kirchenglocken begannen jubelnd zu läuten. Joseph versuchte sich zu vergewissern, dass es Anneli war, die sich unter den Nonnen befand.

Er drängte sich langsam zu dieser Gruppe hin. Und tatsächlich: Das war sie. Ihr weiches Gesicht brachte sein Herz zum Zittern. Er hielt es nicht mehr aus, entfernte sich beim Einzug in die Kirche von den Gläubigen und trat aufgewühlt den Heimweg an. In der Kirche hob der Pfarrer die Monstranz über das sich bekreuzigende Volk: «Christus ist auferstanden», während Joseph ein «Gottverdammt» keuchte mit der klagenden Frage, warum er dieses blöde Weibchen nicht vergessen konnte. Warum gingen Türen einfach wieder auf, die man doppelt und dreifach zugesperrt hatte?

*****

Die erbitterten Streitereien zwischen den Unitariern und den Föderalisten führten dazu, dass der helvetische Vollzugsrat im Einverständnis mit Frankreich alle Räte abschaffte und an deren Stelle am 7. August 1800 einen provisorischen Gesetzgebungsrat einsetzte, in dem die Hitzköpfe nicht mehr Eingang fanden. Aber es half nichts. Die Handlungsunfähigkeit der Parteien hielt an. Napoleon unterstützte einmal diese, dann wieder jene, um – wie man vermutete – die Schweiz schwach zu halten. Der Schweizer Gesandte in Paris schrieb in die Heimat: *Mein Blut stockt in meinen Adern, dass wir Schweizer uns auf den Befehl des französischen Grosssultans nur als provisorische Republikaner betrachten sollen.*

Immer noch musste Obwalden wie andere Kantone der Zentralschweiz französische Truppen beherbergen. Man ersuchte dringend um Abzug der Truppen, da man kein Geld mehr für deren Unterhalt besitze. Als dieses Gesuch kaltschnäuzig abgelehnt wurde, verknurrte man die Behörden und die Beamten Obwaldens zu einem finanziellen Beitrag entsprechend ihrem Einkommen. Wer wollte da noch Beamter sein? Man resignierte, duckte sich und liess es hageln. Joseph Ignaz von Flüe scharwenzelte immer wieder nach Bern, aber er hatte vorerst wie alle anderen Vertreter der Zentralschweizer Kantone dort nichts mehr zu bestellen. Die grosse Politik spielte sich ohne die kleinen Waldstätterkantone ab, im europäischen Kontext auch ohne die Schweizer.

Nach siegreichen Feldzügen zwang Napoleon den gedemütigten Gegner, den römisch-deutschen Kaiser Franz II., am 9. Februar 1801 zum Friedensvertrag von Lunéville. Darin wurde der Schweiz zugesichert, dass sie sich selbständig konstituieren könne. Das war allerdings reine Augenwischerei. Als eine Delegation mit einem Verfassungsentwurf nach Paris reiste, wurde sie von Napoleon auf Schloss Malmaison höchst herablassend empfangen. Mit einem Entwurf napoleonischer Prägung kehrte sie am 30. April 1801 zurück. Darin sollte der Kanton Waldstätten wieder in seine ursprünglichen Bestandteile aufgelöst, das Wallis in französischer Obhut belassen, kantonale und eidgenössische Tagsatzungen nebst einem Senat und zwei

Landammänner mit grossen Machtbefugnissen ausgestattet werden.

Jetzt hatten sie wieder etwas zu diskutieren und zu streiten, diese wackeren Eidgenossen. Vor allem mussten sie überall neue Räte wählen und in allen Kantonen Abgeordnete für die Nationaltagsatzung bestimmen. Kaum jemand glaubte noch an eine Besserung der üblen Zustände, weswegen die Teilnahme an solchen Wahlen sehr dürftig ausfiel. Die streitmüden Obwaldner wählten alt Landammann Nikodem von Flüe als ihren Vertreter in Bern. In dessen Gefolge war natürlich auch wieder sein Sohn, Major Joseph Ignaz, der überall vor den Herrschenden den Rücken krümmte, um eine lukrative Position zu erhalten. Nikodem brachte Kritik, die ihm in Obwalden ins Gepäck gelegt wurde, in Bern in die Diskussionen ein. Insbesondere betraf dies den allgegenwärtigen Zentralismus und die Befürchtung, der Kirche könnte durch ein einheitliches Schulsystem Schaden erwachsen. Doch im Volk traute man ihrem Repräsentanten in Bern, diesem franzosenfreundlichen von Flüe, nicht. Der Zorn wandte sich gegen die ganze Verfassung und trieb einer offenen Rebellion zu. Es wurden Unterschriften für eine Volksabstimmung über eine neue Verfassung oder eine Wiedereinführung der alten gesammelt. Die Wortführer der Opposition wurden vehement angegriffen: *… fremder Einfluss … aus der Klasse Amnestierter, Emigranten, feindlicher Militäre und begnadeter Ruhestörer, unterstützt von ehr-, geld- und gutlosen Auswürflingen des Volkes, und* *beraten vom viertelellenlangen und vierlingsschweren Krämer Geiste, legten Hand in Hand Feuer an und gebaren Unordnung.*

Um einen Aufstand zu verhindern, liess man helvetische Truppen in Stans einrücken und hoffte, dies mache auch den Obwaldnern Eindruck. In Nidwalden flüchteten die Wortführer in die Berge. In Obwalden liess man die mit 1900 Unterschriften versehene Bittschrift auf privatem Wege dem Tagsatzungsabgeordneten von Flüe in Bern zukommen, der sie dann auch tatsächlich dem Gremium vorlegte. Dieses aber bastelte in den Verfassungsentwurf noch mehr Zentralismus hinein. Das erboste Aloys Reding und weitere Innerschweizer Abgeordnete derart, dass sie die Tagsatzung verliessen, um zuhause über weitere Schritte zu beraten. Nachdem Nikodem von Flüe innegeworden war, wie der Wind in Obwalden pfiff, blieb ihm nichts anderes übrig, als sich Aloys Reding anzuschliessen.

Am 27. Oktober um Mitternacht versammelte Reding zwölf föderalistisch gesinnte Mitglieder des gesetzgebenden Rates in aller Heimlichkeit im Hause eines Berner Patriziers und gemeinsam beschlossen sie den Staatsstreich. Sie lösten den Kanton Waldstätten auf, worauf wie in allen Zentralschweizer Kantonen auch in Obwalden neue Räte gewählt werden mussten. Peter Ignaz von Flüe, die leibhaftige Wetterfahne im Luftzug zwischen Zentralisten und Föderalisten, wurde wieder als Senator nach Bern gesandt.

Das Osterfest 1802 brachte für die Föderalisten keine Auferstehungsfreude. Als Reding und seine Freunde nach Hause gereist waren, um das christliche Hochfest zu feiern, wurden sie von den unchristlichen Zentralisten kurzerhand abgesetzt. Schon wieder ein Staatsstreich! Der Senat wurde so «gesäubert», dass in ihm die Zentralisten die Mehrheit hatten. In dieser Mehrheit glänzte auch der Obwaldner Major Joseph Ignaz von Flüe, den die Zentralisten als einen der Ihren betrachteten. In einer Sache war er mit seinen Freunden in Bern allerdings nicht einig. Diese wollten eine eidgenössische Volksabstimmung über die neue Verfassung befinden lassen. Abgesehen davon, dass es so etwas in der Schweiz noch nie gegeben hatte, traute er seinen Landsleuten ein objektives Urteil nicht zu. Und in der Tat: In Obwalden standen in der Abstimmung von anfangs Juni 1802 ganzen sechs annehmenden Stimmen 2912 ohrenbetäubende Nein gegenüber. Auch in den anderen Kantonen wurde die Verfassung schallend abgelehnt, wobei die grosse Mehrheit des Volkes aus Trotz, Gleichgültigkeit und Verdrossenheit sich gar nicht zu einem Gang an die Urne bewegen liess. Das bot der Tagsatzung den Weg zu einem oberfaulen Trick. Sie zählte die Nichtstimmenden einfach zu den Annehmenden und erhielt so eine satte Mehrheit. In freiheitlichem Zorn bebte darauf die Heimaterde Schweiz und kündigte einen Vulkanausbruch an.

Die Heimkehr nach Obwalden Ende Juli 1802 war für Major Joseph Ignaz von Flüe nicht so angenehm wie der Aufenthalt im Bern der Ränkeschmiede und der unverfrorenen Sieger bei der Abstimmung über die neue Verfassung.

Auf der Durchreise in Interlaken traf Major von Flüe auf ein Detachement Franzosen, die sagten, sie seien die Letzten, die Obwalden verlassen hätten. Da war er gespannt, ob seine Landsleute sich nun endlich mit der Situation abgefunden hatten oder ob erneut Hitzköpfe jeden Ansatz zu einer neuen Ordnung zerstören würden. Grosse Hoffnung hegte er nicht. Denn vor Tagen hatte sich eine Delegation der Urkantone, auch von Obwalden, erfrecht, beim französischen Gesandten die Abtrennung ihres Gebietes von der Helvetischen Republik zu erbitten. Separatistenpack!

Die ersten Anzeichen einer katastrophalen Wende drangen ihm schon vor Sachseln in die Nase. Brandgeruch! Und je näher er zum Dorf Sachseln kam, sah er über dem See braune Rauchschwaden träge dahinlümmeln. Dann durchfuhr ihn ein Schlag. Oben am Hang ... kein Korbflechterhäuschen mehr ... Rauchfetzen ... nur noch ein Haufen schwarzer Balken ... Leute, die herumstanden oder im Schutt stocherten. Kaum war er in Obkirchen angekommen, nahm er die Mutter am Ärmel.

«Was ist mit dem Haus von Korbflechters?»

«Die Franzosen, diese Teufel.»

Es gab ihm einen Stich. Hatte nicht der ungebärdige Arnold Rohrer gedroht, er werde im Falle eines Brandes in Obkirchen auftauchen?

«Wie ist die Stimmung im Volk? Zu uns vor allem …»

Mutter seufzte.

«Wie kannst du fragen! Sie haben eine Riesenwut auf alle, die es mit den Franzosen hatten. Wir seien mitschuldig. Ist nicht sehr angenehm, aus dem Haus zu gehen, den Leuten unter die Augen zu treten. Ein Rest von Respekt ist noch da, denn irgendwie stecken ja alle mit drin. Sie beschimpfen uns nicht, aber sie schauen uns nicht mehr an. Und wenn du an ihnen vorbeigehst, kannst du ihre verachtenden Augenstrahlen spüren.»

«Wer hilft jetzt den Korbflechtern?»

Mutter zuckte mit der Schulter.

«Weiss nicht. Die brauchen ja eigentlich nichts mehr. Sie ist beim Bruder und die Tochter im Kloster. Wie ich gehört habe, soll sie diesen Sommer die ewigen Gelübde ablegen.»

Ewig! Es brannte Joseph wieder auf der Seele. Und wie! Ewig!

Cousin Michael von Flüe war eine würdige Persönlichkeit, der mit seiner hohen Stirn und dem hageren Gesicht in manchen Landen als Führer hervorgestochen wäre. Seine senkrechten Stirnfalten über der markanten Nase vertieften sich noch, als er von Joseph Ignaz, dem Major, über die Ereignisse in Bern informiert wurde. Dann bemerkte er mit seiner Bassstimme ruhig:

«Und ihr in Bern glaubt immer noch, den urtümlichen Freiheitsdrang unserer Bergler in das Einheitskorsett nach französischem Muster zwängen zu können? Den Baum, der jahrhundertelang gewachsen ist, reisst man nicht einfach so aus und ersetzt ihn durch dürre Grotzen, die eine diktatorische Freiheit verkünden sollen.»

«Du vergisst, Michael, dass dieser Freiheitswille mit seinen chaotischen Auswüchsen zur Drangsal des Volkes geworden ist. Es muss doch wieder einmal Ordnung in unser Land hineinkommen. Ordnung, verstehst du?»

Michael blieb ruhig, als er erwiderte:

«Ja, das Volk will Ordnung, aber eine, die es selber gestaltet, und nicht eine, die ihm mit französischen Bajonetten aufgezwungen wird.»

«Glaubst du denn, dass das Volk bei uns auch zwei Klassen will? Wir, die Oberen, und die anderen, denen es nicht so gut geht?»

Jetzt wurde Michael etwas deutlicher:

«Immerhin akzeptiert uns das Volk, wenn wir die Regierungsgeschäfte zu seinem Wohl tätigen. So war das schon seit Jahrhunderten. Das ist auch eine Frage des Vertrauens, das man als Regierungsmitglied eben verdient oder nicht. Beispielsweise hat das Volk ein feines Gespür dafür, ob man es mit den Unterdrückern hat oder nicht, ob man in der Not hilft oder protzig seinen Reichtum zur Schau stellt.»

Der schräge Blick von Michael war vielsagend.

Im weiteren Verlauf des Gesprächs informierte Joseph seinen Cousin, dass die helvetische Regierung beschlossen habe, den Unterwaldnern – es waren ja noch immer beide Kantone vereinigt – die Vollmacht zu erteilen, neue Räte nach ihrem Gusto zu wählen.

Michael lachte laut heraus.

«Grossartig! Wirklich grossartig! Diese Vollmacht muss uns niemand gnädiglichst erteilen, wir nehmen sie uns selber, wie schon in den guten Zeiten. Morgen gehe ich nach Treib und treffe mich mit den Kollegen aus Uri, Schwyz und Nidwalden. Du kannst dich darauf gefasst machen, dass wir dann wieder die alten Landsgemeinden einsetzen werden.»

Und so war es denn auch. Schon am 1. August fanden Landsgemeinden statt. Mit Jauchzern gab man sich wieder die alte Verfassung und wählte neue Beamte. Da fühlte sich die helvetische Regierung gewaltig überrumpelt und erklärte diese Landsgemeinden für verfassungswidrig. Innert acht Tagen müssten wieder die alten Beamten eingesetzt werden. Das machte jedoch den zu allem entschlossenen Innerschweizern keinen Eindruck.

Unterdessen köchelte Major Joseph Ignaz von Flüe in Bern einen zähen Zorn über seinen Cousin Michael. Wie der ihn abgefertigt hatte! Wie der ihn zu belehren erfrecht hatte, was rechtens sei und was nicht! Und wie der so selbstbewusst über die helvetische Regierung gelacht hatte! Die Zeit war nicht mehr ferne, da sollten sie wissen, wer Herr im Lande war. Denen wollte er es zeigen. Die helvetische Regierung hatte seine Unterstützung belohnt, indem sie ihm das Kommando über die in Bern stationierten Truppen erteilte. Das Kommando über alle helvetischen Truppen wäre ihm zwar lieber gewesen, denn dann hätte er den Titel eines Generals führen dürfen. Da war ihm aber dieser egoistische Andermatt aus Zug vorgezogen worden, obwohl dieser bei jedem politischen Wetterumschlag die Seiten gewechselt hatte und an Entscheidungsschwäche litt wie andere an chronischer Verstopfung. Immerhin hatte man nun ihn anstelle des in Luzern residierenden Andermatt um Rat gefragt. Wie ein grosser Feldherr legte er der helvetischen Regierung einen Schlachtplan vor, wie man das renitente Obwalden und die anderen Innerschweizer Rebellennester unterwerfen könne.

«Man muss verhindern, dass sie sich zur Abwehr vereinigen können. Deshalb muss man sie von einer Ecke in die andere, von einem Tal ins andere jagen. Der ganzen Grenze entlang müssen wir Truppenbewegungen ausführen, manchmal zu einem Scheinangriff ansetzen, sodass ihre Truppen dahin eilen, dorthin hetzen, bis ihnen die Luft ausgeht. Sie bieten auf und entlassen wieder. Die Kirchenglocken läuten Sturm – für nichts und wieder nichts. Das Hin und Her führt zum Streit mit den Anführern. Niemand lässt sich mehr aus der Ruhe aufschrecken. Niemand mehr nimmt einen Alarm ernst. Und dann ...!»

Der Major hob bedeutungsschwer den Zeigefinger und die Stimme:

«Dann müssen wir zuschlagen. Zuerst Obwalden über den Brünig und die Rengg angreifen. Dann nehmen wir uns Nidwalden vor und – wenn's dann noch nötig sein sollte – den Rest.»

Anerkennendes Nicken der hohen Herren. War das ein Stratege, dieser von Flüe!

Keinem der Ratsherren dämmerte, dass sie eigentlich einen Landesverräter vor sich stehen hatten. Natürlich nur im lokalen Sinn. Aber einen, der scheinbar das Ganze im Auge zu behalten wusste, konnte man schon brauchen und um das Ganze ging es ja nun eigentlich. Man beförderte ihn zum Generaladjutanten der helvetischen Truppen, ein Posten für die Galerie und ohne Befehlsgewalt irgendwelcher Art.

*****

Wie in einem Hühnerhof die Hennen und Gockel von einer Ecke in die andere fliehen, wenn der Fuchs ums Gehege schleicht, so erging es den Obwaldnern, nur dass sie nicht flohen, sondern dreinzuschlagen bereit waren – wenigstens zum Teil. Die von ihrem Landsmann in Bern empfohlene Strategie schien aufzugehen. Doch gab es immer wieder besonnene Männer, die den Ernst der Lage begriffen und nicht nachliessen, das Volk im Widerstand anzutreiben. Einer unter ihnen war Peter Ignaz von Flüe. Er wusste, dass ausser der Wut im Lande nicht viel vorhanden war, das zur Verteidigung getaugt hätte. Als man beim ersten Alarm in Sarnen etwa dreihundert bärtige Männer versammeln konnte, waren bloss fünfzig mit einem Gewehr ausgerüstet. Die anderen glaubten mit Speeren, Knüppeln und Heugabeln wie zu alten

Zeiten einen Feind in die Flucht schlagen zu können. Vor seinem imposanten, in französischem Stil erbauten Bürgerhaus in Sachseln sprach am 13. August 1802 der angesehene alt Landammann Peter Ignaz von Flüe zu den verängstigten Leuten:

«Wir dürfen uns nicht den Mut abkaufen lassen, liebe Landsleute! Wir sind stark, die anderen nur gedungen, von einer Regierung, die nicht mehr lange dem Volk den Willen aufzuzwingen vermag. Auf dem Brünig könnte kein besserer Mann das Kommando führen als unser erfahrener Offizier Michael von Flüe.»

Bravorufe und Klatschen aus den Reihen der Zuhörer.

«Und hier werden wir ebenso wachsam und aufopferungsbereit sein, liebe Landsleute! Ich will hier in Sachseln sofort eine Heimwehr aufstellen. Dazu benötige ich alle Knaben unter sechzehn und Männer über sechzig Jahren, die eine Waffe zu bedienen imstande sind. Aber auch euch, liebe Frauen, brauchen wir. Ihr müsst alle Kirchen, Kapellen und Häuser schützen, nicht nur gegen einen äusseren Feind, sondern auch gegen solche, die wie Holzwürmer im Innern ihr feiges Zerstörungswerk verrichten. Ich danke euch!»

Während Michael von Flüe am Brünig den Kommandanten der helvetischen Truppen mit allerlei Geplänkel um einen Waffenstillstand hinhielt, gelang General Andermatt am 19. August der Handstreich auf den

Renggpass. Eines der Tore nach Obwalden war nun offen. Jetzt fuhr den anderen Innerschweizer Kantonen der Schreck in die Glieder. Die Schwyzer entsandten rasch zwei Kompagnien zum Brünig und zwei nach Alpnach am Fusse der Rengg.

In der regnerischen Nacht des 27. August schlichen sich verschiedene Detachemente der Obwaldner an die befestigten Stellungen der sich in Sicherheit wiegenden helvetischen Truppen auf der Rengg heran. Auch wenn der Plan, den Angriff von den Flanken des Pilatus, von der Seite des Loppers und gar von hinten zu führen, nicht ganz gelang, wurden die Helvetier nach kurzem und für sie verlustreichem Kampf aus ihren Stellungen verjagt. Wie das den Kampfgeist und das Selbstbewusstsein der Obwaldner hob!

Auf dem Brünig gelang es Michael von Flüe, sich mit dem helvetischen Kommandanten Tornare auf eine Art Nichtangriffspakt zu verständigen. Das gefiel dem auf Rache sinnenden Senator Joseph Ignaz von Flüe gar nicht. Er sandte dem Hauptmann Tornare einen Brief, um Michael zu diskreditieren:

Bürger Hauptmann, wie wir vernehmen, lassen Sie sich mit dem feindlichen Kommandanten in Gespräche ein. Wir müssen Sie vor einer allzu grossen Vertrauensseligkeit warnen. Denn Ihr Widersacher ist einer der hitzigsten Gegner unserer Republik und er ist der Urheber von allerlei ‹Vorgängen›.

Dabei versteht er es vorzüglich, seine wahren Gedanken zu verbergen. Lassen Sie sich nicht täuschen und seien Sie aufs höchste wachsam!

Das Leben jener in Obwalden, die als Angehörige der «Franzosen-Partei», ja gar der «von-Flüe-Partei», beschimpft wurden, wurde höchst ungemütlich. Bis Mitte August verliessen um die achthundert den Kanton und brachten sich in Luzern in vermeintliche Sicherheit, wo sie die helvetische Regierung vergeblich um Schutz anflehten. Am 4. September holte die Obwaldner Regierung zum Schlag gegen die Freunde der helvetischen Regierung aus und verhaftete Laien und Geistliche. Erstere sperrte sie im Rathaus ein, Letztere wurden im Kapuzinerkloster Sarnen interniert.

Die seelischen Schmerzen des Senators Joseph Ignaz von Flüe in Bern wurden in der nächsten Zeit nicht kleiner. Der Waffenstillstand mit den Obwaldnern hielt und es schlossen sich den rebellischen Innerschweizern immer mehr andere Kantone an. Es kam dazu, dass General Andermatt kläglich versagte, als er grossspurig auf Zürich losmarschierte und die Stadt mit Artillerie sturmreif zu schiessen begann. Zürich verweigerte ihm den Zutritt und so musste er unverrichteter Dinge in Richtung Bern wieder abziehen. Den Gipfel der Harmonie erklommen die Räte der Helvetischen Republik, als sie den Bauernsohn Johann Rudolf Dolder, der sich als Industrieller versucht hatte und ein begeisterter Anhänger der Franzosen war, zum Landammann der Schweiz ernannten.

In der Nacht des 14. September überrumpelte ein Trupp Schwerbewaffneter die Leibwache Dolders. Was für ein Getrampel und Lärmen im Hause des Landammanns! Er setzte sich gerade aufgeschreckt im Bett auf, als Major von Flüe vor ihn hintrat:

«Bürger Dolder, Sie sind verhaftet. Ziehen Sie sich sofort an und folgen Sie uns.»

Dolder fiel der Kiefer herunter. Was für eine Frechheit! Als er etwas erwidern wollte, schnitt ihm von Flüe das Wort ab:

«Keine Widerrede! Ich habe meine Befehle vom Direktorium, das Sie soeben abgesetzt hat.»

Den Rebellen im Direktorium gelang es aber nicht, einen Nachfolger für den verhassten Dolder zu wählen, sodass sie ihn kleinlaut baten, sein Amt wieder anzutreten. Um einer schmählichen Entlassung zuvorzukommen, beantragte von Flüe darauf selber die Demission, um seinen Ruf nicht zu ruinieren. Doch der war schon mehr ramponiert, als er denken konnte.

*****

In diesen turbulenten Zeiten tummelten sich auf allen Stufen in Bund und in allen Kantonen Karrieristen und Opportunisten zuhauf. Sie liebedienerten dort, wo sie sich irgendwelche Profite erhofften, und verleumdeten offen oder mit verstecktem Meucheldolch im Gewande echte oder vermeintliche Konkurrenten. So wurde der Schweizerische Landammann Dolder von seinem sich besonders gebildet fühlenden Bildungsminister Philipp Stapfer als «geist-, talent- und charakterlos» bezeichnet. Das war ganz im Stil der Etikettierung von Joseph Ignaz von Flüe, dem der französische Gesandte Verninac attestiert hatte, dass seine Talente und sein Charakter nicht besonders hervorstechen würden. Dieser selber wusste hinwiederum jenen auszuteilen, die er nicht mochte oder die ihm vor der Sonne standen. Seiner Meinung nach war beispielsweise der Zuger General Andermatt eine absolute Null in militärischen Angelegenheiten. Auch sein Cousin Michael war ihm wegen seiner antifranzösischen Haltung zuwider, besonders als dieser vom Obwaldner Volk zum Landammann und Pannerherr gewählt wurde.

Die Landsleute von Joseph Ignaz hatten nie Lust, ihn in ein Amt zu wählen. Dazu war er ihnen zu eng mit den verhassten Franzosen verbandelt, die das Volk drangsalierten. Als der tabakkauende Melk Rohrer sich zu Leo Spichtig vor dessen baufälligen Stall setzte, kam die Rede rasch auf die Sippschaft der von Flüe.

«Der eine redet so, der andere anders. Der eine verehrt Tell, der andere Napoleon. Der eine ist für unsere Landsgemeinde, der andere will sie abschaffen. Aber an uns verdienen, das wollen sie alle! Möglichst viele von uns als Söldner verkaufen, gell! Entweder krepieren wir dann in der Fremde oder können als Krüppel bis ans Lebensende betteln gehen.»

«Besonders diesem Geck Joseph Ignaz ist nicht zu trauen. Was der mit uns noch alles anstellen möchte. Zettelt sicher mit seinen Freunden wieder eine neue Landsgemeinde an. Ich habe sowieso die Nase voll von diesen befohlenen Landsgemeinden. Ohne mich!»

«Versuch ja nicht, dort zu fehlen! Dann wirst du sofort angezeigt. Auch wenn du nicht so die Hand emporstreckst, wie man dir befiehlt.»

«Meine Marie will gehört haben, dass sich Korbflickers Meitli unsterblich in den Joseph Ignaz verliebt habe. Aber der war sich zu schade, vom Thron herabzusteigen und eine so wackere Frau zu heiraten!»

«Der Pater Guardian hat einmal in einer Predigt gesagt, Liebe sei eine grössere Mitgift als ein Sack voll Louisdors. Recht hat er. Ich weiss es selber.»

«Jetzt ist sie im Kloster. Geschieht dem stolzen Seppeli von Flüe recht. Muss sich dann nicht wundern, wenn ihm einmal ein schmuckbehangenes Weib edelster Abstammung im Haus das Kommando führt.»

«Wenigstens gibt's noch den Michael von Flüe. Der sorgt sich um unser Volk.»

«Besser als der Peter Ignaz jedenfalls. Bei dem weiss man nie, ob er nun für oder gegen die Franzosen ist. Einmal so, einmal so. Dabei tut er immer so fromm. Würde mich nicht wundern, wenn er noch einmal Pfarrer würde.»

Nach diesen markigen Worten lachten beide auf den Stockzähnen und warfen sich vielsagende Blicke zu.

*****

Der Seelenschmerz von Joseph Ignaz von Flüe war nach den für ihn wenig vorteilhaften Ereignissen in Bern noch nicht zu Ende, sondern strebte vielmehr einem Höhepunkt zu. Eine seltsame Neugier trieb ihn um und so hatte er auf Umwegen in Erfahrung gebracht, dass am Sonntag, dem 19. September, Anneli – dieses verfluchte und liebreizende Geschöpf – feierlich das ewige Gelübde der Zugehörigkeit zum Orden ablegen werde. Ewig! Was konnte man gegen die Ewigkeit schon tun? Nicht viel. Oder doch? Sollte er einen Trupp Dragoner versammeln und sie im letzten Moment entführen? So ein Blödsinn. Warum sich überhaupt gegen dieses Schicksal auflehnen? Sollte sie doch! Joseph versuchte diese dunklen Gedanken zu unterdrücken. Aber sie erdrückten ihn, knebelten ihn, zerrieben ihn. Am Sonntag, dem 19. September, als ihm Anneli endgültig entrissen werden sollte, liess er jeden, der ihm begegnete, seine schlechte Laune spüren. Immer wieder stellte er sich vor, was jetzt in dieser Klosterkirche vor sich gehen würde. Weisse Kränzchen würden die Novizinnen an diesem Tag tragen, hatte man ihm einmal gesagt. Stickiger Weihrauch, zirpender Frauengesang, Gejammer eines pustenden Harmoniums, gefaltete Hände. Joseph stürmte ziellos durch die Gassen und Lauben Berns. Am liebsten wäre ihm gewesen, wenn ihn ein Herzschlag sofort aus dem Leben gerissen hätte. Einmal stand er in einer finsteren Ecke und legte seinen Kopf auf die kalte Sandsteinmauer. Und da er annahm, dass ihm niemand zusah, liess er den Tränen freien Lauf, verzog in gewaltigem Schmerz sein Gesicht, das er in eine Armbeuge schmiegte, und seufzte immer wieder Annelis Namen. Dann gab er sich einen Ruck. He! Wer bist du eigentlich? So etwas kann doch einen tapferen Mann deines Ranges nicht umwerfen! Er stapfte weg und suchte im nächsten Gasthaus Unterschlupf. Leicht benommen torkelte er zum nächsten, später stärker benebelt in ein anderes, dann sinnloses Zeug grölend in ein weiteres. Die unsicheren Schritte wurden dabei immer langsamer, wie ein Uhrwerk, dem allmählich die Zeiger stehen bleiben. Unter einem währschaften bernischen Spelunkentisch fand sein Umherirren schliesslich eine unwürdige Ruhe.

10. Der Zusammenbruch der Helvetik

Wie Major von Flüe mit der helvetischen Regierung die Flucht an den Genfersee ergriff, worauf Napoleon den Tarif erklärte. Wie Major von Flüe zu Verhandlungen nach Paris reiste, dann seinen Landsleuten die Mediationsverfassung verkaufen musste und von ihnen aus allen Ämtern gejagt wurde.

Anfangs Oktober 1802 herrschte am Quai von Lausanne ein geschäftiges Treiben. In grösster Eile wurden Schiffe mit dem Gepäck und den Akten der helvetischen Regierung beladen. Mehrere Schiffe mit Leuten aus dem Umfeld der Regierung und Privaten hatten schon in Richtung Savoyen abgelegt. Es herrschte das Chaos eines katastrophalen Zusammenbruchs. Den Aufständischen um Aloys von Reding hatte sich ein Kanton nach dem anderen angeschlossen und ihre Truppen hatten die Helvetier Stadt um Stadt verjagt. Am 18. September hatte Bern kapituliert und tags darauf floh die helvetische Regierung nach Lausanne. Glaubte sie sich dort vorerst in Sicherheit, verunsicherten die immer näher rückenden Niederlagen ihrer Truppen sie umso mehr. In der Not ersuchten sie Napoleon um Hilfe. Auch die Tagsatzung der abtrünnigen Deutschschweizer Kantone wandte sich an den Ersten Konsul in Paris, nicht um Hilfe, aber um Vermittlung. Überdies ernannte die Tagsatzung General Bachmann, bestens bekannt von seinen Schindereien in Rouen, zu ihrem obersten Heerführer. An unkonventionellen Ideen der Kampfführung liess er es auch jetzt nicht fehlen. Bei Murten liess er am 3. Oktober seine Soldaten auf einem Kirchhof niederknien und beten, worauf er eine feurige Ansprache hielt, um sie anschliessend Psalmen singend vorrücken zu lassen. Der eingeschüchterte General Andermatt wich auch dort diesem unheimlichen Singsang und wurde in der Folge von der helvetischen Regierung abgesetzt. Anderntags suchte auch er Zuflucht in Lausanne, mit ihm ein völlig aufgelöster Haufen. Kopflose Offiziere ohne Truppe, eine fluchende Truppe ohne Offiziere, Fuhrwerke mit Kanonen, Wagen mit Munition und Bagage. Schreie, Flüche. Der Befehl wurde laut, dass sich jedermann nachhause begeben solle, Krämerläden und Gasthäuser müssten geschlossen werden.

Major und Senator Joseph Ignaz von Flüe schlich missmutig in der Nähe des Schiffstegs herum und beurteilte seine Möglichkeiten für eine Flucht über den See.

Durch das ganze Getümmel fuhr plötzlich eine herrschaftliche Kutsche, die von sechs Pferden gezogen wurde. Von Flüe sah, wie ihr ein elegant gekleideter Mann entstieg. War das nicht der Brigadegeneral Rapp, der Adjutant Napoleons?

Auf acht Uhr abends des 4. Oktober versammelte sich der Senat. Von Flüe rümpfte die Nase, als der glatzköpfige Landammann Dolder über die hoffnungslose Lage zu jammern begann. Er wurde jäh unterbrochen, als der französische Gesandte Verminac in den Saal stürmte und schrie: «Ich bringe Ihnen Trost!»

Dann erschien mit majestätischen Schritten Brigadegeneral Rapp. Einer rief: «Es lebe der Erste Konsul!» Andere taten es ihm gleich.

Dann verlas Rapp ein Schreiben, ein Trostschreiben Napoleons: *Bewohner Helvetiens, ihr bietet seit zwei Jahren ein betrübliches Schauspiel dar! … Ihr habt euch drei Jahre gezankt, ohne euch zu verstehen. Wenn man euch länger euch selbsten überlässt, so werdet ihr euch noch drei Jahre morden, und euch ebenso wenig verstehen.*

Dann erklärt der Erste Konsul der Französischen Republik, dass er fünf Tage Frist gebe, bis sich der Senat wieder in Bern versammelt habe, dass alle seither gebildeten Autoritäten sofort aufzulösen und durch die alten zu ersetzen seien, dass sich die bewaffneten Truppen zu zerstreuen und alle Waffen abzugeben hätten. Der Senat solle drei Deputierte nach Paris entsenden. Auch die Kantone könnten Abgeordnete schicken, um Einigkeit und Ruhe wiederherzustellen. Das Schreiben schloss mahnend: *Euer Vaterland ist am Rande des Abgrunds!*

Da erhob sich Jubel im Senat, an dem Major Joseph von Flüe begeistert teilnahm. Wenn die grösste Nation Europas mit ihrem glorreichen Führer Napoleon nun in der Schweiz das Heft in ihre Hände nahm, dann hatten seine rebellischen Landsleute in Obwalden ausgespielt. Dann war auch für ihn wieder eine hoffnungsvolle, ja prächtige Zukunft greifbar.

Sofort sandte der Senat eine unterwürfige Proklamation an Napoleon. Am nächsten Tag erliess er einen Aufruf an das Schweizer Volk, mit einem beinahe schluchzenden Dank an Napoleon: *Dank der göttlichen Vorsehung hat der Erste Konsul, gerührt von dem Unglück seiner Verbündeten, mit der Vermittlung, welche die Regierung und ihre Gegner bei ihm angesucht haben, sich beladen.* Die Bürger Senatoren übersahen geflissentlich, dass sie unter der Drohung standen, vierzigtausend Soldaten würden in die Schweiz einmarschieren, wenn man die Befehle nicht ausführe.

*****

Mit etwas Verspätung war die helvetische Regierung am 18. Oktober 1802 wieder in Bern. Die Tagsatzung zu Schwyz jedoch wollte ihren Widerstand und den schon fast endgültig geglaubten Sieg nicht aufgeben. Darauf marschierten zwölftausend Mann unter französischem Befehl General Neys in die Schweiz ein. Am 26. Oktober löste sich die abtrünnige Tagsatzung auf und berief alle ihre Truppen nach Hause. Tags darauf meldete Landammann Simon von Flüe aus Luzern, dass die Franzosen anrückten. Jetzt zottelten auch die Obwaldner Wehrmänner nach Hause, furchtbar murrend über die erneute Wende, im Zorn die Gewehre mit den Schuhen traktierend. Mit einem geharnischten Protest gegen die Wiedereinsetzung der helvetischen Regierung trat auch der Obwaldner Landrat zurück.

Am Allerheiligentag, als viele Obwaldner in ihren Kirchen die Heiligen, besonders auch den seligen Bruder Klaus, um Hilfe in der Not anflehten, zogen die französischen Truppen wieder in ihr Tal ein. Das Schlimmste aber war, wie nun die helvetisch gesinnten Patrioten an ihren Gesinnungsfeinden Rache nahmen. Zwar wurden die politischen Gefangenen freigelassen, nun aber verlangte man unverfroren, dass jene, die sie verhaftet hatten, sämtliche Kosten der Haft zu übernehmen hätten. Die Altgesinnten wurden beschuldigt, das Volk mit allerlei Tricks hintergangen zu haben, ja sogar gegen eine «Diktatur der Köchin des Landammanns», die sich überall in die Sitzungen des Landrats eingemischt habe, wurde gewettert. Da und dort flogen nach hitzigen Wortgefechten auch die Fäuste. So wurde auch eine angeblich helvetisch gesinnte Hochzeitsgesellschaft in Kerns überfallen. Es herrschte wieder einmal Anarchie in den Landen von Bruder Klaus, und zwar bis ins Jahr 1803 hinein.

Auch in Schwyz zogen wieder französische Truppen ein, verhafteten Aloys Reding und andere als antifranzösisch Verdächtigte und versenkten sie in der Festung Aarburg. General Bachmann wäre auch auf der ominösen Liste gewesen, aber er flüchtete rechtzeitig nach Norddeutschland.

Dem Diktat Napoleons nachzuleben, wonach jeder Kanton eine Zweiervertretung nach Paris zu entsenden habe, fiel den Innerschweizern nicht leicht. An einer Unterwaldner Tagsatzung vom 10. November 1802 in Stans wurde beschlossen, niemanden nach Paris zu schicken. Für die verarmten Kantone sei diese Expedition zu teuer und abgesehen davon, kenne man ihre Anliegen in Paris bestens. Doch das akzeptierte Napoleon nicht und erzwang eine neue Tagsatzung auf den 22. November in Sarnen. Die französischen Besatzer des Landes gaben überdies den Berglern zu verstehen, wen sie zu wählen hätten. Und so erlebte der wenig geliebte Major und Senator Joseph Ignaz von Flüe in seinem Heimatkanton eine gar wundersame Wiederauferstehung, als ihn die Obwaldner in offenem Handmehr zu ihrem Vertreter in Paris wählten.

Am 29. November verliess Joseph Ignaz von Flüe mit einer Kutsche seinen Kanton voller Hoffnung, dass für ihn in Paris eine Sonne aufgehen würde – oder dass er gar selber als heller Stern unter den gegen sechzig Schweizer Abgesandten strahlen konnte.

Auch im Kanton Zug herrschte grosser Widerwille, der Order Napoleons Folge zu leisten. Das sei ganz unnötig, verursache nur hohe Kosten und bezwecke nicht viel. Man wolle sich gegen «dergleichen Deputatschaften und deren unvergnügten volgen bestens verwahrt wissen». In Abstimmungen wurde beschlossen, keinen Gesandten nach Paris zu schicken. Napoleon war nicht geneigt, solchen Widerstand zu dulden. Auf seinen Befehl musste deshalb eine Delegation bestimmt werden. Am 29. November 1802, als die Kutsche von Flües schon gegen Paris rumpelte, bezeichnete man lustlos im zweiten Wahlgang den Senator und General Andermatt als Delegierten. Von Flüe wird Andermatt in Paris kaum mit Jubel begrüsst haben – diesen Nichtsnutz und Versager und eigentlich auch Rivalen. Nettigkeiten wurden auch sonst nicht unter den Deputierten im Übermass ausgetauscht. Manche begnügten sich anstelle eines Händedrucks mit einem sauertöpfischen Kopfnicken.

*****

Die Hoffnung Joseph Ignaz von Flües auf einen Karrieresprung schien gleich zu Beginn in Erfüllung zu gehen. Es wurde in der erwartungsvollen Stimmung in Paris bestimmt, dass sowohl die Unitarier wie die Föderalisten je eine Fünferkommission zu bilden hätten. Von Flüe wurde dabei in die Unitariergruppe gewählt. Da würde er nun massgeblich das weitere Schicksal der Schweiz bestimmen können, potztausend! Doch da täuschte er sich, wie alle anderen Schweizer auch. Die Föderalisten erhofften sich, dass Napoleon ihnen wieder die Landsgemeinde gebe. Die Zentralisten konnten sich nichts anderes denken, als dass die neue Verfassung stark an jene

Frankreichs angelehnt werde, und die Adligen dachten, es werde wohl nicht so schlimmes Wetter geben.

Am 10. Dezember 1802 wurden die Abgesandten der Schweiz zur Eröffnung der «Consulta» genannten Verhandlungen im französischen Staatsarchiv versammelt, wo ihnen die Auffassung Napoleons verlesen wurde. Welche Überraschung! Napoleon wollte keinen starken Zentralstaat, wollte die Landsgemeinden nicht abschaffen und wollte keine Erhaltung alter Privilegien: *Die völlige Wiederherstellung des Alten, die Wiederkehr der aristokratischen Privilegien und des Feudalwesens sind ein Ding der Unmöglichkeit.* Ein Verzicht auf Vorrecht und politische Herrschaft müsse die erste Pflicht der Anhänger des Alten sein. Ein einseitig zentralistisches System widerspreche aber auch der Eigenart der Schweiz.

Niemals werden die Kinder Wilhelm Tells sich unter eine Regierungsform schmiegen, die sie weniger frei macht, als sie vorher gewesen sind.

Schliesslich folgte bemerkenswerter Klartext: *Ihr Schweizer seid nicht mehr in der Lage, eine politische Rolle zu spielen. In früheren Zeiten stiessen viele kleine Fürsten und Staaten an eure Grenzen; jetzt aber seid ihr von drei Mächten umgeben, die siebenhunderttausend Mann unter dem Gewehr haben. Von Frankreich allein könnt ihr eine unabhängige Existenz erwarten; England und Österreich können nichts für euch thun.*

Joseph Ignaz von Flüe berichtete den Obwaldnern anfangs Januar 1803 von grossartigen Aussichten. Der Erste Konsul spreche immer mit der wärmsten Teilnahme von den Urkantonen. «Es ist nicht billig», habe er gesagt, «dass die Tellkinder Abgaben bezahlen, und sie müssen eine Verfassung haben, die sich mit ihren Sitten, Gebräuchen und den itzigen politischen Umständen vertragen.» Wahrscheinlich wollte von Flüe den Landsleuten noch andeuten, wie exzellent er ihre Anliegen verfechte. Dabei bastelte er an einer Kantonsverfassung herum, die mit Sicherheit die Obwaldner brüskieren musste. Vor allem die Landsgemeinde war ihm ein Dorn im Auge. In einer Eingabe an die von Napoleon ernannten Kommissäre schrieb er: *Die Versammlung des Volkes, in der drei oder vier Tausend Männer in Menge versammelt, der eine gegen den anderen gedrängt, sich stossend, drückend, bedrängend, kommend und gehend wie Wellen und Brandung, die schreien und durch Geschrei und Lärm die Stimme der Vernunft und Weisheit ersticken, die Schwachen und Furchtsamen einschüchtern und mit wirksameren Mitteln die Mutigeren bedrohen, hat immer neue Gesetze geschaffen und alte aufgehoben und die Gesetzgebung zum Spielball der Laune gemacht.*

Seine Lösung war, die Gesetzesmacht der Landsgemeinde wegzunehmen und einem Dreiergremium zu übertragen, sowie das Aktivbürgerrecht nur jenen zu geben, die schon zwanzig Jahre alt waren. Seine Verachtung der Landsgemeinde unterstrich er noch mit einer weiteren Notiz: *Es ist eine politische Ungeheuerlichkeit zu sehen, wie der vierzehnjährige Knabe dem im Staatsdienst ergrauten Greis, der Bettler dem Besitzenden, der Angestellte dem Meister, der ländlich Ungebildete dem aufgeklärten Manne Gesetze diktiert.* Damit fand von Flüe aber bei Napoleon kein Gehör. Er wischte diesen Anschlag gegen die Landsgemeinde unwirsch weg: *Es ist grausam, Hirtenvölkern Vorrechte zu nehmen, auf die sie stolz sind, deren Gewohnheit eingewurzelt und deren Ausübung unschädlich ist.*

Napoleon gab immer wieder den Gesandten süffisant zu verstehen, wie ohnmächtig die Schweiz geworden sei. Nicht einmal zur Bildung einer Zentralregierung besitze sie genügend ausgezeichnete Männer. Und sie zanke sich andauernd wegen Nichtigkeiten. *Schon einen tüchtigen Landammann zu finden, würde euch schwer genug fallen. Wäre der erste Landammann von Zürich, so wären die Berner unzufrieden; wählt ihr einen Berner, so schimpfen die Zürcher. Wählt ihr einen Protestanten, so widerstreben alle Katholiken, und so wieder umgekehrt. Wählt ihr einen Reichen, so macht er Neidische; wählt ihr einen verdienstvollen Unbemittelten, so müsst ihr ihn stark bezahlen, soll er einige Achtung geniessen, Haha!*

Am 29. Januar 1803 fand die Schlusssitzung unter dem Präsidium Bonapartes in einem eisig kalten Saal statt. Die Abgeordneten suchten sich zwischendurch immer wieder am Kamin aufzuwärmen. Dabei dauerte die Verhandlung sieben Stunden, wobei der Anlass eigentlich gar keine Verhandlung war. Napoleon liess sich die neue Verfassung der Schweiz und aller Kantone mit allen Übergangsbestimmungen vorlesen. Einwendungen wies er barsch ab, mit wenigen Ausnahmen, so die Anhebung des Aktivbürgerrechts bei der Landsgemeinde auf ein Mindestalter von zwanzig Jahren. Er hätte den Senator Joseph Ignaz von Flüe dabei auch daran erinnern können, dass Burschen schon mit sechzehn Jahren fremden Herrschern zum Abschlachten offeriert wurden. Viele Einwendungen gab es nicht. Der Erste Konsul hatte sich wahrscheinlich so warm angezogen, dass ihm der Frost im Saal nichts anhaben konnte, wogegen über die träge dahinfliessenden Stunden den frierenden Abgeordneten die Lust an selbstverursachten Verlängerungen verging. Ihre Taschentücher waren von den triefenden Nasen schon längst nass. Eines hatte von Flüe, den zunehmend ein schmerzhafter Husten plagte, noch erreicht: In die Übergangsbestimmungen wurde ein Passus aufgenommen, wonach niemand wegen vergangener politischer Vergehen bestraft werden dürfe, seien diese «Revolutionsverbrechen im Privatstande oder während der Ausübung eines öffentlichen Amtes» begangen worden. Der Schlaumeier hatte sich versichert!

Er erlebte einen weiteren Triumph: Napoleon ordnete an, dass in allen Kantonen am 10. März 1803 die Staatsgewalt an eine Vollziehungskommission, die er namentlich bezeichnete, überzugehen habe. Als Präsidenten der Kommission für Unterwalden bestimmte er Senator Joseph Ignaz von Flüe. Was für eine Ehre! Was für eine

Genugtuung! Nun würde er bald der oberste Politiker Unterwaldens sein.

Am 19. Februar hatte sich der Zehnerausschuss, dem von Flüe angehörte, bei Bonaparte zu einer Audienz einzufinden.

Einer nach dem anderen hatte die Unterschrift unter die Mediationsakte zu setzen, Joseph Ignaz von Flüe zuletzt. Dann übergab der jovial lächelnde Napoleon jedem eine kostbar verzierte Tabatière, eine Schnupftabakdose.

Am 21. Februar wurden die Deputierten mit einem grossen Gastmahl entlassen. Der kleine Korse mit seiner auffälligen Stirnlocke war bester Laune und unterhielt sich mit ausgesuchter Freundlichkeit mit den Abgeordneten. Nur dem finster dreinblickenden Verfechter der Helvetik warf er bissig zu: «La Révolution est finie, Monsieur Ochs!»

Als die Abgeordneten in mehr und weniger vornehmen Kutschen die Heimreise antraten, waren sie nicht in Jubelstimmung. Sie waren sich bewusst, dass die Schweiz nun unter der Diktatur Frankreichs stand und die Mediationsakte die einzige Chance war, noch ein klein wenig selbständig zu sein. In ihrem Gepäck war auch die dem Volk schwer zu vermittelnde Forderung Napoleons, im

Bedarfsfall sechzehntausend Soldaten zu stellen und zur Finanzierung seiner Kriege beizutragen.

Angesichts dieser schwierigen Lage und in Anbetracht von Gerüchten über geplante Aktivitäten von Verfassungsgegnern berief Joseph Ignaz von Flüe in seiner neuen Eigenschaft als Präsident der Vollziehungskommission am 14. März dreihundert wichtige Bürger aus allen Gemeinden nach Sarnen, um ihnen nicht nur die Mediationsakte zu erläutern, sondern auch darzulegen, dass nun die Zeiten von Revolution und Streitereien vorbei seien. Am 3. April 1803 eröffnete Präsident von Flüe wohlgemut die Landsgemeinde. Ohne weitere Diskussion schritt man zu den Wahlen, bei denen kein einziger Anführer der Helvetik und auch kein Mitglied der von Napoleon eingesetzten Standeskommission berücksichtigt wurde. Landammann wurde Dr. Joseph von Flüe, der Arzt und Sohn eines Gastwirtes in Kerns. Bei der Wahl des zweiten Landammanns musste Joseph Ignaz von Flüe gewaltig leer schlucken, da sein Cousin Michael von Flüe, den er nicht in bester Erinnerung hatte, gewählt wurde. Eine gewisse Genugtuung war die Wahl seines Vaters Nikodem zum Landeshauptmann, zum obersten militärischen Führer Obwaldens. Dann beschloss die Landsgemeinde, in allen Pfarreien ein Dankesfest abzuhalten, und schliesslich genehmigte das Volk auch eine Dankadresse an Napoleon Bonaparte, den «Ersten Consul der Fränkischen und Präsidenten der Italienischen Republik»: *Mit der vollkommensten Einstimmigkeit und lebhaftestem*

Freudengefühl, uns wiederum in denjenigen Zustand zurückgesetzt zu sehen, in welchem unsere Vorväter so viele Jahrhunderte glücklich lebten, beschloss das gesamte sehr zahlreich versammelte Volk Ihnen, Bürger Erster Consul und Präsident!, als dem hohen Beschützer und Wiederhersteller unserer ehevorigen Freiheit und Selbständigkeit den lebhaftesten Dank in Ehrerbietigster Zuschrift auf das Aller Nachdrucksamste abzustatten … Durch genaue Befolgung Ihrer wahr väterlichen bestgemeinten Erinnerungen an die Tugenden unserer Väter werden wir uns stätshin bestreben, Uns Unserer Selbständigkeit und Ihrer ferneren Huld und höchsten Wohlwollens würdig zu machen …

Nachdem er die Amtsgeschäfte an die von der Landsgemeinde Gewählten abgetreten hatte, ging Joseph Ignaz von Flüe einer traurigen Zeit der Untätigkeit und der Verachtung entgegen. Das Volk konnte ihm sein aktives Mitwirken zugunsten der verhassten helvetischen Regierung nie verzeihen. Nur ein einziges Wesen, dessen war er gewiss, hätte darüber hinweggesehen. Doch lebte dieses Wesen nun unerreichbar hinter Klostermauern. Auf ewig!

11. Auf zu neuen Taten

Wie Major von Flüe bei Napoleon eine neue Anstellung als Bataillonskommandant erhielt und an der Spitze einer französischen Armee in Spanien einmarschierte.

Es war eine schlimme Zeit für Joseph Ignaz von Flüe, gewesener Präsident der Vollziehungskommission, gewesener Senator, gewesener Major, gewesener Generaladjutant der helvetischen Regierung, gewesener Kommandant der helvetischen Truppen in Bern, gewesenes Mitglied der Consulta in Paris. Dem glühenden Verfechter der Helvetik hatte man in Obwalden den Docht ausgeblasen. So einen wollte man nicht mehr. Nun sass er untätig zuhause, grübelte der glorreichen Vergangenheit nach und suchte nach Schlupflöchern, die ihm eine neue, standesgemässe Zukunft bieten könnten. Doch die wollten sich einfach nicht einstellen. Dabei hätte es genug Aufgaben in Obwalden selber gegeben, bei denen er sich hätte nützlich machen können. Aber eben ...

Man hätte ihn als Verbindungsoffizier zu den einquartierten Franzosen einsetzen können. Er mit seinen Sprachkenntnissen ... Aber das wollte man nicht. Man lieferte diesen Eindringlingen zur Beruhigung lieber nebst Holz jeden Tag noch einen Schoppen Branntwein und zahlte noch dafür. Immerhin würden sie bald abziehen.

Man hätte ihm die Erneuerung des Militärwesens in Obwalden übertragen können. Jemand musste doch für eine gute Schiessausbildung der jungen, ungehobelten Burschen sorgen. Man musste die verlotterten Schiessstände wieder in Ordnung bringen, das Zeughaus wieder mit Waffen und Pulver füllen. Man musste die Sauordnung der willkürlichen Marschbefehle durch eine verbindliche Wehrordnung ersetzen. Es durfte nicht vorkommen, dass man als Aufgebotener gegen Geld einen anderen schicken konnte. So, wie jene drei in den Bockenkrieg in Zürich aufgebotenen Sachsler getan hatten. Es durfte nicht vorkommen, dass Obwaldner wegen Disziplinlosigkeiten heimgeschickt wurden. Er mit seiner Erfahrung im Militärwesen würde ... Aber man wollte ihn nicht.

Und dann war da noch die Werbung. Napoleon wollte 1806 die vereinbarten vier Schweizer Regimenter geliefert erhalten, da er für seine Kriegszüge dringend Soldaten benötigte, aus Obwalden eine ganze Kompagnie. Doch nur wenige liessen sich für diesen höchst unbeliebten Dienst anwerben. Der helvetische Landammann warf Obwalden vor, es vernachlässige die Werbung, worauf die Obwaldner Regierung winselnd Ergebenheit demonstrierte und Besserung gelobte. Sie setzte eine Werbekammer ein und erteilte Werbepatente. Es tauchten üble Werbeprospekte auf: ... *um die Lorbeeren des Sieges für den unbesiegbaren Kaiser der Franzosen, den grossen Napoleon, zu ernten ... Niemals gab es solche Aussichten auf Belohnung*

... Ergreift schleunigst die Gelegenheit! ... Reichtum und Ehre sind zur Stunde die Belohnung der Wackeren, denn die Soldaten des grossen Napoleons sind seine Kinder! ... Regierung und Gemeinden haben Ermuthigungsprämien zuerkannt für jene schöne Jugend, die die sich bietende Laufbahn ergreifen. Auch auswärtige Werber hockten mit viel Geld in den Kitteln in den Wirtshäusern herum. Und wer hätte eine grössere Erfahrung in der Werbung einbringen können als er und sein Vater? Wie hätte er den jungen Burschen die Vorteile des Söldnerwesens und das grossartige Leben in der Fremde schildern können, gegen das ein Rackern an steilen Wiesen eine Schande war! Er hätte überhaupt das ganze Werbewesen zum Erfolg führen können ... Aber man überging ihn.

Man hätte ihm die Bereinigung des Bettlerunwesens in Auftrag geben können. Etwa dreihundert Arme wurden in Privathäusern unterstützt, aber da gab es immer noch etwa hundertfünfzig, die ihre Hand jammernd auf Strassen und Plätzen ausstreckten. Fast täglich klopften in Lumpen gekleidete Skelette an die Tür oder strichen wie Geister ums Haus herum, manchmal auch verdreckte Kinder. Und wer zum Füttern des Viehs morgens die Gabel ins Heu steckte, dem starrte oft ein halmbedecktes, verschlafenes Gesicht entgegen. Man müsste das Übel an der Wurzel packen, denn die Gründe für diese Armut kannte man: Verschwendungssucht der Eltern, Unwissenheit und Faulheit in der Nutzung des Bodens, der übertriebene Hang zu gebranntem Wasser, «wo jung und alt beiderlei Geschlechts ausserordentliche Liebhaber seind». Und da war noch die Plage des fremden Bettelgesindels, dem man nicht einmal mit Landjägern Herr werden konnte. Es half auch nicht, dass man die Aufgegriffenen zum Land hinausbeförderte und ihnen drohte, die Haare kahl zu scheren, sollte man sie noch einmal erwischen. Joseph Ignaz meinte, dass er da schon hätte Ordnung schaffen können ... Aber man wollte ihn nicht.

Er hätte dem Kanton helfen können, die erbärmliche Finanznot zu lindern. Die Staatskasse war leer. Pensionen für die ehemaligen Söldner blieben aus. Die Gemeinden hatten gewaltige Schulden. Im Kleinen hatte man zwar mit Sparen begonnen; so wurde das übliche Landsgemeinde-Essen für die Oberen, Räte und Geistlichen abgesetzt. Vater Nikodem brachte weitere Sparvorschläge vor. Man solle allen Luxus eindämmen, auch bei der Schmuck- und Kleidertracht. Der Konsum fremder Weine und Liköre und das «bis zum Unsinn gewordene Lieblingsgetränk des schlechten Kaffees» sollten verboten werden. Festanlässe sollten einfacher gestaltet werden, damit nicht beispielsweise für Hochzeiten unbezahlbare Schulden bei den Gastwirten entstünden. Kirchen- und Kapellenfeste sollten auf den gleichen Tag gelegt werden, damit Tanzereien und Schmausereien vermindert würden. Vielleicht täten es auch weniger Prozessionen, die monatlichen Wallfahrten zu Bruder Klaus etwa waren übertrieben. Man musste auch nicht das Volk in den ganzen religiösen Prunk hineinziehen, weil schlechtes Wetter herrschte oder Engerlinge zu Tausenden die Graswurzeln abfrassen. Joseph Ignaz meinte, da schon einige Sparideen zu haben ... Aber er war nicht gefragt.

Man hätte ihn auch beauftragen können, das marode Schulwesen des Kantons zu reformieren, da der Bildungsstand der Bevölkerung miserabel war. Der öffentliche Unterricht bestand ja nur in ein wenig Schreiben und Lesen und etwas Rechnen. Die meisten Schulen wurden nur winters geführt. Schulbücher gab es keine. Es bräuchte mehr Lehrer und Polizeiaufsicht, um Märchen, Erscheinungen, Wunder und Aberglauben, die vom Gesindel in Winkelschenken ausgebrütet wurden, abzustellen. Man behauptete, dass ein Lehrer sich finanziell nicht durchbringen könne, wenn er nicht auch noch Priester sei oder andere bezahlte Aufgaben annehme. Die Lücken suchten zwielichtige fremde «Apostel» auszufüllen. In Sarnen eröffneten Nonnen einer «Gesellschaft für christliche Einsamkeit» eine Schule für Mädchen, jedoch nicht lange, denn ihr Treiben wurde für die Landsgemeinde traktandiert, an der die Meinungen schon vorher gemacht waren. Der Pfarrer von Sarnen, der sich für die Gesellschaft einsetzte, wurde niedergeschrien. Dann wurde den Nonnen die Niederlassungsbewilligung entzogen. Weg mit diesen fremden Fötzelweibern! Ja, Bildung wäre vonnöten. Da könnte er zu einer klaren Besserung beitragen ... Aber auch da war er eben nicht gefragt.

Joseph Ignaz schrieb dem Landammann der Schweiz und empfahl sich für militärische Aufgaben. Aber es half nichts, obwohl ihn die Regierung von Obwalden «très recommendable par ses talents militaires» als Stabsoffizier vorgeschlagen hatte. Nach einiger Zeit wandte er sich erneut an den Landammann der Schweiz. Dabei berief er sich nun auch auf seine persönliche Bekanntschaft mit Napoleon, der sich mittlerweile in beinahe göttlichem Wahn selbst zum Kaiser gekrönt hatte. Mit Verbitterung klagte er, dass sein Verwandter, Landammann Michael von Flüe, seine Bewerbungen immer hintertrieben und andere bevorzugt habe, weil es in dessen Augen ein Verbrechen sei, helvetischer Abgeordneter gewesen zu sein.

*****

Es kam der Herbst 1807. Besançon war eine wunderbare Stadt, die man nicht gerne wieder verliess. Über ihr thronte die mächtige Festung mit den grosszügigen Kasernen, die der berühmte Festungsbaumeister Vauban erbaut hatte. Unten in der Stadt waren in den letzten Jahren Uhrenmanufakturen von Schweizer Uhrmachern entstanden. Ihre Taschenuhren fanden besonders grossen Zuspruch bei den Schweizer Söldnern, die sich hier für ihren künftigen Einsatz bei den von Napoleon befohlenen vier Schweizer Regimentern bereitmachten.

Unter ihnen befand sich auch Major Joseph Ignaz von Flüe, der endlich wieder ein neues Kommando erhalten hatte. Der Abschied von seiner ihn missachtenden Heimat war ihm nicht schwergefallen. Er war nicht einmal nachts aufgebrochen, wie das viele Söldner taten, um beim Anblick der nun in herbstlicher Farbenpracht aufleuchtenden Berghänge nicht in Tränen auszubrechen und Nahrung für ein lange währendes Heimweh aufzunehmen, das sie auch Lieder ertönen liess wie dieses:

Und jitz muess i unders Militär
Zu de schwizerische Voltischör!
Ade my liebe Vatter!
Ade my liebi Mueter!

Nun stand er auf der wuchtigen Umgebungsmauer der Festung. Morgen musste sein Bataillon aufbrechen. Es war als Drittes Bataillon dem Zweiten Schweizerregiment zugeteilt und hatte sich über Lyon nach Avignon zu verschieben. Daraus konnte man vermuten, dass Napoleon etwas mit der iberischen Halbinsel im Schilde führte. Insbesondere Portugal war wohl auf der Eroberungsliste des Franzosenkaisers. Vor gut einem Jahr hatte seine Flotte zusammen mit den Spaniern bei Trafalgar vor der Küste Portugals eine äusserst schmerzliche Niederlage gegen die verhassten Engländer erlitten. Jetzt versuchte er England mit einer Wirtschaftsblockade, Kontinentalsperre genannt, in die Knie zu zwingen. Doch Portugal machte bei diesem Unternehmen nicht mit. Das liess sich der Imperator Bonaparte nicht bieten und er bereitete die Eroberung vor. Napoleon gelang es auf listige Weise, mit Spanien einen Vertrag zu schliessen, der ihm erlaubte, mit seinen Truppen durch Spanien gegen Portugal zu marschieren.

*****

Major von Flüe musste gewaltig erleichtert sein, dass er mit seinem Bataillon vorerst in Marseille Halt machen konnte. Andere Schweizer Bataillone hatten da weniger Glück. In Gewaltmärschen hatten sie sich schon vor Wochen in den Raum Bayonne unter das Oberkommando der Armee von General Junot begeben, und kaum war der Durchmarschvertrag mit den Spaniern geschlossen, hetzte man sie der Atlantikküste entlang nach Portugal. Die Franzosen schienen keine Ahnung vom Gelände und von den Verkehrswegen zu haben. Schon bald mussten sich die nur halbwegs motivierten Truppen durch Schluchten und über Bergpässe durchkämpfen. Wilde Bergbäche waren zu überqueren und zu allem machten ihnen Schnee und Regenfluten zu schaffen. Überschwemmungen zwangen sie zu grossen Umwegen. Im Norden Portugals wurde es besonders schlimm. Mehrere Tausend Mann konnten nicht mehr folgen, verirrten sich und wurden bei Überfällen durch die Bergbevölkerung massakriert. Ihre Dörfer waren vorher von den durchmarschierenden französischen Heeren, in denen sich auch Schweizer befanden, gnadenlos geplündert und die zurückgebliebenen Einwohner niedergemacht worden. Viele Kranke mussten zurückgelassen werden. Statt gepflegt wurden sie von den rachesuchenden Portugiesen erstochen oder aufgehängt. Als das Schweizer Bataillon Felber einen Tagesmarsch vor Lissabon anlangte, war es nicht mehr kampffähig. Die Soldaten waren abgemagert, ohne Schuhe, die Füsse blutig, die Kleider in Lumpen, die Waffen völlig unbrauchbar. Als General Junot am 30. November in Lissabon eintraf, konnte er zu seiner herben Enttäuschung gerade noch den Schiffen nachblicken, die die Königsfamilie zusammen mit der Regierung, die er hätte gefangen nehmen sollen, nach Brasilien segelte. Er sandte ihnen einen wütenden Kartätschenschuss hinterher. Tags darauf marschierten die Reste der Armee Junot in Lissabon ein. Der Bevölkerung boten sie ein jämmerliches Schauspiel. Zerlumpt humpelten diese Soldaten an denen vorbei, die doch eigentlich hätten besiegt werden sollen. Um die Schweizer bei Laune zu halten, wurde ihnen mehr als doppelter Sold ausbezahlt und grosszügig neue Kleider verteilt. Napoleon aber war vom Feldzug Junots gewaltig enttäuscht. Spitzzüngig kanzelte er ihn ab: «In welcher Schule sind Sie eigentlich erzogen worden?»

Napoleon führte weitere Truppen an die Grenze zu Spanien. Der Hauptharst versammelte sich in Bayonne. Nicht allen eilte es, dorthin zu gelangen, denn das Leben in Südfrankreich war zu genussvoll. Das Bataillon Castelberg schlenderte einen ganzen Monat dahin, bis es gerade noch rechtzeitig zum Abmarsch nach Spanien eintraf, denn: «Wir lebten wie Millionäre; Tafeln, die unter der Last der Gerichte zusammenbrachen, Wein à discrétion ...»

Am 22. November 1807 begann von Bayonne aus der Einmarsch in Spanien mit der Weisung Napoleons, die Bevölkerung zuvorkommend zu behandeln und ihr vorzuschwindeln, es gehe nur darum, die nördliche Küste Spaniens gegen die Engländer zu schützen.

Im Januar 1808 hatte sich auch das Bataillon von Flüe näher an die spanische Grenze zu verschieben und sich unter das Kommando von General Duhesme zu stellen. Einer seiner Kompagniekommandanten schrieb aus Perpignan: *Unser Marsch ging von Marseille bis hierher, ungefähr hundertzwanzig Stunden in aller Eile. Es ist ein schönes und gutes Land für die Soldaten; sie leben vergnügt, fröhlich und munter und sind alle gesund. Ich habe in meiner Kompagnie keinen einzigen Mann im Spital. Unsere Schweizer finden dieses Land ganz sonderbar und fast wie umgekehrt, wenn sie sehen, dass die Pferde an den Füssen und die Schweine am Hals angebunden werden, und dass man das Holz beim Pfund und die Würste bei der Elle verkauft ... Was sie aber am meisten freut, ist, dass man für 1 Batzen den besten Wein trinkt ... Nachricht eingetroffen, dass hier am 17. noch 18–20'000 Mann eintreffen werden und wir zu diesem Corps gehören und mit ihm die Avantgarde nach Spanien formieren werden ... Wir mussten auch alle unsere Bajonette schleifen lassen ...*

In die Jubelstimmung des Aufbruchs in einen Feldzug des glorreichen und unbezwingbaren Napoleon hinein traf Joseph Ignaz ein Brief des Vaters aus der Heimat wie ein Blitz. *Ich muss Dir leider mitteilen, dass am 26. Januar Deine liebe, fürsorgliche Mutter Maria Francesca gestorben ist.* Friedlich sei sie «mit den Tröstungen unserer heiligen Religion» entschlafen. Eine grosse Trauergemeinde habe ihr das letzte Geleit gegeben. Joseph solle seinem Bruder und anderen Anverwandten im Militärdienst Kunde davon geben, da er nicht wisse, wo sie sich gerade befänden.

Ja, es traf ihn. Mutter war immer gut zu ihm gewesen, und ohne dass sie den Haushalt beinahe militärisch bis in kleinste Details organisierte, hätte ihre Familie nicht so viel Zeit für Politik und Söldnerwesen aufwenden können. Sie runzelte immer auch ihre hohe Stirne, auf der sich zuweilen eine schwarzgraue Strähne verlor, wenn er mit ihr vom Solddienst sprach. Sie war nicht die einzige Mutter in Obwalden, die es lieber gesehen hätte, wenn ihre Söhne zuhause geblieben wären, eine ebenso fleissige Frau geheiratet und ein Heimwesen mit Obst, Vieh und Kindern zum Blühen gebracht hätten. Beim letzten Weggehen strich sie ihm mit dem Daumen ein Kreuz auf die Stirne. Und dennoch kam in ihm nebst einem kurzen Gedenken keine Trauer auf, was ihn fragen liess, wer er eigentlich war, dass er schon so … abgestumpft ... war, oder wie sollte man sagen? Er war wohl schon zu lange zu weit weg von zuhause, lebte in einer anderen Welt und ja: Bataillon, vorwärts, marsch!

Am 9. Februar 1808 überschritt die Armee Duhesme die Grenze zu Spanien. Das war ein Fest für Major von Flüe. Seine Truppe war bester Laune, vor allem nachdem sie vom General für ihre Disziplin und als seine Elitetruppe gerühmt worden war. Aber ein Honigschlecken war es nicht, nach der Vorstellung der Franzosen zu marschieren: In Zweierkolonne und in einem Tempo, das keine andere Armee Europas erreichte. Wer nicht mehr mithalten konnte, wurde von den Fuhrwerken aufgeladen. Aber das war ehrenrührig und wurde am Abend mit zusätzlichen Arbeiten im Feldlager bestraft. Major von Flüe ritt die Reihen seiner schwitzenden und keuchenden Männer auf und ab. Einige blickten munter zu ihm auf und machten Witze, wenn er vorbei war. Andere blickten erschöpft auf den Trott ihrer staubigen Schuhe, die sich wie Maschinenteile unter ihnen vor und zurück bewegten.

Die Sonne überstrahlte eine wunderschöne, sanfte Hügellandschaft und liess die Wellenkämme des Meeres immer wieder aufblitzen, die sich als weisser Schaum an den sandigen Stränden brachen. Von der Landbevölkerung, die man antraf, hatte man keine hochstehende Meinung. Einer schrieb später nach Hause: *Kreischende Ochsenkarren, niedliche weisse Häuschen, kräftiger und fleissiger Menschenschlag, aber in Kastilien arm und faul; elende*

Hütten aus Lehm gebaut, verlumpte schmutzige Bewohner, aber ekelhaft stolz; immer mit einem Mantel bekleidet; verhungern lieber, als arbeiten zu müssen; hocken im Haus um das Feuer im Brasero und rauchen ihre von Hand gefertigten Cigarillos, am liebsten aus dem Mund einer Dame gereicht. Wimmeln von Ungeziefer; stehlen; Essen oft mit Fingern aus grossen Töpfen.

Ihr offenbar seltsames Trinkverhalten beschrieb ein anderer so: *Sie trinken nie aus Gläsern, sondern aus einer Flasche, von deren unterem Teil eine zugespitzte Röhre ausgeht, deren Öffnung nur die Grösse eines starken Strohhalmes hat. Diese Öffnung hält der Katalonier mit ausgestrecktem Arm von sich und fängt so mit dem Munde den sich ergiessenden Wein auf, ohne je die Flasche selbst mit den Lippen zu berühren, was ihnen die höchste Unreinlichkeit bedeutet.*

So fremdartig den Truppen die Lebensweise der Katalonier vorkam, so durften sie immerhin feststellen, dass diese sich freundlich verhielten. Und dennoch machte man sich kein schlechtes Gewissen daraus, sie faustdick anzulügen: Man wolle nur der Küste entlangmarschieren, um General Junot in Portugal zu unterstützen. Doch allmählich schöpften die Leute Verdacht, denn aus anderen Gegenden des französischen Vormarsches wurde von Schikanen und Plünderungen berichtet. Wenn dann aber die langen Kolonnen durchgezogen waren, atmeten die Dorfbewohner erleichtert auf. Wenn schon, dann traf es andere, und Barcelona hatte man gewarnt.

12. Einzug in Barcelona

Wie die Franzosen in Barcelona einzogen und sich Major von Flüe mit List einer Festung bemächtigte. Wie die Franzosen ganz Barcelona in ihren Besitz nahmen und sich mit der Bevölkerung anlegten.

Am Freitag, dem 13. Februar 1808, tauchte endlich am Horizont Barcelona auf. Hinter mächtigen Mauern ragten imposante Türme auf, die einen mit schlanken Spitzen, andere mit rechteckigem Abschluss, also ob ihnen noch die Krönung durch eine Spitze fehlen würde. Am linken Rand zeigte sich eine massige Zitadelle. Hinter der Stadt war die Silhouette des befestigten Hügels Montjuïc zu sehen. Die Strada di Francia, auf der sich der französische Tatzelwurm zügig vorwärtsbewegte, war leer bis auf ein Fuhrwerk, das von zwei trägen Ochsen in pendelndem Trott gezogen wurde. Gegen das Meer hin kündeten wilde schwarze Wolken einen Sturm an. Gegen Mittag peitschte er mit Wucht über die anrückenden Truppen und begoss jeden gründlich, der nicht irgendwo Deckung fand. Am Nachmittag blinzelte die Sonne aber wieder unschuldig zwischen dem grauen Wolkengebräu durch, doch der Wind besänftigte sich nicht und die Regengüsse entfernten sich auch nur zum Schein, um immer neu auf die Stadt hinabzuprasseln. Die Kolonnen wurden aus ihren Deckungen heraus wieder in Formation befohlen. Dann rückte man erneut gegen Barcelona vor.

Die Stadt war natürlich längst gewarnt. Vor dem Portal Nou erwartete der Generalgouverneur von Barcelona in granatrotem Umhang mit grossem Gefolge die Ankömmlinge. General Duhesme befahl das in Front stehende Bataillon von Flüe in Paradeaufstellung. Alsdann erbat er die Bewilligung, dass seine Truppen für einige Tage in der Stadt Aufenthalt nehmen dürften. Dem Generalgouverneur war nicht wohl bei der Sache. Immerhin ging es um eine fremde Armee von rund zwölftausend Mann und etwa tausendzweihundert Pferde. Das werde Engpässe bei Unterkunft und Verpflegung bedeuten, gab er zu verstehen.

«Das ist kein Problem, Exzellenz. Es geht nur um wenige Tage. Unser Ziel ist Cadiz, um von dort die französischen Truppen in Portugal zu verstärken. Und wegen der Verpflegung brauchen Sie sich keine Sorgen zu machen. Wir führen genügend Lebensmittel mit.»

Mit dieser Zusicherung liess man die Ankömmlinge trotz Bedenken in die Stadt. Mit Trommelschlag und im Paradeschritt zogen die Bataillone hinter ihren Fahnen ein, von den wenigen Barcelonesen, die von Strassenrand und Fenstern das ungewohnte Spektakel betrachteten, verspottet. Viele bekreuzigten sich, um das Unglück abzuwenden, das an einem Freitag, dem 13. unweigerlich eintreten musste. Nach dem Stadttor bog die Kolonne gegen Süden zum Hafen ab, zur rechten die schmutzigen Häuserzeilen der Altstadt, zur linken die mächtig aufragende Festung Santa Clara. General Duhesme befahl zwei Feldlager, eines beim Hafen, eines mit allen Pferden in den Obstgärten im Westen der Stadt.

Welche Gefühle die Barcelonesen beim Einmarsch beseelte, liess sich aus dem Beitrag eines geflüchteten Einwohners in der «Gazeta de la Residenza» entnehmen:

So also zogen diesen Nachmittag die Truppen oder besser die Herde der Gottlosen und Spitzbuben ein, welche der falsche Verbündete aussendete, der Judas Freund, der Beunruhiger des Weltalls, der Zerstörer der guten Ordnung, der Verfolger der Kirche, der Mörder des Königs, der Mensch oder besser: das auf Menschen blutdurstigstes Ungeheuer, welches je gesehen worden, das schrecklichste Werkzeug, das nur der Fürst aller Teufel Beelzebub in der Hölle hat hervorbringen können; der verfluchte Insulaner, der schändliche, verruchte Bonaparte.

Nein, es war kein freundlicher Empfang. Das spürte Major von Flüe sofort. Er, der Nachfahre eines heiligmässigen Eremiten, wurde nun zu den Gottlosen und Spitzbuben gezählt.

Barcelona war durch eine breite Strasse, die Ramblas, in zwei Teile geteilt. Auf der einen Seite die eng bebaute Stadt, auf der anderen Gemüsegärten und Obstbäume. Am südlichen Ende der Ramblas schwankten im grossen Hafen die Masten vieler Schiffe hin und her, von denen ein scharfer Geruch von Fischen sich in die näheren Häuserzeilen hinein ausbreitete. Überall war an einem Werktag geschäftiges Treiben zu sehen, aber auch Armut, die sich die rauchgeschwärzten Hauswände entlangdrückte oder in dunklen Nischen hockte und jammernd die Hände ausstreckte. «Per l'amor de Déu! Per l'amor ...» Duhesme verbot aus Gründen der Sicherheit selbst den Offizieren, im Innern der Stadt Quartier zu nehmen. Aus den streng bewachten Zeltlagern durfte man nur in Gruppen und nur zu gewissen Zeiten das Innere der Stadt besuchen.

Man hatte sich gegen drei Monster in Acht zu nehmen. Da war vor allem einmal die Zitadelle, die von einem königstreuen Söldnerbataillon besetzt war, das auf vorbeiflanierende Leute von ihren hohen Mauern spucken konnte. Ihr gegenüber befand sich auf dem Berg Montjuïc (Judenberg) eine weitere Festung, ebenfalls von einer Hundertschaft besetzt, aber wegen der Distanz zur Stadt weniger gefährlich. Das dritte und nicht das geringste Monster war die Stadt selber, und da vor allem das Ribera-Viertel, wo die vier- und fünfstöckigen Häuser nur wenig Durchlass für die engen, dunklen Gässchen liessen. Tagsüber werkelten in diesem Quartier allerlei Handwerker, bahnten sich Lastenträger aus dem Hafenviertel ihren Weg zu Geschäften und drückte sich Gesindel herum, auf der Suche nach einer günstigen Gelegenheit, jemandem die Tasche zu plündern. Nachts wurde in düsteren Spelunken gesoffen, gelärmt, gespielt und gezankt, bis plötzlich Fäuste flogen oder gar ein Messer aufblitzte. Bei diesem und jenem Hauseingang schlenkerte eine Dirne ein nacktes Bein und zwinkerte verführerisch einem Vorbeigehenden zu. General Duhesme liess präventiv seiner Truppe ausrichten: «Ein Franzose erniedrigt sich nicht bei einem spanischen Weib.» Inmitten all dem Menschengewimmel bellten streunende Hunde, strichen ausgemergelte Katzen herum, gackerten Hühner auf Balkonen und huschten Ratten von einem Loch zum anderen.

Gleich am ersten Tag befahl General Duhesme seinen Truppen grosses Exerzieren, um der Bevölkerung und vor allem der Besatzung der Zitadelle Eindruck zu machen. Am folgenden Sonntag begingen die Barcelonesen mit einer Prozession zu Ehren der Stadtheiligen Eulalia und mit Glockengebimmel, das über Stunden immer wieder aufbrandete, einen lokalen Feiertag. Nachmittags war General Duhesme mit seinem Stab und den Bataillonskommandanten beim Bischof zu einem Empfang geladen. Wie Major von Flüe feststellte, war das beiderseits ein sehr frostiges Ereignis. Der General bemühte sich zwar, dem Befehl Napoleons um täuschend freundliches Benehmen nachzukommen. Doch wollte er dem Bischof auch deutlich machen, dass die Franzosen im Gefolge der Französischen Revolution eine strikte Abgrenzung zwischen Staat und Kirche beachteten. Deshalb könne er dem Begehren des Bischofs, jeweils eine Ehrengarde zu Prozessionen abzuordnen, leider nicht nachkommen. Der Bischof seinerseits stellte klar, dass in Barcelona kirchlich definierte, sittliche Ordnung zu herrschen habe. Er wies bei deren Nichtbefolgen auf Streitereien hin und auf die üble Sucht des Rauchens, die er sogar der Geistlichkeit habe untersagen müssen. Saufen und Huren wollte er ebenfalls den Franzosen verbieten unter Hinweis auf das letzte Gericht und die grausamen Qualen in der Hölle. Man solle sich ein Beispiel an der vorbildlichen Haltung der Schweizer auf der Zitadelle nehmen. Schweizer auf der Zitadelle? Mit dieser Bemerkung traf er einen besonderen Nerv bei Major von Flüe, der am nachfolgenden Rapport von Duhesme den Auftrag erhielt, mit seinen Landsleuten in Verbindung zu treten. Zur Religion der Spanier bemerkte der General abschätzig, diese sei voll Aberglauben, Mönchsbetrug und einer Heiligenverehrung, die sich bis in die Abgötterei steigere.

*****

Mit einer Eskorte von zwei Füsilieren stieg am Montag Major von Flüe in seinem roten Waffenrock auf die Zitadelle, wo er von Oberst Wimpfen, der zur schwarzen Hose einen blauen Waffenrock mit Silberschnüren trug, sehr zuvorkommend empfangen wurde. In der Offiziersmesse waren in einer Ecke schon Brot und Speck und eine Karaffe purpurner Wein aufgetischt. Nach dem Zuprosten entwickelte sich ein munteres Gespräch, das vorerst der Herkunft ihrer Truppen gewidmet war, wozu Oberst Wimpfen stolz bemerkte:

«Mein Regiment steht schon seit 1515 in spanischen Diensten. Bis zu diesen Tagen haben wir dem spanischen König Treue geschworen, wie übrigens drei andere Schweizer Regimenter auch. Denken Sie zum Beispiel an die Redings und an Trachsler. Trachsler aus Unterwalden mit seinem Bataillonskommandanten Christen müssten Sie doch kennen, Kamerad.»

«Schon gehört, aber leider noch nie begegnet. Ich hoffe nur, dass es in künftigen Konflikten nicht wieder zu einer Situation kommt, in der Schweizer gegen Schweizer antreten und sich gegenseitig umbringen müssen. Wenn ich bedenke, wo überall Schweizer im Dienste stehen. Frankreich, Spanien, England, Holland ... Ich wünsche mir kein neues Marignano!»

Wimpfen runzelte die Stirn und entgegnete:

«Das wäre wirklich fatal. Aber so kommt es eben, wenn die Politik in Europa Pirouetten dreht. Wissen Sie, Kamerad, wir mussten uns nach der Französischen Revolution überlegen, in wessen Solde wir uns verdingen sollten. Nachdem die Franzosen in unserer Schweizer Heimat so schlimm gewütet haben, war für uns eigentlich der Fall klar. Für Sie nicht?»

Von Flüe schluckte einen Klumpen hinunter und hatte Mühe, sich keine Nervosität anmerken zu lassen.

«Also … ich … eh. Ich habe mich bei der rechtmässigen Regierung dafür eingesetzt, dass das üble Chaos in der Schweiz aufhört. Man konnte doch nicht gegen Tatsachen den Kopf einrennen und die Situation der Schweiz durch Rebellion noch verschlimmern. Nun, also … Man hat mir vorerst nirgends eine Stellung angeboten, die meiner Erfahrung angemessen gewesen wäre. Schlussendlich hat man mir seitens des Kaisers eine gute Position offeriert. Sie müssen ja auch noch bedenken, dass die Schweiz verpflichtet war, zwölftausend Mann zu stellen. Da brauchte es ja auch einheimisches Kader, das für diese Landsleute gut sorgen konnte.»

Wimpfen presste die Lippen unter seinem buschigen Schnauzbart zusammen. Seiner Miene war abzulesen, dass er dem Gegenüber nicht ganz traute. Von Flüe fragte, mit welcher Absicht des Königs Barcelona besetzt sei. Da bestehe doch von keiner Seite Gefahr.

«Wie können Sie von keiner Gefahr reden, Kamerad? Jetzt, wo Ihre Truppen hier sind? Wohl nicht, um den spanischen König zu schützen, oder?»

Jetzt streckte unverfroren das Lügenteufelchen seine Hörner hervor.

«Sie wissen doch, dass wir auf dem Weg nach Cadiz sind. Der Durchmarsch wurde vom spanischen König genehmigt. Wir warten nun auf seine weiteren Weisungen.»

«Sie warten auf Weisungen des spanischen Königs? Das erstaunt mich.»

Von Flüe redete sich heraus, dass er das so von seinem General gehört habe. Die beiden verliessen rasch das glitschige Terrain der Politik und unterhielten sich nur noch über Erfahrungen mit den Spaniern und ihren seltsamen Bräuchen. Schliesslich führte Wimpfen seinen Gast noch auf die Zinne, von der ein überwältigender Rundblick möglich war. Da die verwinkelten Dächer und die dominanten Kirchtürme der Stadt, dort die Pferdefuhrwerke, Eseltreiber und Ochsenwagen, dort das emsige Treiben im Hafen und schliesslich das gleissende Licht des unendlich sich ausbreitenden Meeres.

Die beiden Kommandanten verabschiedeten sich mit einer Gegeneinladung des Obwaldner Offiziers, die aber nie angenommen wurde, sodass es bei einseitigen Besuchen von Flües auf der Zitadelle blieb.

Die nächsten zehn Tage machten die Truppen von General Duhesme immer noch keine Anstalten, nach Cadiz weiterzumarschieren. Die Unruhe unter den

Einwohnern, besonders aber unter den Besatzungen der Zitadelle und der Festung Montjuïc, wuchs. Diese Unruhe fand neue Nahrung durch Nachrichten aus dem übrigen Spanien, wo sich die Franzosen und Spanier in die Haare geraten waren. Dörfer seien in Brand gesetzt worden, Bauern zur Herausgabe von Vieh und Futter gezwungen worden. Pamplona sei durch Lug und Trug in die Hände der Franzosen gefallen. Die Begegnungen zwischen Wimpfen und von Flüe wurden frostiger, umso mehr als von Flüe der Frage nach dem Abmarschdatum weiterhin auswich. Der König habe noch nicht auf die Anfrage des französischen Oberkommandos geantwortet. Diese war allerdings gar nie gestellt worden. Doch seine eigenen Truppen wies König Karl an, jeden Zusammenstoss mit den Franzosen zu vermeiden. Oberst Wimpfen war in einer wenig beneidenswerten Lage, auch wenn er die Meinung der meisten Spanier teilte, dass ihr Monarch allmählich an Altersschwachsinn litt.

Der sonntägliche 29. Februar im Schaltjahr 1808 brachte die Klärung. General Duhesme versammelte alle seine Truppen auf dem grossen Platz zwischen Stadt und Zitadelle und liess verschiedene Manöver ausführen, wie er das schon an mehreren Tagen zuvor getan hatte. Seit dem frühen Morgen dröhnten unzählige schwergewichtige Glocken und bimmelten schmalbrüstige Glöcklein. Von allen Kirchen zogen Prozessionen aus, die die Strassen und Gassen der Stadt durchschritten, sie mit Weihwasser besprengten und im Weihrauch erstickten. Die Stadtregierung hatte natürlich im Gefolge des Bischofs mitzumarschieren, der unter einem seidenen Baldachin die goldene, edelsteinbesetzte Monstranz nach allen Seiten segnend schwenkte. Barcelona war in diesen Stunden praktisch regierungslos und reaktionsunfähig. Das nützte General Duhesme aus. Die Manöver seiner Truppe ähnelten jenen der Vortage. Plötzlich aber schwenkte beim Defilieren das Bataillon von Flüe zur Zitadelle und ein anderes Bataillon zum Montjuïc ab. Während sein Bataillon praktisch ohne Widerstand in die Zitadelle eindrang, suchte Major von Flüe den Kommandanten Wimpfen auf.

«Wir haben Befehl, die Zitadelle in Besitz zu nehmen. Sie haben Ihre Truppen sofort zurückzuziehen und ein Lager ausserhalb von Barcelona aufzuschlagen.»

Der Kopf Wimpfens schien vor Zorn zu zerplatzen.

«Wie können Sie mir einen solchen Befehl erteilen? Ziehen Sie Ihre Truppen sofort zurück oder ich gebe den Schiessbefehl!»

«Marignano, Kamerad?»

«Wir sind Kameraden gewesen, Major!»

Zu Wimpfen eilten Meldeläufer aus den verschiedenen Teilen der Festung mit der Nachricht, dass die Angreifer schon die wichtigsten Teile eingenommen hätten. Er sah ein, dass ein Befehl zum Widerstand zu einem fürchterlichen Blutbad unter Landsleuten führen musste.

«Wir ziehen uns zurück. Aber geben Sie uns Zeit, dies in Ordnung zu vollziehen.»

«Bis heute, drei Uhr Mittag.»

Wimpfen kochte. Eine solche Niedertracht! Eine solche Gemeinheit! Eine solche Lüge! Und das von Landsleuten. Von solchen, die sich von den Franzosen kaufen liessen. Und erst noch von einem rangniederen Major! Er erteilte Befehle zur Räumung.

Kurz vor drei Uhr verliess er als Letzter die Zitadelle. Zu von Flüe zischte er:

«Die Zitadelle gehört Ihnen. Aber wir sehen uns noch, Major. Das verspreche ich Ihnen.»

Die Übergabe der Festung auf dem Montjuïc stand auf Messers Schneide. General Alvarez weigerte sich bis elf Uhr abends, den Platz zu räumen. Als er aber hörte, dass die Zitadelle unten in der Stadt in der Hand der Franzosen sei, zog auch er mit unsäglicher Wut ab.

Am 1. März die Trikolore über dem Montjuïc und über der Zitadelle in der Meeresbrise flattern zu sehen, erbitterte die Barcelonesen auf das Höchste. Wie konnten sie es dieser frechen französischen Besatzung heimzahlen? Die Gelegenheit ergab sich schon wenige Tage später, als sich Barcelona in den Taumel des Karnevals stürzte, der am Jueves Ladero, am Schmutzigen Donnerstag, seinen Anfang nahm. Üblicherweise war dies vorwiegend ein Fest der Armen, die sich in farbige Lumpen kleideten und ihr Gesicht hinter fantasievollen Masken verbargen. Überall in der Stadt spielten Tanzkapellen, manchmal war es auch nur ein einsamer Pfeifendudler, der in den engen Gässchen die flanierenden Leute zum Tanz und zu einem Almosen einlud. Unter die Armen mischten sich auch einige Reiche, denen es in ihrem ernsten Leben zu langweilig geworden war. Bis in den frühen Morgen hinein wurde getanzt, gesoffen, geklaut und gehurt. Da vermochte die Stadtregierung nichts und schon gar nicht der Bischof, der alljährlich eindringlich warnte, aber sich dann in der Hoffnung auf die Fastenzeit in seine Gemächer zurückzog, um die nächsten Predigten der Verdammung und der Höllenqualen vorzubereiten.

General Duhesme erkannte, dass auch er nichts gegen die Lustbarkeiten der Barcelonesen ausrichten konnte, und verbot der Armee, in diesen Tagen die Kantonnemente zu verlassen. Dennoch konnte er nicht verhindern, dass seine Truppen bei der Wachtablösung an den Toren von Maskierten mit Orangen beworfen wurden, wie das bei den traditionellen Orangenschlachten, Taronjadas genannt, jedermann über sich ergehen lassen musste.

Allerdings mischten sich beim Bewerfen der verhassten Franzosen in die Orangen immer öfter auch Steine, die mehr als nur harmlose Sauereien auf den Kleidern anrichteten. General Duhesme befahl seine Bataillonskommandanten zu sich und legte ihnen seinen Schlachtenplan vor, für den Fall, dass der frivole Übermut des Karnevals die Einheimischen zu weiteren Attacken gegen die Besatzungsarmee verleiten sollte.

Duhesme hatte Glück. Je länger der Karneval dauerte, umso erschöpfter waren die Barcelonesen von Tanz und Suff. Schliesslich brachte der Aschermittwoch mit Bussprozessionen jener, die sich noch auf den Beinen halten konnten, und scharfen Busspredigten des eifrig auf den Kanzeln fuchtelnden Klerus wieder einigermassen Ordnung in die Stadt.

*****

Für die Truppen von Duhesme begann nun ein gefährliches Garnisonsleben. Gefährlich, weil Nichtstun zur Schläfrigkeit verleitete. Gefährlich, weil eine quicklebendige Stadt wie Barcelona die Soldaten mit Lustbarkeiten verführte, die der Disziplin und Moral abträglich waren. Da halfen nur ständiges Exerzieren und ein Regime strenger Bestrafungen bei Missachtung des Ordnungsbefehls.

Das Bataillon von Flüe war Herrscher über die Zitadelle. Mit dem Quartier konnten die Soldaten zufrieden sein, doch war es nicht leicht, von dem Gemäuer auf das emsige Treiben in der Stadt hinuntersehen zu müssen, ohne sich hineinstürzen zu können. Jeden Tag führte von Flüe immer eine andere Kompagnie zum Exerzieren hinaus vor die Stadt. Exerzieren hiess Einüben von Formationen in Angriff und Verteidigung. Den Rückzug übte man nicht, um die Soldaten nicht auf falsche Gedanken zu bringen. Dabei wäre es ihnen später zum Vorteil gewesen, wenn sie gewusst hätten, wie man auch beim Rückzug die Ordnung behalten konnte, um nicht in eine kopflose und verlustreiche Flucht zu verfallen. Zum Rückmarsch in die Stadt befahl von Flüe immer Laufschritt und auf dem Platz zwischen Hafen und Zitadelle wurde noch in verschiedenen Formationen defiliert, wobei jede Unachtsamkeit, jeder Passgang und jeder Ansatz zu einer Wellenbewegung in der Ausrichtung das speichelspritzende Bellen des Majors von seinem Pferd herunter zur Folge hatte: «Halt! Das Ganze nochmals von vorn!»

13. Rebellion gegen die Franzosenherrschaft

Wie die Spanier nach der Absetzung ihres Königs in einem Guerillakrieg die Franzosen in grosse Bedrängnis brachten, wobei der Schwyzer General Reding eine historische Schlacht gegen die Franzosen gewann. Wie das Bataillon von Flüe durch allerlei Widerwärtigkeiten arg zerzaust wurde. Wie Major von Flüe sich mit einer Expedition zu einem Nonnenkloster blamierte.

Schon seit Tagen bemerkten die Franzosen eine zunehmende Unruhe in der Bevölkerung Barcelonas. Man vermutete, dass die Händler nicht nur dringend benötigte Ware in die Stadt transportierten, sondern auch alarmierende Nachrichten über die Lage im Raum Madrid. Vorerst taten die Kommandeure der Franzosen solche Berichte als unzuverlässig, weil spanischem Charakter entsprechend allzu wichtigtuerisch, ab. Doch dann verdichteten sich die Gerüchte, dass der König abdanken wolle und gezwungen worden sei, die graue Eminenz Godoy, genannt der «Friedensfürst», abzusetzen. Als dann noch ein windiger Kerl mit faulem Atem Major von Flüe seine Dienste zu einer Fahnenflucht angeboten hatte, eilte dieser aufs Hauptquartier.

Kaum hatte er begonnen, dem General von den ihm soeben überbrachten Geschehnissen in Aranjuez und der Aufforderung zur Flucht zu erzählen, winkte Duhesme ab:

«Wissen wir schon längst. Sie sollten aufpassen, wer sich mit Gerüchten an Sie heranschleicht, Major. Wissen Sie übrigens auch, dass der König zugunsten seines Sohnes Ferdinand abgedankt hat?»

Major von Flüe kam sich dumm vor. Er wusste in seiner Verlegenheit nur zu fragen: «Was heisst das jetzt für uns?»

«Das heisst, dass das halbwegs im Sinne unseres Kaisers ist. Und das heisst, dass das auch vom Volk bejubelt werden wird. Und das heisst, dass dann eine Dankesprozession abgehalten wird, und schliesslich heisst das, dass Ihr Bataillon dabei eine Ehrenkompagnie stellen wird. Haha!»

Und so war es. Nachdem die ersten Meldungen über die Thronbesteigung von Ferdinand VII. vorerst nur tröpfchenweise in die Stadt gesickert waren, schwollen sie bald zu einem wahren Sturzbach an. Sogleich hob das Jubeln und Hochleben an und anderntags schob sich wie ein Tatzelwurm eine weihrauchumnebelte Prozession durch Barcelona, begleitet von kaum enden wollendem Glockengebimmel. Direkt hinter dem Baldachin, der den die Monstranz nach allen Seiten schwenkenden Bischof überdachte, schritt feierlich eine Ehrenkompagnie des Bataillons von Flüe einher, angeführt von ihrem Major in Galauniform. Wenn dann jeweils an diversen Plätzen und Adelssitzen die Menschenschlange hielt und der Bischof mit krächzender Stimme die Monstranz zum Segen erhob, befahl Major von Flüe Achtungstellung, damit keiner seiner Soldaten auf die Idee kam, es den Barcelonesen gleichzutun und auf die Knie zu sinken und wilde Kreuze zu schlagen, was jeweils aussah, wie wenn ein Wind über einem Getreidefeld die reifen Ären bog.

Beim Eingang der Kathedrale wartete eine Gruppe Nonnen auf ihre Einreihung in die Prozession. Flüchtig schweifte der Blick von Joseph Ignaz von Flüe zu ihnen hin. Bei einem Gesicht hielt er inne. Dieselben feinen Augenbrauen, dieselben glänzenden Augen, derselbe rote Mund … Sie sah sein Starren und senkte sofort ihren Blick. Er wäre beinahe aus dem Tritt geraten, wurde jedoch rasch wieder in seine Welt eingeholt, denn von der Zitadelle wurden einige freudige Kanonenschüsse abgefeuert, deren Echo sich an Häuserzeilen brach, Fenster zum Klirren brachte und schliesslich in den finsteren Gässchen versickerte wie die Wasser des Meeres am sandigen Strand. General Duhesme hatte erklärt, dass solche Ehrenbezeugungen die Freundschaft zwischen seiner Truppe und der Bevölkerung von Barcelona so richtig in Schwung bringen würden.

Ganz falsch lag er damit nicht, denn den Besatzungstruppen wurde nun viel freundlicher begegnet. Mancher Füsilier liess sich im kurzen Ausgang von fröhlichen

Zechern bis zum Halszäpfchen abfüllen, sodass er den Heimweg ins Kantonnement johlend, schwankend und oft auf allen vieren zurücklegen musste. Auch General Duhesme, sein Stab und die Bataillonskommandanten konnten sich der Einladungen beim Bischof und beim Gouverneur zu Speis und Trank kaum erwehren.

Lange dauerte der Burgfrieden jedoch nicht, denn bald trafen wieder neue, verstörende Nachrichten ein. Am 23. März 1808 seien vierzigtausend Mann unter dem Kommando des französischen Generals Murat in Madrid einmarschiert. Den misstrauischen Spaniern habe man vorgelogen, man wolle damit verhindern, dass Gegner des neuen Königs Ferdinand und Anhänger des Intriganten Godoy Unruhen anzettelten. Als anderntags König Ferdinand in Madrid einzog, wurde ihm eine verlogene Einladung Napoleons überreicht. Der verschlagene Fuchs liess verlauten, er würde sich freuen, den König in Bayonne – auf französischem Boden – freundschaftlich zu wichtigen Verhandlungen zu treffen. Den trotteligen Ex-König Karl IV. brachten irgendwelche Einflüsterer dazu, seine Abdankung zu widerrufen. Den nun entbrannten Streit zwischen Vater und Sohn benützte Napoleon, um auch den alten Karl mit Familie nach Bayonne einzuladen, angeblich um in der Familienfehde vermitteln zu können.

Wieder einmal gerieten Schweizer Söldnertruppen zwischen die Fronten respektive in einen Gewissenskonflikt.

Als General Murat in Madrid einmarschierte, befanden sich dort die beiden der spanischen Krone verpflichteten Regimenter Karl Reding Nr. 2 und de Preux Nr. 6. Napoleon befahl, sie einer Division unter dem Kommando von General Dupont einzugliedern. Dieser schickte sie nach Toledo, damit sie in Madrid nicht als Störfaktor wirken konnten. Weitere vier Schweizer Regimenter unter dem Kommando von Wimpfen, Nazare Reding, Betschart und Trachsler waren in Spanien verstreut und wurden mit Eilboten aufgefordert, sich der französischen Armee anzuschliessen. Dies stürzte sie unvermittelt in einen handfesten Loyalitätskonflikt, der sich in den kommenden Wochen durch dramatische Ereignisse noch verstärken sollte. Sie hatten den Eid auf die spanische Krone geschworen. Doch diese verlor durch die Ränkespiele Napoleons ständig an Macht und Einfluss. Welchen Befehlen sollten sie nun nachkommen?

Am 2. Mai 1808 versuchten französische Truppen in Madrid den jüngsten Sohn von König Karl IV. nach Bayonne zu entführen. Für die Spanier war das der letzte Beweis, dass die Franzosen sie übertölpeln und die Macht in ihrem Land ergreifen wollten. Die Wut des Volkes explodierte, vielfach angestachelt durch heissblütige Mönche, die zum Kampf mit Flinte und Keule gegen die gottlosen Eindringlinge aufriefen. Bevor sich die Franzosen zur Verteidigung formieren konnten, wurden sie in ihren Quartieren, in Gasthäusern und in den Gassen niedergemacht. Doch sobald General Murat genügend Truppen in seiner Hand hatte, ging er zum Gegenangriff über. Am 3. Mai wurden Anführer der Aufständischen erschossen und Tausende von Madrilenen auf einen Marsch Richtung Frankreich getrieben, auf dem die meisten aus Hunger, Durst und Erschöpfung tot liegen blieben. Die Ereignisse in Madrid waren wie die Lunte an einem Pulverfass. Ganz Spanien erhob sich nun gegen die Franzosen.

*****

«Alarm!»

Major von Flüe war eben vom Divisionskommando in die Zitadelle zurückgekommen, wo er seine Kompagniekommandanten zu sich rief. Die Lage sei völlig unsicher geworden. Im Umfeld von Barcelona seien Patrouillen in Hinterhalte geraten und zusammengeschossen worden. Händler, die mit Waren und Verpflegung unterwegs seien, würden in den Dörfern von Aufständischen daran gehindert, nach Barcelona weiterzufahren, um die Stadt hungern zu lassen. Nun sei auch noch der Gouverneur vorstellig geworden und habe vom General verlangt, dass er mit seinen Truppen die Stadt unverzüglich verlasse, da er für ihre Sicherheit nicht mehr garantieren könne. Duhesme habe dieses Begehren unmissverständlich abgelehnt.

«Unser Bataillon hat den Befehl, die Zitadelle gegen alle Angriffe zu verteidigen. Eine Kompagnie ist in Bereitschaft zu halten, um Angriffe gegen Aufständische im Vorfeld der Stadt zu führen. Ich bestimme dazu die Kompagnie Müller.»

Dann folgten Anordnungen zum Verhalten gegenüber der Stadtbevölkerung und ein striktes Ausgangsverbot.

Am folgenden Tag läuteten wieder alle Glocken und Glöcklein zu einer Prozession, deren Zweck nicht ganz eindeutig war. Für König Ferdinand? Für Frieden? Für einen Sieg der Aufständischen? Für die Befreiung von den Franzosen? Jedenfalls hatte diesmal der segnende Bischof keine französische Ehrenkompagnie mit einem Obwaldner Kommandanten mehr im Rücken.

*****

Was aus Bayonne ruchbar wurde, stachelte den letzten Spanier zum Widerstand auf. Die freundschaftlichen Gespräche der Königsfamilie mit dem kleinen Korsen hatten dazu geführt, dass Ferdinand als König von Spanien zugunsten seines Vaters Karl zurücktrat. Der Verzicht wurde ihm mit einer jährlichen Rente und dem angenehmen Aufenthalt auf Schloss Valençay abgegolten. Darauf wurde auch Vater Karl zum Rücktritt gezwungen. Von langer Hand geplant ernannte Napoleon seinen älteren Bruder Joseph Bonaparte zum neuen König von Spanien.

Ein Schurkenstreich besonderer Art. Wie sehr die Spanier ihren aufgezwungenen König schätzten, zeigte sich daran, dass sie ihn alsbald «Pepe botella», «Flaschensepperl», nannten.

Nun hatte der Aufstand auch die Dörfer und Städte in ganz Katalonien ergriffen. Im Zwischengelände operierte eine besondere Guerilla, unter der auch Schmuggler- und Räuberbanden kämpften. In Katalonien trugen sie den Namen «Miquelets», in Andalusien «Seranos». Sie hatten hervorragende Kenntnis des Geländes und wussten genau, wo ein Hinterhalt Erfolg versprach und wo man sich absetzen und verstecken konnte. Da sie die Unterstützung des Volkes besassen, das sie verpflegte und ihnen Unterschlupf gewährte, gingen die Franzosen dazu über, verdächtige Dörfer als Vergeltung niederzubrennen. Das hatte weitere Grausamkeiten zur Folge. Gefangene französische Soldaten wurden gemartert, an Scheunentoren gekreuzigt und an Galgen aufgehängt. Der erzürnte Napoleon befahl, dass jeder Zivilist, der mit einer Waffe in der Hand ergriffen werde, sofort zu erschiessen sei.

General Duhesme wollte sich das Gesetz des Handelns nicht von den «ungebildeten Räuberbanden», wie er sie nannte, aufzwingen lassen. Mit zwei Divisionen wollte er das Umfeld von Barcelona «säubern». General Chabran befahl er, Tarragona zu erobern. General Schwarz hatte mit über dreitausend Mann die felsigen Hügel um das

Kloster Montserrat einzunehmen, die Aufständischen von dort zu vertreiben und damit die Versorgungsstrasse nach Barcelona wieder zu öffnen. Mit General Schwarz, einem Kavalleristen mit unsäglich traurigem Blick, zog auch das Bataillon von Flüe mit seinen fünfhundertachtzig Mann aus. Schwarz befahl sie an die Spitze der Kolonne. Als sie eine Schlucht am Rande von El Bruc, einem zerklüfteten Hügelzug, passieren wollten, feuerten Aufständische, die rote Mützen, «Barretinos», trugen, von den Anhöhen wild aus allen Rohren auf sie. Major von Flüe suchte wie sein ganzes Bataillon sofort Deckung vor dem tödlichen Bleihagel. Die Füsiliere verschwanden hinter Steinblöcken und im Bachgraben. Nur wenige wagten zurückzuschiessen. Die Befehlsschreie der Offiziere und Unteroffiziere mischten sich mit jenen der Verwundeten. Auch von Flüe schrie herum und versuchte sein Bataillon aus der Falle zu ziehen. Als ihm dies unter Zurücklassung von Toten und Verwundeten einigermassen gelungen war, sprengte General Schwarz mit seinem bellenden Hund heran und befahl, die Anhöhen anzugreifen. Ein Bataillon aus dem italienischen Regiment hatte bereits zu einer Umgehung angesetzt. Der Angriff glich einem Selbstmord. Er blieb im heftigen Kugelhagel schon im Ansatz stecken. Schwarz befahl daraufhin seiner Streitmacht, sich in einem Nachtlager zu verschanzen, was die Miquelets dazu benutzten, mit Überfällen ihren Feinden den Schlaf zu rauben. Früh am anderen Morgen hörte man aus der Gegend von Montserrat Trommelschläge. Sie wurden als Zeichen anmarschierender Verstärkung für die Rebellen gedeutet, obwohl es – wie sich später zeigte – nur ein einzelner Knabe war, der die Trommel schlug. Daraufhin befahl General Schwarz kleinlaut den Rückzug, der zu einer grausamen Aktion ausartete. Die Aufständischen hatten Brücken gesprengt, Strassen unpassierbar gemacht und Barrikaden aufgerichtet. Somit mussten die unter französischer Flagge kämpfenden Truppen Umwege durch schwieriges Gelände in Kauf nehmen, wobei sie andauernd wieder von den Aufständischen beschossen wurden. Dörfer mussten sie meiden, denn es war schon vorgekommen, dass sie beim Durchmarsch von den Dächern mit Steinen beworfen und mit siedendem Öl begossen worden waren. Nach siebenundsechzig Stunden traf das Bataillon von Flüe entkräftet und in einem miserablen moralischen Zustand wieder in Barcelona ein. Es schleppte dreissig Tote und fünfzig Verletzte mit sich. Die übrigen Truppen von General Schwarz waren nicht besser dran. Insgesamt musste er General Duhesme dreihundertsechzig Tote und mehrere hundert Verletzte melden. Als sie in diesem elenden Zustand durch die Stadt in ihre Quartiere humpelten, beobachteten sie die Barcelonesen mit Stolz und Verachtung und drehten ihnen aus sicherer Distanz eine lange Nase. Es war eine gewaltige Niederlage, die ihnen die des Lesens und Schreibens unkundigen «Bauernlümmel» zugefügt hatten.

*****

Konnte sich das Bataillon von Flüe hinter den dicken Mauern von Barcelona wieder erholen und vor allem sicher vor Überfällen wähnen, meinte es das Schicksal andernorts nicht so gut mit den Schweizer Söldnern. Einige jener Regimenter, die ehemals dem spanischen König die Treue geschworen hatten, schlugen sich auf die Seite der spanischen Aufständischen. Andere wiederum wurden unter Androhung von Repressalien gegen ihre Angehörigen in der Schweiz gezwungen, mit den Franzosen durch Andalusien nach Cadiz zu marschieren.

Es wurde kein Vergnügen. Ein Bataillon Schweizer erhielt den Befehl, zurückzumarschieren, um Nachzügler einzusammeln. In einem grossen Dorf entdeckten sie, dass hundertfünfzig Nachzügler von den Einwohnern umgebracht und verstümmelt worden waren. Man hatte ihnen die Augen ausgestochen und sie entmannt. Nun kannte die Rache keine Grenzen mehr. Jeder Bauer, der sich aus dem Dorf entfernen wollte, wurde niedergeschossen, dann gab man der Truppe eine halbe Stunde lang die Erlaubnis zum Plündern. Anschliessend wurde das Dorf angezündet, wobei Männer, Frauen und Kinder schreiend den Flammen zum Opfer fielen.

Immer noch unterschätzten die Franzosen die Dimension des spanischen Aufstandes. Überall wurde der Vormarsch von General Dupont aufgehalten. Gegen erbitterten Widerstand und bei drückender Hitze gelang es ihm, mit seinen achtzehntausend Mann Cordoba am 7. Juni 1808 einzunehmen, voran das Schweizer Bataillon Christen mit gefälltem Bajonett im Sturmschritt. Die Bewohner wehrten sich verzweifelt, aber letztlich vergebens. Als Vergeltung für den blutigen Widerstand gab General Dupont die Stadt während vier Tagen zur Plünderung frei. Bei der Marterung von Frauen und Mädchen, bei der Plünderung der Kirchen und Moscheen hielten sich auch die Schweizer nicht zurück, selbst die Offiziere nicht. Es war eine abscheuliche Schandtat sondergleichen, die kaum durch den Umstand abgeschwächt wurde, dass auch zahlreiche Deutsche in diesem Bataillon eingeteilt waren. Das allgemeine Chaos benützten zwei- bis dreihundert Mann der Regimenter Reding und de Preux, um zu den spanischen Freischärlern überzulaufen.

Was in Cordoba geschehen war, stachelte die grenzenlose Wut der Andalusier an. Mönche wiegelten die Bauern auf und versprachen allen den Himmel, die sterben würden. Ein Spital mit hundertsiebzehn kranken Soldaten wurde niedergebrannt. Andere wurden lebendig begraben oder in Stücke gehauen. Angesichts der weit um sich greifenden Aufstände beschloss Dupont, sich mit seinem Korps auf die Bergkette der Sierra Morena zurückzuziehen.

In Sevilla hatte sich eine Regierungsjunta der Aufständischen gebildet. Diese ernannte den Schwyzer General

Karl Reding zum Kommandanten aller ihrer Truppen. Reding machte sich sogleich daran, den Franzosen den Weg durch Andalusien mit starken Kräften zu verwehren. Am 18. Juli kam es zum triumphalen Sieg General Redings in der Schlacht von Baylen. Die wiederholten Angriffe in sengender Hitze auf seine Stellungen dezimierten die ermüdeten Soldaten Duponts immer mehr. Wieder trat die unselige Situation ein, dass Schweizer gegen Schweizer kämpften. Im Verlaufe der Schlacht desertierten jedoch die meisten in der Armee Dupont auf die spanische Seite zu Reding. Am 22. Juli unterzeichnete General Dupont die Kapitulation. Über achttausend Mann, darunter tausendfünfhundert Schweizer, marschierten – oder besser: humpelten – in eine brutale Gefangenschaft, unterwegs immer wieder von wütenden Bauern und Mönchen drangsaliert.

*****

Barcelona wurde in diesen Monaten immer mehr von den Freischärlern stranguliert. Eine Verbindung nach aussen gab es praktisch nicht mehr. Auf dem Meer patrouillierten die feindlichen englischen Schiffe und liessen keinen Nachschub passieren. Major Joseph Ignaz von Flüe hatte grösste Sorgen mit seinem Bataillon. Einerseits musste er es nach der verlorenen Schlacht bei Montserrat wieder aufpäppeln und zu einem gefechtstüchtigen Verband schmieden. Andererseits plagten ihn die zunehmenden Desertionen. Nachdem wieder drei

Füsiliere getürmt waren, schlug er beim Rapport mit seinen Offizieren auf den Tisch:

«Jetzt schaut mal besser zu euren Leuten, verdammt nochmal! Es sind zwar vor allem Wallonen und Preussen, die wegschleichen. Kräftige und adrette Kerle, aber nach einem Glas Wein sind sie leicht bereit, die Fahne zu wechseln. Die Schweizer sind und bleiben eben der harte Kern unseres Bataillons, ausser vielleicht die Freiburger.»

Das war eben die Folge der übereilten Rekrutierung. Napoleon hatte von der Schweiz ein Truppenkontingent verlangt, das sie auch damit nicht erfüllen konnte, dass man die Reihen mit Gefängnisinsassen, Trunkenbolden und ledigen Vätern zu stopfen versucht hatte. Dann behalf man sich eben mit Ausländern, die man vorerst als Schweizer ausgab, die in der Folge jedoch nicht gerade viel Ruhm für die Schweiz anhäuften.

*****

In Barcelona tummelte sich allerlei Agentengesindel, darunter auch solche, die im Dunst des wohligen Alkohols manchen Soldaten mit dem Versprechen auf ein besseres Leben zur Desertion anstachelten. Der dabei erzielte Erfolg verleitete diese dubiosen Gestalten zu immer dreisterem Vorgehen.

Die Aufständischen verstanden immer mehr, Barcelona einzuschnüren. Da kam keine Verpflegung mehr durch. Durch die Maschen schlüpften einzig noch Gerüchte aller Art, die dazu führten, dass immer mehr Einwohner die Stadt verliessen, selbst auf das Risiko hin, dass ihnen ihr Eigentum geplündert wurde. Auch mit Frankreich waren die Kommunikationsverbindungen gekappt. General Duhesme beschloss, diese gewaltsam wiederherzustellen. Im Wege stand ihm dabei vor allem die Stadt Gerona. Mit sechstausend Mann, darunter auch das Bataillon von Flüe, brach er auf, wurde jedoch schon am 17. Juni 1808 von etwa zehntausend Miquelets mit ihren roten Stirnbändern mit der Aufschrift «Viva Fernando setimo y la santa religion. Vencer o morir por la patria y nuestro rey» überfallen. Er konnte sie vertreiben und gelangte vor Gerona, das er siegessicher zur Kapitulation aufforderte. Nachdem diese abgelehnt worden war, befahl er den Sturm, an dem sich von Flüe glücklicherweise nicht zu beteiligen hatte. Vielmehr hatte er sicherzustellen, dass die Belagerer nicht durch Überfälle der Miquelets von den umliegenden Höhen bedroht wurden. Nach wiederholtem Ansturm hielt die Stadt immer noch stand. Duhesme realisierte alsbald, dass die Aufständischen begannen, ihm den Rückweg abzuschneiden, sodass er verängstigt den sofortigen Rückzug nach Barcelona befahl. Das gelang, doch der «Ausflug» kostete ihn siebenhundert Tote und Verletzte. Das Bataillon von Flüe kam dabei praktisch ungeschoren davon.

Inzwischen war die Nachricht von der verheerenden Niederlage bei der Schlacht von Baylen in Barcelona eingetroffen. Und sie verbreitete sich rasch auch in ganz Europa, wo man aufzuatmen begann, da Napoleon sich doch nicht als so unbesiegbar erwies, wie er sich gerne darstellte, auf weissem Pferd mit ausgestrecktem Arm, der mit dem Zeigefinger befahl, wo es langging. Nun hielt es auch sein Bruder «Pepe botella» nicht mehr in Madrid aus, das von Aufständischen praktisch eingeschlossen war. Am 31. Juli verliess er fluchtartig die spanische Hauptstadt. Am 1. August marschierte unter dem Jubel der Bevölkerung ein Schweizer Bataillon ab. Sofort stiessen die spanischen Truppen nach. Der Rückzug der Franzosen in Richtung Bayonne wurde zu einer fürchterlichen Marter. Im strömenden Regen schleppten sich die Kolonnen unter Zurücklassung der schweren Waffen durch das Auf und Ab des schwierigen Geländes, in dem sich die Aufständischen hervorragend auskannten. Die Kräfte verliessen immer mehr verdreckte Soldaten, die kaum mehr etwas zu essen hatten und die in ihren Lumpen zurückbleiben mussten. Sie wurden gnadenlos ermordet und wenn sie Pech hatten, vorher noch gefoltert.

*****

Die Zitadelle hatte einen ziemlich langen Ausläufer gegen das Meer hin, der in einem kleinen Vorwerk endete, von wo aus man feindliche Schiffe, die sich zu nahe an die Stadt heranwagten, beschiessen konnte. In einer Stimmung voll Trauer lehnte dort Joseph Ignaz von Flüe auf die Umfassungsmauer und blickte auf das Meer hinaus, das ihn mit seiner Unendlichkeit und Gleichgültigkeit beinahe erdrückte. Wenige helle Flecken waren dort zu sehen, wo sich Sonnenstrahlen durch die grauen Wolken hindurchbohren konnten. Unten schlugen dunkelgrüne Wellen dumpf an die Mauer und liessen weisslichen Schaum zurück. Darüber spielten Möwen schreiend mit dem Wind, immer auf der Suche nach etwas Essbarem, das sie sich keifend streitig machten. Auf der Hafenmole flickte ein Fischer träge an seinem Netz.

Nein, dieser Dienst war zum Verzweifeln. Kein Triumph, kein Sieg, nur Niederlagen und getötete Kameraden, oder solche, die mit Arm- und Beinstümpfen ein Leben mit Bettelei verbringen mussten. Und Barcelona, dieses feindselige Wespennest, galt einmal als eine der schönsten Städte der ganzen Welt. Aber Frieden kannte es nicht, seit Jahrhunderten nicht. Joseph Ignaz fuhr sich mit der Hand über die Augen. Ihm leuchtete der still dahinplätschernde Sarnersee auf. Ein sanfter Wind raschelte im Schilf. Dahinter die grünen Hügel ob Sarnen und zur Schwendi hin … die Sachsler Kirche … das Haus Obkirchen … Mutter … Vater … Anneli, ach Anneli! So wie er sie kannte, würde sie nun jeden Tag für ihn beten. Verdammt! Ein Zittern umschnürte seinen Hals. Anneli … wie wäre wohl sein Leben geworden, wenn er allem schnöden Ruhm und Tand entsagt und sich mit ihr auf ein Heimetli zurückgezogen hätte! Liebe wäre eben schon etwas Besseres und Grösseres, als mit schlaffem Magen und von Feinden umzingelt in einem fremden Land zu vegetieren. Joseph Ignaz konnte sich der Tränen nicht erwehren, die über sein sonnengegerbtes Gesicht ihre Bahn suchten. Und Briefe … ja, die gab's auch nicht mehr so wie früher. Joseph Ignaz wäre aber nicht der Major von Flüe gewesen, wenn er nicht in hilflosem Zorn mit der Faust auf die Brüstung gehauen und sich eingehämmert hätte, dass er es denen schon noch zeigen werde. Wobei «denen» unbestimmt blieb. Höhnisch schlug das Meer seine Wellen an die Mauer und dunkle Wolken entleerten sich teilnahmslos in der Ferne. Aber das Abbild von Anneli wollte er noch einmal sehen … das von der Prozession. Oder war es mehr als nur ein Abbild?

*****

Joseph Ignaz wusste bald, woher die Nonnen kamen, die beim Hauptportal der Kathedrale gestanden hatten. Das Kloster Pedralbas lag etwas ausserhalb der Stadtmauer. Mit dem Vorschlag, dort einmal nachzusehen, welche Vorräte dieses Kloster verstecken mochte, war General Duhesme einverstanden.

Die Pförtnerin erschrak, als sie durch das vergitterte Fensterlein beim Eingang den Offizier und hinter ihm dessen lüsterne Begleitung erblickte. Sie werde sofort der

Äbtissin Bescheid sagen. Sprach's und sperrte den Ausguck rasch wieder zu. Nach geraumer Zeit wurde Major von Flüe in ein Empfangszimmer geladen, allerdings ohne seine murrenden Kumpane, die draussen zu warten hatten. Dort begrüsste ihn die kleine Äbtissin.

«Ich bin Schwester Francesca. Was kann ich für Sie tun, mein Herr?»

Von Flüe überragte die kleine, zierliche Frau um über einen Kopf.

«Bitte versammeln Sie alle ihre Schwestern im Kreuzgang.»

Sie erschrak.

«Was haben Sie vor? Bitte bedenken Sie, was wir schon alles erlitten haben.»

«Tun Sie, was ich sage.»

«Bitte ... Wir werden für Sie beten. Sie haben doch ein Herz ...»

Sie wollte vor ihm hinknien, doch er hob sie am Arm wieder hoch.

«Sie haben nichts zu fürchten. Machen Sie schon.»

Sie liess ihn seufzend stehen, liess die Türe offen. Nach einiger Zeit hörte er das Schleifen ihres Gewandes auf dem Steinboden näherkommen.

«Kommen Sie.»

Er folgte ihr in den Kreuzgang. Dort standen sie eng in einer Ecke. Ihre Gesichter waren unter der ausladenden Haube kaum zu sehen. Von Flüe trat näher.

«Blicken Sie zu mir hin.»

«Bitte, Herr Offizier, bitte.»

Die Äbtissin kniete neben ihm hin und versuchte, seine Hand zu halten.

Ja, dort. Das war sie. Anneli? Er winkte sie zu sich. Als sie vor ihm stand, senkte sie wieder den Blick.

«Wie heisst du?»

Für sie antwortete mit zitternder Stimme die Äbtissin Francesca:

«Angelica, Schwester Angelica. Bitte lassen Sie die anderen gehen. Bitte!»

Der Major hob Schwester Angelica das Kinn, damit er ihr volles Gesicht sehen konnte. Ja, das waren ihre Augen. Auch ihre sanften Lippen. Aber die Nase ... ein solcher Haken. Wie ein Geier. Und ein Muttermal unter dem Kinn. Nein, nein! Kein Anneli. Von Flüe war enttäuscht, aber auch zutiefst beschämt. Er hätte sich ohrfeigen können. Er drehte sich um und verliess das Kloster, in dessen Gemäuer nun bald ein Tedeum gesungen wurde.

Auf dem Rückweg hänselten ihn seine Füsiliere.

«War's schön? ... Wie hiess die Auserwählte? ... War sie hübsch, so ohne …? Und wir? An uns hat der Herr Major nicht gedacht. Wir müssen offenbar selber einmal die Äpfel pflücken gehen.»

14. Napoleon schlägt zurück

Wie Major von Flüe gegen Hunger, Desertion, aufständische Barcelonesen und Depressionen zu kämpfen hatte. Wie ihm der Kriegsgefangenschaft entflohene Schweizer über ihre Leidenszeit berichteten. Wie er denunziert und des Kommandos enthoben wurde.

Barcelona zu halten oder zu verlieren, hing von der Beherrschung des Umgeländes ab, in dem sich die Miquelets tummelten wie Fische im Wasser. Absolut lebenswichtig für die Versorgung und die Kommunikation war vor allem die Landverbindung mit Frankreich. Und da stand Gerona immer noch wie eine Sperrmauer im Weg, seit die erste Belagerung anfangs Juni kläglich gescheitert war. Es wurde immer schwieriger, Barcelona zu versorgen. Auch die gelegentlichen Beutezüge in die Umgebung konnten nicht mehr durchgeführt werden. Die ausgesandten Streiftrupps wurden mit blutigen Köpfen wieder in die Stadtmauern zurückgejagt. Hunger drohte. In seiner Verzweiflung war General Duhesme am 24. Juli 1808 mit dem Gros seiner Truppen erneut nach Gerona gezogen. Alles oder nichts! Zurück blieben nur noch dreieinhalbtausend Schweizer und Italiener unter dem Kommando von General Lecchi.

Major von Flüe hatte eben alle Postierungen inspiziert. Sein Bataillon war nun für die Verteidigung des Forts Montjuïc, des «Juden-Bergs», verantwortlich. Wenn diese

Bastion fiele, wäre Barcelona verloren. Aber Montjuïc war stark. Zweihundertdreizehn Meter über Meer, gegen das Meer steil abfallend, zum Land hin steile Flanken, die mit Gräben gesichert waren. Die Festung war bestens mit geräumigen Kantonnementen und Magazinen für Nahrung und Munition ausgestattet. Doch was nützte es, wenn fast keine Lebensmittel mehr die Katakomben füllten?

Von Flüe stand schon am ersten Tag seiner Verantwortung für dieses Fort auf dem hohen, runden Turm im Inneren der Festung. Von hier hatte er eine ausgezeichnete Sicht auf die Stadt, den Hafen und die Ebene gegen Tarragona hin. Ja, hier war er mit seinem Bataillon unverwundbar. Sollten sie kommen, diese frechen Freischärler der Spanier! Allerdings trieb den Bataillonskommandanten die Sorge um, dass sein Mannschaftsbestand wegen Desertionen am Schwinden war. Immer diese unmotivierten Ausländer, die man ihm zugewiesen hatte! Bei den Schweizern gab es im Allgemeinen weniger Probleme, aber zu den Freiburgern fand er einfach keinen guten Kontakt. Bei ihnen schlug immer wieder die Schweizerkrankheit, das Heimweh, durch, die sie allzu oft mit dem Lied «Ranz des vaches» und seinem wehmütigen Ruf «Lioba» befeuerten. Er musste ihnen dieses Singen verbieten! Die saftigen Alpweiden im Greyerzerland passten einfach nicht zum windgepeitschten Meer. Basta!

«Wann endlich erhalten wir wieder genügend zu essen, Bürger Major?»

Major von Flüe versuchte den wütenden Grenadier zu beschwichtigen. «Wir alle müssen hungern. Sobald wir jedoch die Rebellen besiegt haben, werden wir uns die Bäuche wieder vollschlagen können.»

«Zuerst die Offiziere ... wie immer!»

«Ich verbitte mir diese Frechheit. Die Offiziere erhalten dieselben Rationen wie alle Soldaten. Und jetzt verschwinden Sie oder ich lasse Sie in Arrest setzen!»

Von Flüe wusste sehr wohl, dass die Versorgungslage in ganz Barcelona katastrophal war. Man nahm der Bevölkerung weg, was man bei ihr fand oder bei Razzien erwischte. Dazu gehörten auch Ratten, Federvieh und das, was sie in dunkler Nacht heimlich aus dem Meer zu fischen vermochten. Selbst so konnte man der Truppe nur noch eine Mahlzeit pro Tag austeilen. Zudem konnte jederzeit in der Stadt der Aufstand losbrechen.

Major von Flüe wurde noch von einem anderen Ärger zerfressen. Die Desertionen hatten derart zugenommen, dass die Armeeführung seinem Bataillon nicht mehr vertraute. Es wurde nicht nur vom Montjuïc herunterzitiert, sondern nur noch zu niederem Dienst in der Stadt verwendet, was vor allem den Offizieren tüchtig an ihr Ehrgefühl ging. Putzen, Waren schleppen und den Dreck einer Stadt entsorgen, waren eben keine Tätigkeiten, die ein Heldengefühl vermittelten.

*****

Natürlich liess sich Napoleon die bitteren Niederlagen in Spanien nicht gefallen. Besonders die verlorene Schlacht der Franzosen gegen eine vom Schweizer General von Reding angeführte spanische Armee bei Baylen schmerzte wie Salz in einer offenen Wunde. Das war unerhört! Von Deutschland holte Bonaparte nun seine besten Regimenter für einen Grossangriff auf Spanien herbei. Mit dem 6. Armeekorps unter Marschall Ney traf auch dessen Generalstabschef, der Schweizer Henri Jomini aus Payerne, an der spanischen Grenze ein. Am 4. November 1808 überschritt Napoleon die Grenze, mit ihm drei Schweizer Bataillone. Erstes Ziel war die Stadt Burgos. Hier zahlte man es den Spaniern blutig heim, die vorher unzählige Verwundete und Kranke der Franzosen massakriert hatten. In einer buchstäblichen Orgie zogen die Eroberer plündernd, zerstörend, raubend und schändend durch die Stadt. Betrunkene Soldaten machten sich einen Spass daraus, die unzähligen Glocken von Kirchen und Klöstern am Strick zu ziehen. Während die Nacht von brennenden Häusern erhellt wurde, rückten weitere Regimenter mit Trommelschlag und Musik in die Stadt ein und beteiligten sich an den Gräueltaten.

Am 12. November zogen die Schweizer in einer eindrücklichen Prozession bei Nachteinbruch weiter. Um besser sehen zu können, hatten sie auf ihre Gewehrläufe brennende Kerzen aufgepfropft. Mit der Gemütlichkeit war es aber nun für längere Zeit vorbei. Sie mussten sich bei miserabler Verpflegung und in durchnässter Kleidung durch Schnee und über steile Berge kämpfen. Manchmal mussten sich Schweizer Infanteristen vollständig entkleiden, um eiskalte Bäche zu überwinden. Erholung gab es für sie erst, als sie anfangs Dezember in Leon eintrafen, wo sie drei Wochen lang in einem prächtigen Kloster bei bester Verpflegung untergebracht waren.

Es gelang Napoleon, die Engländer immer weiter nach Galizien zu treiben, wo er sie in einer alles entscheidenden Schlacht vernichten wollte. Doch wussten sich diese in Coruna auf Schiffen dem Angriff zu entziehen. Das ärgerte zwar Napoleon nicht wenig, aber immerhin hatte er den vorwitzigen Engländern eine Lektion erteilt. Da er nun aber den östlichen Teil seines Imperiums bedroht sah, galoppierte er wieder zurück nach Frankreich und zog grössere Truppenteile aus Spanien ab. Die Schweizer Bataillone beliess er in Santiago, wo sie sich von den Strapazen erholen konnten. Katalonien jedoch wollte Napoleon auf jeden Fall in seiner Hand behalten. Er ernannte deshalb General Gouvion St. Cyr zum Oberkommandierenden und unterstellte ihm neue, aus Italien herangeführte Truppen. Seine eindringliche Weisung lautete: *Sie müssen alle Anstrengungen unternehmen, mir Barcelona zu behaupten, denn würde ich diesen Platz verlieren, könnte ich ihn nicht mit 80'000 Mann wiedergewinnen.*

Mit dem, was St. Cyr in Perpignan, dem Ausgangsort seines Feldzuges, antraf, würde er allerdings keinen

Krieg gewinnen können. Die Stadt sei voll von Verwundeten, Kranken und zum Kriegsdienst Unfähigen gewesen, darunter auch das Walliser Bataillon, das sich in einem erbärmlichen Zustand befunden habe. So hielt es General St. Cyr in seinem Tagebuch fest: *Diese Leute waren von allem so sehr entblösst, dass das Auge bei ihrem Anblick zurückschauderte. Um sie dem öffentlichen Mitleid zu entziehen, wurden sie einstweilen in die von den Hauptstrassen entfernten Orte verlegt.*

*****

Anfangs Dezember 1808 überschritt General St. Cyr mit vierundzwanzigtausend Mann die Grenze zu Spanien und zwang bereits am 6. Dezember die Küstenfestung Rosas zur Kapitulation. Angesichts der Bedrohung durch das französische Korps boten nun die Spanier alle verfügbaren Kräfte gegen St. Cyr auf. Vor Barcelona wurden sie jedoch in die Flucht geschlagen. Da sein Pferd im Galopp tödlich getroffen wurde, musste General Reding zu Fuss flüchten.

Trotz dieses Erfolges war der Vorstoss der Franzosen nach der katalonischen Hauptstadt weiterhin kein Honiglecken. Die frierende Truppe ächzte unter dem schweren Gepäck. Damit die Artillerie und die Fuhrwerke durchziehen konnten, musste man mancherorts die abgerutschten und verschlammten Wege auf höchst mühsame Weise ausbessern. Dennoch stürzten viele in die Abgründe.

Am 17. Dezember 1808 zog St. Cyr endlich in Barcelona ein und macht sich sofort daran, die Truppen und die Versorgung neu zu organisieren. Das war auch bitter notwendig, denn die Verhältnisse waren erbärmlich. Gegen dreitausend Verletzte und Kranke hatte das Korps von General St. Cyr in die Stadt mitgeschleppt. Dabei waren die Lazarette schon von Kranken des Generals Duhesme voll. Der letzte Rest an Pferden, die nicht abgestürzt oder verhungert waren, wurde nun geschlachtet.

*****

Das Bataillon von Flüe wurde nach den vielen Desertionen und Verlusten wieder aufgefüllt, besass nun 857 Mann und konnte wieder an Kämpfen teilnehmen. Die Gelegenheit dazu kam schnell. Am 21. Dezember nahm es nach eiskalter Nacht vor Tarragona siegreich an einem Gefecht gegen die aufständischen Spanier – und mit ihnen Schweizer Söldner! – teil, die ihre Gewehre und Tornister wegwarfen und sich hinter die sicheren Mauern von Tarragona flüchteten.

Das Haus des besiegten Generals Vives in Tarragona wurde von wütendem Volk belagert. «Verräter!» – «Nichtsnutz!» – «Flasche!» – «Botella!»

Gerade noch rechtzeitig traf General Reding ein, musste sich aber mit den Fäusten zum schon blutenden Gefangenen durchkämpfen, der wohl ohne seine Intervention in den nächsten Minuten gelyncht worden wäre. Die spanische Junta reagierte sofort. Vives wurde abgesetzt und Theodor Reding zum Oberbefehlshaber aller spanischen Truppen in Katalonien ernannt. Nun hatten die Franzosen und mit ihnen Major von Flüe einen besonders schlauen und tapferen Gegner.

*****

Nach dem kalten Regen hatte es an diesem Abend aufgeklart. Die dunklen Wolken liessen immer mehr Lücken offen, durch die Sterne schimmerten, die da und dort für einen kleinen Augenblick sogar einen zittrigen Widerschein auf das unruhige Meer warfen. Ein eisiger Luftzug zupfte am Schal, den sich Major von Flüe um den Hals gewickelt hatte. Er sass auf dem kleinen Balkon des ihm zugewiesenen Zimmers im dritten Stock eines Hauses am Hafen, das als Offiziersquartier beschlagnahmt worden war. Immer wieder bimmelten und bammelten die Kirchenglocken über die eisglänzenden Dächer von Barcelona, denn es war Heiligabend. Überall fanden prunkvolle Gottesdienste statt. Wohl auch im heimatlichen Sachseln in der kerzenbeleuchteten Pfarrkirche, wo sich der Weihrauch mit dem nebligen Atem der in dicke Mäntel gehüllten Gläubigen mischen würde. Vorne die Krippe, dann die Kinder, rechts die Männer, links die Frauen.

War Anneli auch wieder einmal zuhause? Wie sah sie wohl aus im Habitus einer ewigen Nonne? Würde sie auch an ihn denken? Oh, du fröhliche. Und die Familie? Er hatte schon monatelang keinen Brief mehr erhalten und der letzte war, abgesehen vom Bericht über einen gewitterhaften Sommer, eine Wiederholung von früheren. Stille Nacht. Ja, hier in Barcelona war sie still. Die Kneipen hatten geschlossen. Kaum jemand schlich durch die Gassen, doch die Kirchen waren gedrängt voll. Ignaz von Flüe stand auf, richtete seine Uniform her und machte sich für den befohlenen Kontrollgang bereit. Eine Gruppe von Grenadieren begleitete ihn, die ihr Gewehr mit aufgepflanztem Bajonett über der rechten Schulter trugen. Kein Mensch war auf den Plätzen und in den Gassen zu sehen. Doch um das Portal der Kathedrale drängten sich die Gläubigen, die drinnen nicht mehr Platz gefunden hatten. Gerade als die Patrouille des Majors von Flüe in langsamem Gleichschritt vorbeilief, perlte ein melancholischer Gesang heraus, der einige Augenblicke später vom dröhnenden Klang der grossen Glocke begleitet wurde: «Noche de paz, noche de amor.» Der Platz vor der Kathedrale war leer. Auf ihm fand, trotz des kargen Angebotes an Lebensmitteln, jedes Jahr der Weihnachtsmarkt Fira de Santa Lucia statt. General St. Cyr hatte vor einer Woche befohlen, den Platz zu räumen, denn bei seiner Inspektion war ihm überall in den Marktständen eine Puppe aufgefallen, die den Passanten den nackten Hintern entgegenstreckte. Das sei der traditionelle Coganer, hatte man dem General belustigt gesagt. Als er dann gewahr wurde, dass dieser Coganer das Gesicht Napoleons trug, war für ihn der Spass vorbei.

In den Quartieren der Truppe war es an diesem Heiligabend meist ruhig. Da und dort wurde gesungen. Bei den gefühlsduseligen Italienern: «Astro del ciel, Pargol divin ...» In einem anderen Kantonnement: «Nuit de paix, Sainte nuit.» Und bei den Schweizern seines Bataillons? Natürlich «Lioba, lioba». Immer dieses verdammte «Lioba»! Ach, diese heimwehkranken Freiburger!

*****

Der Übergang in das Jahr 1809 war in den spanischen Städten erneut von vielen Festen mit und ohne Prozessionen begleitet. General St. Cyr hatte dank seiner Siege etwas mehr Bewegungsfreiheit und sandte von Barcelona andauernd Bataillone und Regimenter aus, um Proviant aufzuspüren. Sein Gegner, General Reding, jedoch war sich bewusst, dass der Stadt Tarragona nun grösste Gefahr drohte. Am 26. Februar gingen die beiden aufeinander los. Nach wechselndem Schlachtenglück mussten sich General Reding und die mit ihm kämpfenden Schweizer geschlagen geben. Reding selber hatte sich unter Lebensgefahr in die Kämpfe gemischt, wurde durch Säbelhiebe schwer verwundet und konnte sich erst in der folgenden Nacht auf Umwegen nach Tarragona retten.

Ende April 1809 erhielt General St. Cyr die Meldung, dass General Reding am 23. April an Wundfieber gestorben sei. Sofort nahm St. Cyr den Hut ab. Die Nachricht betrübte ihn, denn er hatte in seinem Gegner einen vornehm gesinnten Menschen gefunden. Miteinander waren sie vor einiger Zeit gar übereingekommen, alle Militärspitäler unter gegenseitigen Schutz zu stellen. In seinem Tagebuch hielt er fest: *Man muss gegen den General Reding gerecht sein; er hat sich stets ebenso menschlich als tapfer erwiesen; seine erhabene Seele hat sich niemals auch nur einen einzigen Augenblick verleugnet; glücklich oder unglücklich, hat er die in seine Hände gefallenen Opfer immer mit dem dem Unglück schuldigen Respekt behandelt.*

Nachdem General St. Cyr den Spaniern mehrere empfindliche Niederlagen bereitet hatte, wollte er nun endgültig die Stadt Gerona einnehmen, um dieses lästige Geschwür auf der Verbindungsachse nach Frankreich wegzuschneiden. Am 6. Mai tauchte er mit sechzehntausend Mann, darunter mehrere Tausend Norddeutsche, vor der Stadt auf und begann gleich mit der Belagerung. Ein Honiglecken war es auch diesmal nicht. Die Stadt hatte einen ausgezeichneten Kommandanten: General Alvarez, der bei der Einnahme von Barcelona 1808 die Festung Montjuïc gehalten und sie erst auf Befehl des spanischen Königs unter Protest den Franzosen übergeben hatte. Die ganze Bevölkerung wehrte sich mit dem Mut der Verzweiflung; Handwerker, Mönche und andere Geistliche feuerten neben den Soldaten auf die Angreifer.

Es gab sogar eine «Sankt-Barbara-Kompagnie» aus zweihundert jungen und «männlich-muthigen» Frauen. Um grösstmögliche Unterstützung zu erhalten, ernannte die Junta von Gerona auch Sankt Naciss, den Schutzheiligen, zum Generalissimus der Armee, wofür man ihm Schärpe, Degen und Kommandostab auf den Sarg legte. Derart grimmig verteidigt, zog sich die Belagerung über die nächsten Wochen und Monate hin.

Das Bataillon von Flüe blieb in dieser Zeit in Barcelona, hatte von Zeit zu Zeit Streifzüge zur Nahrungssuche zu unternehmen, was bei den Einheimischen nicht gut ankam, denn sie hatten selber wenig zu essen. Sodann hatte er immer wieder einzelne Kompagnien für einige Wochen abzugeben, um eine Ortschaft zu verteidigen, einen Pass zu sichern, Wege zu öffnen, einen Wald von Miquelets zu säubern und anderes mehr. Für Major von Flüe und seine Offiziere war das keine spannende Zeit, umso mehr als sich die Bevölkerung immer respektloser verhielt. Schlägereien mit Einheimischen kamen beinahe jeden Tag vor, besonders wenn diese ihre Mädchen und Frauen in Gefahr sahen. Zum Glück gab ihnen die Zitadelle, die sie wieder als Quartier zugewiesen erhalten hatten, Schutz.

Eine Nacht war den Besatzern von Barcelona besonders gnädig, denn unter ihrem Schutz konnten einige französische Schiffe die sorglos gewordene Blockade der Engländer durchbrechen und einige Ladungen Getreide zuführen. In der folgenden Nacht ruderten die Schiffe wieder hinaus, beladen mit Geld, Gold und anderen Kostbarkeiten, die man den Einwohnern weggenommen hatte, was deren Zorn zur Weissglut steigerte.

In einer der nächsten Nächte wurde Major von Flüe aufgeregt von seiner Ordonnanz geweckt.

«Hören Sie nicht? Es brennt, es brennt!»

Immer mehr Glocken läuteten Sturm.

Plötzlich hörte man Schreie und Schüsse. Aus der Altstadt heraus wurde auf die Soldaten geschossen. Wilde Gruppen zogen durch die Strassen und riefen: «Per Fernando septimo, vener o morir.» Das bedeutete Aufstand! Das Bataillon von Flüe konnte sich mit einigen Verletzten in die Zitadelle zurückziehen, aber die Nacht gehörte den Rebellen. Nicht jedoch der Tag, an dem es den Besatzungstruppen gelang, den Aufruhr niederzuschlagen und einige Rädelsführer, darunter einen Mönch, festzunehmen. Sie wurden durch ein spanisch-französisches Tribunal zum Tod verurteilt und anschliessend öffentlich nach spanischer Art hingerichtet, das heisst mit Keulen totgeschlagen.

*****

Am 26. August 1809 landete im Hafen eine Barke mit verschlissenen Segeln. Ihr entstiegen einige in Lumpen gehüllte Gestalten, die sich gegenseitig stützten, damit sie beim Betreten von festem Boden nicht gleich der Schwindel umwarf. Sie kämen aus Palma de Mallorca und seien Schweizer. Major von Flüe liess sie zu sich auf die Zitadelle kommen, nachdem man ihnen zu essen und zu trinken gegeben hatte. In seinen Kommandoposten wurden zwei Gespenster geführt, bis auf die Knochen abgemagert, mit verfilzten Bärten, die geröteten Augen aus knochigen Höhlen starrend, in Fetzen, die hätten Kleider sein sollen. Man hatte ihnen einen Mantel umgehängt, der jenem zu Boden rutschte, der einen Armstumpf hob, als sie eine ungelenke Achtungstellung versuchten.

«Melde Hauptmann Schumacher und Leutnant Kälin aus dem Dritten Schweizerregiment!»

Major von Flüe war aufgestanden, forderte die beiden auf, an seinem Tisch Platz zu nehmen, und wollte Wein einschenken lassen. Doch sie baten nur um Wasser. Wein vertrage ihr Magen noch nicht.

Was sie dann zu erzählen wussten, war eine haarsträubende Abenteuergeschichte. Sie hätten auf der Seite der Franzosen an der Schlacht von Baylen teilgenommen, die der Schwyzer General Theodor Reding brillant gewonnen habe. Als Kriegsgefangene der Spanier seien sie mit über achttausend Leidensgenossen, darunter um die anderthalbtausend Schweizer, auf den Weg nach Cadiz geführt worden. Die Bevölkerung habe sie beim Durchmarsch durch die Dörfer übel beschimpft und drangsaliert. Wer sich nicht mehr auf den nackten Füssen habe halten können, sei ermordet worden. Deshalb habe man auf freiem Feld campiert. Mancherorts seien die Bauern mit Rosenkränzen und Heiligenbilder angetan gewesen und struppige Mönche auf Pferden hätten sie aufgehetzt, indem sie «Für die heilige Religion! Tod dem Napoleon!» geschrien und jedem, der einen Franzosen umbringe, den Himmel versprochen hätten. In einer Nacht sei der Bataillonskommandant Christen entkräftet gestorben. Seinen Nachfolger, Oberstleutnant Freuler, habe man anderntags auf dem Weitermarsch überfallen und ausgeraubt. Einmal seien mehrere hundert Bauern auf sie losgegangen und hätte sie alle umbringen wollen. Nur einem energischen Pfarrer sei es zu verdanken, dass man von ihnen abgelassen habe. Auf Umwegen seien sie darauf nachts nach Cadiz geführt worden.

Von Flüe schauderte. Mehrmals schüttelte er den Kopf, liess die beiden ruhig einen Schluck Wasser trinken, sobald ihre Stimme zu krächzen begann.

«Was hatten sie mit Euch in Cadiz vor?»

Hauptmann Schumacher strich sich über sein Gesicht.

«Es war die Hölle. Als Gefängnis hat man im Hafen alte Schiffe verwendet, auf denen man mehrere Tausend

Gefangene eingepfercht hat. Diese Pontons waren nichts anderes als Massengräber. Abfälle als Verpflegung. Tote einfach ins Meer hinausgeworfen. Jeden Morgen erschien eine Totenbarke, die die Leichen auffischte. Durst, Hunger, Typhus, Seekrankheit ... Die Hölle. Wer wollte da noch überleben?»

Leutnant Kälin, dem – wie er später erzählte – in der Schlacht von Baylen eine Hand abgeschossen worden war, nahm nach einigen Momenten des Schweigens den Bericht ihrer Leiden wieder auf. Ende April sei man mit vierhundert Offizieren zur völlig unbewohnten Insel Cabrera gesegelt. Dort seien in den nächsten Tagen mehrere Tausend gefangene Soldaten abgeladen und mit ihrem Ungeziefer mehr oder weniger ihrem Schicksal überlassen worden. Verpflegung habe es nur sehr spärliche gegeben.

«Ich glaube, man wollte uns dort verrecken lassen. Für uns Offiziere hatte es zwar Zelte, in denen wir uns vor der stechenden Sonne schützen konnten. Mehrere Dutzend Dragoner hausten in einer Höhle. Sie besassen nur noch drei Kleider, die sie am Eingang aufhängten und die nur diejenigen anziehen durften, die Verpflegung holten.»

Als dann weitere Gefangene angelandet worden seien, habe man die Offiziere nach Palma de Mallorca verfrachtet. Dort habe man ein besseres Vegetieren erhofft, da

Oberst Nazare Reding, der Bruder des Siegers von Baylen, dort Gouverneur sei.

«Aber viel konnte er nicht ausrichten, denn die Spanier waren derart gegen uns aufgeputscht, dass es immer wieder zu Mord und Totschlag kam. Wir beschlossen zu fliehen. Als wir eine Barke im Hafen erblickten, die Wasser transportierte, setzten wir uns ab …»

«Wo sind Ihre Kameraden, die auf dem Schiff waren?»

«Sie sind in Ihrem Lazarett.»

«Gut so! Ich sorge dafür, dass Sie alles erhalten, was Sie benötigen. Haben Sie noch einen Wunsch?»

Hauptmann Schumacher drückte sich auf dem Stuhl etwas hin und her und sagte dann:

«Ja, Herr Major. Wir möchten so schnell als möglich wieder nach Hause und vielleicht kann man ja dorthin melden, dass wir noch leben.»

*****

Im Herbst des Jahres 1809 bestand die Hauptaufgabe des Bataillons von Flüe darin, Vorräte für den kommenden Winter zu sichern. Die Ernte war miserabel gewesen und bereits begann der Hunger erneut, Einwohner und

Besatzer zu strangulieren. Gras und Kräuter wurden gekocht, der Bast von Weinreben als Tabak geraucht und jedes Tierchen, dessen man habhaft werden konnte, getötet und gierig verzehrt. Die Streifzüge im Umfeld von Barcelona gingen nie ohne heftige Scharmützel mit den Miquelets ab, denn auch die Landbevölkerung litt Hunger und fürchtete noch schlimmere Monate, besonders wenn man ihr die Vorräte stahl. Auch in der Stadt wuchs die Wut über die Besatzungstruppen. Besonders mutige Burschen gingen ihrerseits auf Beutezüge in den Quartieren und Lagern der Franzosen, Schweizer und Italiener aus. Was sie fanden, verschwand sofort auf Nimmerwiedersehen in finsteren Kellergewölben. Aber es kostete auch einige dieser Diebe das Leben. Immer wieder baumelte einer zur Abschreckung an einem Laternenpfahl. Im Gegenzug versuchte man Franzosen oder Elsässer Juden, die sich als Marketender in der Stadt eingefunden hatten, zu fangen und verschwinden zu lassen.

*****

Am 11. Dezember konnte Gerona nach sieben Monaten Belagerung endlich erobert werden. General St. Cyr hielt in seinem Tagebuch fest: *Das Geläute der Glocken, das Gestöhn der Sterbenden, das Zerplatzen der Granaten, alles vereinigt sich, um die Furchtbarkeit dieses für die Stadt so denkwürdigen Tag zu vermehren.* Gerona war keine Stadt mehr, nur noch ein Trümmerhaufen. Unter Zurücklassung einer Garnison zog sich das Gros der französischen Truppen mühsam durch winterliche Verhältnisse und Überfälle wieder nach Barcelona zurück. General St. Cyr, dem Napoleon schon seine Absetzung mitgeteilt hatte, ritt nach Frankreich zurück, was den Kaiser so erboste, dass er ihn bei seiner Rückkehr sofort unter Hausarrest setzte.

Sein Nachfolger, General Augereau, wurde gleich nach seiner Ankunft in Barcelona zum Gouverneur bestellt.

«Herr General, im Namen der ganzen Bevölkerung protestiere ich gegen die Ausplünderung unserer Lebensmittelvorräte. Unsere Leute haben beinahe nichts mehr zu essen. Sehen Sie das denn nicht?»

Der General, der stramm in Begleitung seines Stabes vor dem Gouverneur der Stadt stand, erwiderte kühl:

«Hatten Sie nicht lange genug Zeit gehabt, für Reserven zu sorgen? Und hat Ihre Stadt nicht auch von unserer Anwesenheit profitiert? In Bezug auf Sicherheit zum Beispiel. Ist Ihnen Gerona ein Begriff?»

Der Gouverneur schluckte leer und gab mit Zornesröte im Gesicht zurück:

«Wir haben Sie nicht gerufen, Herr General! Sie müssen wissen, dass die Stimmung in unserer Bevölkerung explosiv ist. Die Leute sind derart erbost, dass jederzeit ein Aufstand losbrechen kann. Ich kann das nicht verhindern.»

«Wenn Sie das nicht verhindern, werden wir Sie in Haft setzen und vor ein Militärtribunal bringen.»

Am selben Abend versammelte er alle Regiments- und Bataillonskommandanten in seinem Hauptquartier und erteilte Weisungen, wie man jeden Anflug von Aufstand im Keim ersticken solle. Major von Flüe hatte Glück. Anstelle der undankbaren Aufgabe, in der Stadt gegen die Bevölkerung anzutreten, wurde sein Bataillon wieder mit der Verteidigung des Forts auf dem Montjuïc beauftragt.

*****

Nebelschwaden trieben um das Fort Montjuïc, als Major von Flüe auf dem Turm stand, den er immer wieder gerne allein aufsuchte, wenn seine Stimmung am Boden lag und ihn Melancholie beinahe zerfrass. An diesem regnerischen Vorsommertag hatte ihn eine Nachricht besonders heftig geschüttelt. Sein Bruder Franz war am 13. Mai 1809 im Gefängnisspital von Cadiz gestorben. Er hatte ihn ehrlich gemocht. Franz war ein durch und durch guter Kerl gewesen, immer hilfsbereit und nie herrschsüchtig. Dafür zu sorgen, dass andere ein angenehmes Quartier und gute Verpflegung erhielten, lag ihm näher. Den unter fürchterlichen Umständen auf Pontons gefangen gehaltenen Schweizern, von denen jeden Tag zwanzig bis dreissig dahinstarben, war er als Quartiermeister-Leutnant eine hilfreiche Seele. Nun war Franz tot. Während der Blick von Joseph Ignaz über das graue, aufgewühlte Meer strich, tauchten Erinnerungen an die Kinderzeit mit Franz auf Obkirchen in ihm auf. Sonnige Erinnerungen. Sie schüttelten ihn wie im Fieber. Sein Gesicht. Sein Lachen. Wäre doch Franz zu Hause geblieben und hätte ein strammes Obwaldner Mädchen geehelicht. Der Familie hätte es besser gedient, als dass er nun im fernen Spanien elendiglich zugrundeging. Und er, Joseph Ignaz?

*****

Für die Besatzer von Barcelona war 1810 erneut ein schwieriges Jahr. Die Stadt konnte nur noch vom Meer her versorgt werden, und das auch nur noch spärlich. In der Stadt brodelte es wieder. General Augereau sprach beim Gouverneur und beim Bischof vor und drohte, bei weiteren Angriffen auf seine Truppen exemplarische Hinrichtungen anzuordnen. In der Stadt liess er Proklamationen aushängen, die jenen drakonische Strafen androhten, die die öffentliche Ordnung stören oder sich in ungeziemender Weise gegenüber der Truppe verhalten sollten. Das Papier wurde nachts überall heruntergerissen.

Im Mai hatte das Bataillon von Flüe wieder ungeliebten Dienst in der Stadt zu leisten. Major von Flüe ordnete häufige Patrouillengänge an. Was sie zurückmeldeten, war bedrohlich. Es braute sich etwas zusammen.

Am 11. Mai schlugen die Barcelonesen los. Zuerst ein wildes Glockengeläute, dann ein Sturmlauf Bewaffneter gegen die Zitadelle und gegen das Hauptquartier des Generals Augereau. Erste Tote und Verletzte bei den Garnisonstruppen. Sofort schlugen die Franzosen Alarm, nahmen vorbereitete Verteidigungsstellungen ein und machten die Kanonen feuerbereit. Heftiges Flintenfeuer peitschte über Plätze und durch die Strassen. Die Angriffe der Aufständischen blieben allmählich stecken. Die Franzosen gingen zum Gegenangriff über. Dann preschten Dragoner über die Ramblas und vertrieben alle, die sich auf der Strasse und den angrenzenden Gassen zeigten, mit wildem Dreinschlagen ihrer Säbel. Nach und nach erstarb das Feuer der Aufständischen. Nun machten sich Detachemente auf die Suche nach ihnen. Doch sie verschwanden Ratten gleich unerkannt in den verwinkelten Gassen. Bewaffnete, die von den Spürtrupps aufgetrieben wurden, wurden entweder festgenommen, meist aber auf der Stelle erschossen.

General Augereau befahl, den Gouverneur festzunehmen, doch dieser war bereits geflüchtet.

Hauptmann Müller knallte mit rotem Kopf den Degen auf den Tisch. Sein Bataillonskommandant blickte ihn erschrocken an.

«Diese Drecksarbeit mache ich nie mehr!»

Er war soeben von einer Exekution von Rebellen zurückgekommen.

«Da stehen sie an der Wand mit aufgerissenen Augen, ihre verketteten Hände in die Höhe geworfen. Die einen heulen und jammern, die anderen wünschen dir und Napoleon den Teufel in den Pelz. Du befiehlst das Detachement zum Anlegen. Du siehst, wie deine Leute zittern, wie sie versuchen, danebenzuschiessen. Du hebst den Säbel, schreist ‹Feuern!› und zuckst selber zusammen, wenn die Salve losgeht und die Körper übereinanderfallen. Schreien, Stöhnen. Das werde ich nie aus meinen Ohren putzen können. Dann befiehlst du durch den Pulverdampf ‹Bajonett auf!› und lässt die noch Lebenden zusammenstechen und besorgst im blutigen Haufen mit der Pistole den Rest. Nie mehr!»

Major von Flüe atmete tief. Der Schweiss rann ihm übers Gesicht. Er musste den Kragen öffnen.

«Beruhigen Sie sich, Hauptmann.»

«Wenn Sie mir und meinen Leuten das nochmals befehlen, dann laufe ich davon. Ich habe mich für Krieg verpflichtet, Bürger Major. Kämpfer gegen Kämpfer. Aber nicht diese Sauerei, Wehrlose niederzumachen. Verstehen Sie?»

*****

Major von Flüe hatte grösste Mühe, sein Bataillon zusammenzuhalten. Der Dienst wurde nach dem niedergeschlagenen Aufstand immer langweiliger. Die Abwechslung bestand nur noch darin, dass einzelne Kompagnien oder das ganze Bataillon einmal dahin oder dorthin verschoben wurden. Aber der Hunger und der unverhohlene Hass der Spanier blieben, auch das wenig heldenhafte Sterben durch Schüsse aus einem Hinterhalt. Und immer wieder verschwand ein unvorsichtig gewordener Füsilier in der finsteren Altstadt, entweder auf Nimmerwiedersehen oder dann nachts als gefoltertes Bündel auf eine Strasse geworfen. Wieder andere desertierten.

Die 5. Kompagnie des Bataillons von Flüe hatte am Jahresübergang 1810/11 mitzuhelfen, die Verbindungswege zu Frankreich sicherzustellen. Wenige Kilometer von der Grenze entfernt war sie Mitte Januar 1811 in Figueras angekommen. Von dort schrieb der Kompagniekommandant, Hauptmann Müller, einen Brief an den Freiburger Oberst d'Affry, der ein Regiment kommandierte und beste Beziehungen zur Schweizer Landesregierung besass, war er doch der Sohn des Landammanns. Sein Anliegen: Aufnahme in dessen Regiment. Begründung: Andauernde Schikanen. Als seine Mutter gestorben sei, habe man ihm keinen Urlaub gewährt, damit er hätte an der Beerdigung teilnehmen können. Man habe ihn bei Beförderungen übergangen, und dann dieser Bataillonskommandant von Flüe: *Er liebt die Freiburger nicht und erlaubt sich, negative Bemerkungen über sie zu machen.*

Sie seien Frömmler und Hurensöhne. Das Schlimmste, was er sich erlaubte zu behaupten, war, dass Sie, Exzellenz, ein von den Franzosen gekaufter Mann seien, der sich überhaupt nicht für uns einsetze. Ich habe ihm vor Offizieren des Regiments offen gesagt, dass er aufhören solle, solches über meine Mitbürger zu sagen. Seither redet er nicht mehr mit mir.

Das, verehrter Herr Oberst, ist meine wenig schmeichelhafte Lage in diesem Bataillon, wo ich keinen echten Kameraden habe, denn jeder schaut nur für sich. Ein Hauptmann spekuliert, ein anderer ist im Schmuggel tätig. Da kann ich mich nicht mehr wohlfühlen.

Im November 1811 wurde Major von Flüe mit anderen Offizieren des Kommandos enthoben und nach Marseille befohlen.

15. Neuer Ausmarsch gen Osten

Wie Major von Flüe mit der «Grande Armée» Napoleons nach Osten zog und sein Bataillon erste Erfahrungen mit Hunger, Krankheit und den Launen des Wetters in den unendlichen Weiten Russlands sammelte.

Die Grenadierkompagnie des Bataillons von Flüe hatte stramm Aufstellung genommen, nachdem sie am Kaiser vorbeidefiliert war. Napoleon lenkte seinen Schimmel hin zu den Schweizer Söldnern in rotem Waffenrock und weissen Hosen und bemerkte anerkennend.

«Das ist eine wirklich schöne Kompagnie.»

Ihr Kommandant, Hauptmann Füssli, wagte ergebenst feurig zu erwidern:

«Majestät, sie ist nicht nur schön, sondern auch gut. Dafür bürge ich.»

«Hat Ihre Kompagnie alles, was sie benötigt?»

«Ja, Eure Majestät. Und alle sind zufrieden.»

Der Kaiser schmunzelte und schwang sich vom Pferd. Den rechten Daumen hinter den Ledergürtel geklemmt trat er zum Kleinsten des ersten Gliedes hin und schaute ihm unter zusammengezogenen Brauen tief in die Augen. Das war seine Methode, um seinen Soldaten, die sich für ihn begeistert hinschlachten liessen, Energie und

Kampfgeist zu vermitteln. Er verstand es, ein unbegrenztes Vertrauen in seine Genialität und Fürsorglichkeit in sie zu pflanzen.

«Haben Sie zwei Paar Schuhe im Tornister?»

Unter der Bärenfellmütze hervor bellte der Grenadier: «Nein, Sire, ein Paar im Tornister und eins an den Füssen. Sie haben nahe bei zweihundert Stunden Weges gemacht und das hat sie abgenützt.»

Der Kaiser grinste, schritt gutgelaunt die Reihen ab, schwang sich wieder aufs Pferd und rief Major von Flüe zu: «Ausgezeichnet! Und nun das ganze Bataillon, Hauptmann!»

Befehle peitschten über die Place du Carrousel in Paris, die von Tausenden von Schaulustigen umsäumt war. Trommeln begannen zu wirbeln, dann fiel die Blaskapelle ein, deren Töne von den langgestreckten Fassaden mehrfach widerhallten. Unter den Musikanten blies auch Heinrich Peyer aus Luzern kräftig in seine Trompete. Seine Frau Katharina bewunderte das Schauspiel vom Rand des Platzes aus. Sie hatte sich wie viele andere im Regiment Castella als Marketenderin verpflichtet, um ihrem Heinrich stets nahe zu sein und für ihn zu sorgen. War ihr bewusst, was sie erwartete? Tausende von Frauen zogen mit ihren Männern in den Krieg. Als Cantinières mussten sie vom Regiment ein Patent erhalten, das sie berechtigte, Nahrungsmittel, Getränke und

Tabak zu verkaufen. Etwas Geld konnten sie auch verdienen, wenn sie den Männern die Kleider wuschen und flickten. Nicht wenige Frauen gebaren in solch gefährlichen Umständen Kinder, die sie dann auf den Kriegszügen mittrugen. Nach den Schlachten durchsuchten die Frauen von Soldaten das Feld nach Toten und Verwundeten. War ihr Mann verwundet, trugen sie ihn manchmal meilenweit auf ihrem Rücken, um ihn zu retten. War ihr Mann gefallen, dann blieben sie meist bei der Truppe und boten sich einem anderen Mann an. Katharina schreckten solche Schilderungen nicht. Es würde schon nicht so schlimm kommen. Fasziniert blickte sie auf das farbenfrohe Schauspiel, das sich nun zur Musik den Zuschauern bot.

In der Sonne blitzten die hoch erhobenen Säbel der Kommandeure, worauf sich die Kolonnen im Gleichmarsch über den knirschenden Kies in Bewegung setzten. Kompagnie um Kompagnie. Dann das ganze Schweizer Regiment des Obersten von Castella. Nach dem Bataillon von Flüe jenes von Major Seedorf und von Hauptmann Füssli. Ärmelaufschläge und Kragen königsblau. Ein erhebendes Spektakel, das niemand zweifeln liess, dass Napoleon mit einer solchen Truppe einmal mehr unbesiegbar sein würde.

Der Festtag hielt für die Truppe an. Am Abend wurde Major von Flüe mit seinen Offizieren auf Befehl Napoleons zu einer üppigen Tafel eingeladen. Die

Soldaten wurden von der kaiserlichen Leibgarde bewirtet und als sie in ihrem Quartier eintrafen, fand jeder ein Couvert mit einem Sondersold vor. Die Begeisterung und das Pflichtgefühl waren geweckt, was auch nötig war, denn das Regiment war erst in der vergangenen Nacht knochenmüde in Paris eingetroffen. Nicht nur das: Die Rekrutierung der Schweizer war äusserst mühsam vor sich gegangen. Man hatte Ausreden, man versteckte sich, man weigerte sich rundheraus. Nebst altgedienten und erfahrenen Soldaten waren auch ewige Nörgler und potentielle Deserteure in den Regimentern, die mühsam geschliffen werden mussten, bis sie schliesslich mit ihrem Auftreten vor dem Kaiser glänzen konnten.

Das Zweite Schweizerregiment war im Dezember 1811 in Marseille versammelt worden und hatte sich dann nach Lyon und Nevers zu verschieben, um schliesslich am 7. Januar 1812 mit klingendem Spiel und unter knatternden Fahnen in Paris einzumarschieren. Das Vierte Schweizerregiment traf auch noch aus Cherbourg in Paris ein. Das Erste Regiment war unter Führung von Oberst Ragettly noch im Sommer aus Reggio di Calabria aufgebrochen und erreichte schliesslich via Neapel, Rom, Florenz, Mailand und Genf seinen Ausgangspunkt Strassburg. Eine gewaltige Marschleistung! Das Dritte Regiment wartete in Besançon auf weitere Befehle. Nachdem man auch von anderen Truppenbewegungen in ganz Europa in Richtung Norden und Osten gehört hatte, fragte man sich, was der Kaiser im Schilde führe. Wollte er den Preussen an den Pelz? Oder war wieder einmal eine Schlacht mit dem österreichischen Kaiser fällig? Oder waren die Russen unter Zar Alexander einzuschüchtern?

Anfangs März überschritt man die braun wogenden Wasser des Rheins. Als es nun weiter Richtung Ostsee ging, wurde allen klar: Das Ziel war Russland! Und so trotteten nun um die sechshunderttausend Soldaten aus allen Ländern unter napoleonischer Herrschaft über deutschen Boden in Richtung Ostpreussen: Franzosen, Belgier, Holländer, Italiener, Schweizer, Polen, aber auch Bayern, Westfalen, spanische und portugiesische Freiwillige, dazu etwa hundertfünfzigtausend Pferde und ein unabsehbarer Tross von Fuhrwerken, auf denen Marketender ihre Ware aufgeladen hatten.

In Stettin wurden die Schweizer Regimenter während mehrerer Wochen aufgefuttert, aber auch militärisch gedrillt. Vor der Stadt wurde ein Generalmanöver abgehalten, um die Koordination im Angriff zu üben und den Soldaten beizubringen, wie sie im «pas ordinaire» mit sechzig Schritten pro Minute oder im «pas accéléré» mit hundert Schritten pro Minute zu marschieren hatten. Im Wissen um die wankelmütige Loyalität und die rebellische Natur der Soldaten wurde eiserne Disziplin befohlen. Im Bataillon von Flüe musste zweimal in der Woche rasiert werden. Jeden Dienstag und Samstag wurden die Patronentaschen kontrolliert. Wenn der Inhalt nicht mehr vollständig war, setzte es eine strenge Bestrafung ab. Montag, Dienstag und Freitag wurde kompagnieweise exerziert, am Mittwoch im Bataillonsverband und am Donnerstag war das ganze Regiment zu Übungen aufgeboten. Am Samstag verpasste Major von Flüe jeweils seinen Offizieren Theorie, die nicht nur Taktik vermittelte, sondern etwa auch Regeln, wie der Nachschub zu organisieren sei.

Nicht nur in allen Divisionen, Regimentern und Bataillonen wurden logistische Vorkehrungen für den bevorstehenden Feldzug der «Grande Armée» getroffen, sondern auf höchster Stufe wurde jedem Detail nachgegangen. Napoleon ordnete an verschiedenen Orten in der Nähe der Aufmarschachsen das Füllen von Lagerhäusern an. Auf den Flüssen in Polen wurden Lastkähne bereitgestellt, um den Nachschub zu Wasser sicherzustellen. Es wurden Sanitätsfuhrwerke ausgerüstet – eine Weltneuheit –, damit Verwundeten raschmöglichst Hilfe geleistet werden konnte. Napoleon befahl die Aufstellung von sechsundzwanzig Transport-Bataillonen, die mit sechstausend von Ochsen gezogenen Wagen den Truppen auf dem Vormarsch alles Nötige heranführen sollten. Am Ziel angelangt, waren die Ochsen zur Schlachtung und die Wagen als Brennholz vorgesehen. Es wurden zerlegte Pontons für Flussüberquerungen bereitgestellt. Ebenso gehörten Schmiede, Drucker, Schneider und Schuster zur Logistiktruppe. Mehr als fünfzig Kassenwagen hatten den

Sold der Soldaten zu transportieren. Grosse Teile des Fuhrparks beanspruchten die höheren Stäbe mit der Ausrüstung für den persönlichen Komfort der Offiziere. Napoleon war dabei allen ein «besonders herausragendes Beispiel»: Sein Tross bestand aus achtzehn Versorgungswagen, einem Garderobewagen, zwei Butlern, sechs Dienern und acht Pferdeknechten. Er selbst fuhr in einer sechsspännigen Kutsche, der in weiteren zweiundfünfzig Kutschen sein Stab folgte.

So ausgeklügelt die Planung Napoleons schien, so anfällig würde sie sein, falls der Feldzug länger dauern sollte als gedacht. Zwar versprach man sich, das Fehlende dann aus dem Land zu plündern, aber ob das reichte und ob die Bevölkerung diese Armee bereitwillig unterstützen würde, stand in den Sternen.

*****

«Was ist mit Ihnen los, Füsilier Zimmermann?», fragte Major von Flüe von seinem Pferd herunter.

«Herrgott, Sakrament! Herrgott, Sakrament!»

Der Mann hinkte. Das Regiment war Ende April von Stettin abmarschiert und in Monstermärschen ohne Halt bis nach Marienburg gepeitscht worden.

«Wann kriegen wir endlich etwas zu essen, Herr Major?»

Ja, was sollte er diesem Bündel Elend, das sich unter schwerem Tornister gebeugt dahinschleppte, antworten? Die Nachschubkolonnen konnten schon seit Tagen der Truppe nicht mehr folgen. Vielen waren die Schuhe kaputtgegangen, sodass sie barfuss marschieren mussten und sich die Füsse blutig schürften. Während der wenigen Stunden, in denen sie nachts ruhen konnten, froren sie erbärmlich, da sie ohne Stroh auf dem nackten Boden kampieren mussten. Nicht einmal für die Pferde war genug Stroh vorhanden, sodass man begann, die Strohdächer verlassener Bauernhäuser abzudecken. Das konnte allerdings auch nicht verhindern, dass immer mehr Pferde verendeten oder derart lahmten, dass sie zum Schleppen von Wagen oder Geschützen nicht mehr taugten.

«Haben Sie noch etwas Geduld, Füsilier. Der Kaiser hat für uns alle gut vorgesorgt.»

Nicht einmal für ein Hohngelächter, das ihm hinter den braunen Zahnstummeln stecken blieb, brachte der Geschundene genügend Kraft auf. Diese Schönwettergockel auf Pferden und in bequemen Kutschen sollten ihm den Buckel hinunterrutschen. In der nächsten Nacht würde er türmen, wie schon so viele, die nicht mehr an ein gutes Ende glaubten. Andere blieben einfach zurück und meldeten sich krank, wieder andere knallten sich aus

Verzweiflung eine Kugel in den Kopf. Am besten hatten es noch die Regimentsmusiker, die weite Strecken auf Wagen fahren konnten. Sie dankten es damit, dass sie kaum einem Befehl nachkamen, soffen und die Vorgesetzten beschimpften. Selbst mit zwei Erschiessungen konnte man ihre Disziplin nicht wiederherstellen. Dem Luzerner Trompeter Heinrich Peyer schaute seine einundzwanzigjährige Frau auf die Finger, damit er nicht zu stark über die Stränge schlug.

*****

Auf einer gewaltigen Ebene bei Königsberg wurden bei sengender Sonne vierzigtausend Mann in Paradeaufstellung versammelt. Trommelwirbel, Schmettern von Trompeten. Auf seinem Schimmel ritt der Kaiser mit seinem Generalstab heran. Dann folgte das übliche Defilieren.

Anschliessend befahl Napoleon die Schweizer Regiments- und Bataillonskommandanten zu sich.

«Was ist nur mit den Schweizern los? Ihre Männer, die ich hier gesehen habe, sind in Ordnung. Aber Sie haben viel zu kleine Bestände. Ich habe gehört, dass viele davonlaufen. Andere lümmeln in der Etappe herum. Wo ist da Ihre Führung, meine Herren? Ich bin mir das nicht gewohnt. Mit Ihnen soll ich in die Schlacht ziehen? Du meine Güte! Ich erwarte, dass Sie nun die Zügel anziehen und sich Ihrer Fahnen würdig erweisen. Viel Zeit haben Sie nicht mehr bis zu den ersten Kämpfen. Wegtreten!»

Wie geschlagene Hunde trabten die Kommandanten davon. Dann sah man Grüppchen von Offizieren zusammenstehen. Die Regimentskommandanten senkelten die Bataillonskommandanten, diese ihre Kompagniechefs, die darauf ihre Offiziere zusammenstauchten. Die Stimmung war auf einem Tiefpunkt. Sie hellte sich aber nach einigen Tagen Rast rasch auf, als Proviantwagen auftauchten, sodass jeder Soldat Proviant für acht Tage in den Tornister stopfen konnten. Offenbar stand nun Grosses bevor.

*****

Es war ein Spektakel, wie es Major von Flüe noch nie gesehen hatte. Und er und sein Bataillon waren dabei, waren Teil einer gewaltigen Unternehmung, die in der ganzen Weltgeschichte noch nie gesehen ward! Von überall her strömten unter heisser Sonne unendlich lange, farbige Kolonnen mit Marschmusik, Trommelschlägen und wehenden Fahnen, als ginge es zu einem Volksfest, zu drei Brücken über die sich träge dahinwälzende Memel, die nachts von geschickten Pontonieren ausserhalb von Kaunas ans russische Ufer geschlagen worden waren. Von einigen Detachementen hörte man fröhlichen Gesang und im Bataillon von Flüe wagte gar einer einen Jauchzer. Dazwischen trabte Kavallerie. Auch der schwerfällige Artillerietross bahnte sich mit Geschützen und Munitionswagen einen Weg. Von einer Anhöhe beobachtete Napoleon mit seinem Stab diesen gewaltigen Truppenaufmarsch und inspizierte immer wieder das andere Ufer mit seinem Teleskop. Jene Einheiten, die in seiner Nähe vorbeimarschierten, riefen ihrem Idol zu: «Es lebe der Kaiser!» Der grüsste gut gelaunt zurück, was den Soldaten neuen Schub verlieh. Napoleon war zufrieden, wie geschickt seine Kommandanten die Truppen vor den Brücken einfädelten und drüben angekommen das Ufer gleich wieder für die Nachrückenden frei liessen. Drei unendlich lange Kolonnen, die sich dicht aufeinanderfolgend über die Brücken bewegten. Eine gewaltige Organisationsleistung war das, die natürlich – wie alles, was gelang – ihren Ursprung im Genie Napoleons hatte.

Am Vorabend, dem 23. Juni 1812, hatte er dem russischen Zaren grossspurig den Krieg erklärt. Der Truppe liess er eine Proklamation verlesen:

Soldaten! Russland hat das ewige Bündnis, das es mit uns abgeschlossen hat, nicht eingehalten ... Russland fordert das Schicksal heraus ... Russland hat uns nur die Wahl gelassen zwischen Unehrenhaftigkeit und Krieg. Es ist keine Frage, was wir entschieden haben. Wir bringen nun den Krieg auf russischen Boden. Dieser Krieg wird für uns glorreich verlaufen und wir werden dafür sorgen, dass das arrogante Benehmen

Russlands der letzten fünfzig Jahre gegenüber Europa ein für allemal beendet sein wird.

Doch die Erwartungen Napoleons erfüllten sich nicht. Zu seinem Ärger stellten sich die Russen nicht zum Kampf, sondern zogen sich zurück. Die «Grande Armée» bekam nur sporadisch einige Husaren zu sehen, die den Vormarsch beobachteten und dann wieder davonpreschten. Napoleon befahl Eilmärsche, um die Russen einzuholen und zum Kampf zu fordern.

*****

Kaum waren über dreihunderttausend Mann, fünfundzwanzigtausend Pferde und sechshundert Kanonen auf dem russischen Ufer, begann sich das Wetter schlagartig zu verschlechtern. Wie im Zorn prasselten über mehrere Tage schauderhafte Gewitterregen auf die kaiserliche Armee nieder. Das staubige Land verwandelte sich in Sumpf und Morast. Die Pferde des Versorgungstrosses vermochten die schwerbeladenen Wagen kaum mehr aus dem Schlamm zu ziehen, mühten sich immer vergeblicher damit ab, ihre Beine aus dem Dreck zu befreien. Da half es auch wenig, dass die Männer sich ächzend in die Speichen stemmten. Achsen brachen, Wagen kippten um, Pferde verendeten entkräftet im Schlamm. Vorne wurden die völlig durchnässten Infanteristen auf der Verfolgung der unsichtbaren russischen Armee immer weiter in die Ödnis des unwirtlichen Landes getrieben und damit auch immer weiter weg von der Versorgung. In der Folge hungerten die Soldaten erneut und mit ihnen auch die Offiziere, die einer nach dem anderen zu Fuss gehen mussten, da auch ihre Pferde hungerten und viele lahmten, weil die Hufeisen abfielen und die fahrbare Schmiede weit zurückgeblieben war. Es war kein fröhlicher Feldzug mehr. Dem Gott-Kaiser huldigte kein Jauchzer mehr.

Spätabends war der Bataillonsstab von Flüe bei ein paar Bauernhäusern angekommen, hinter denen sich eine Baumgruppe schwarz vom Himmel abzeichnete, in deren Kronen sich Krähen ihr letztes Gefecht um die besten Schlafplätze lieferten. Ein schmutziger alter Mann mit verfilztem Schnurrbart kam auf von Flüe zu, gestikulierte und versuchte, in einer fremden Sprache etwas zu übermitteln. Es war unmöglich, sich mit ihm zu verständigen, aber er schien nichts dagegen zu haben, dass der Bataillonsstab sich in seinem Haus einquartierte. Wie sich zeigte, hatte er selber nichts zu essen. Vor Tagen waren russische Truppen da gewesen und hatten ihm alles Vieh, vom Pferd bis zum Huhn, weggenommen. Er war offenbar noch der einzige Mensch in dieser Siedlung. Alle anderen hatten sich wahrscheinlich irgendwo versteckt, wenn sie nicht mit den Russen mitgezogen waren. Wenigstens liess sich in einer Nische ein Feuer anzünden, Wasser wärmen und die nassen Klamotten zum Trocknen aufhängen. Kaum hatte von Flüe sein Hemd ausgezogen und über eine Holzleiste gelegt, als Hufgetrappel und Befehle Besuch ankündigten. Es war Oberst

Castella, der Regimentskommandant, dem im flackernden Feuerschein die Strapazen am unrasierten Gesicht deutlich abzulesen waren. Er war ein Offizier, der sich keinen Luxus und keine Extravaganzen erlaubte, wenn ringsum seine Soldaten beinahe krepierten. Castella setzte sich erschöpft auf einen Stuhl, bemerkte zu von Flüe, der rasch wieder seine Uniform in Ordnung stellen wollte, er solle es bleiben lassen und sich zu ihm hinsetzen. Als der spindeldürre Alte krächzend hinzutrat, wies der Oberst den Quartiermeister an, ihm etwas Zwieback zu geben, worauf dieser vor ihm niederkniete, die Hände zum Gebet faltete und lamentierend wie einem Gott dankte. Ein Füsilier stellte den beiden Kommandanten Becher mit abgekochtem Wasser auf den Tisch.

Das war nicht trivial. Um den quälenden Durst zu löschen, hatte die Truppe unsauberes Wasser aus Sümpfen und Tümpeln geschöpft, worauf viele an der Ruhr erkrankten. Oberst Castella unterrichtete Major von Flüe über die weiteren Vorstösse:

«Der Kaiser hat sich entschlossen, mit der Hauptmacht über Wilna in Richtung Smolensk zu ziehen, hofft aber, dass sich der Russe schon vorher endlich zum Kampf stellt. Eigentlich sollte man meinen, ihm dicht auf den Fersen zu sein. Wir sind dem Zweiten Korps von General Oudinot unterstellt, das über Dünaburg und Polozk die nördliche Flanke des Kaisers schützen soll.

Unser Regiment wird am Schluss der Kolonne marschieren, Ihr Bataillon an der Spitze des Regiments. Klar?»

Der Major nickte.

«Nun zur Versorgungssituation. Ich brauche Ihnen nichts zu erzählen. Sobald wir aber in wenigen Tagen in Dünaburg sein werden, haben wir alles überstanden. Was wir jetzt verhindern müssen, sind die Plünderungen und die Drangsalierungen der lokalen Bevölkerung. Dagegen müssen Sie sofort einschreiten, wenn nötig mit exemplarischer Erschiessung. Ich dulde das nicht. Die armen Leute wurden ja schon von ihren eigenen Landsleuten bestohlen. Morgen können Sie der Truppe eine Ration Zwieback aus dem Notproviant freigeben.»

Man richtete sich ein für die Nacht. Decken wurden gebracht. Wer konnte, lag um das Feuerlein herum und schlief sogleich ein. Den leeren Bauernhäusern wurden die Dächer abgedeckt und das nasse Stroh den Pferden verfüttert. Ganze Planken wurden aus den Wänden herausgerissen, um mit ihnen Lagerfeuer anzuzünden. Ausser dem Knistern des Feuers, dem Scharren von Pferden und dem Schnarchen der todmüden Soldaten hörte man bald nichts mehr. Doch die Nacht blieb nicht bis zum Ende ruhig.

Das fahle Licht des frühen Morgens durchdrang kaum den gelblichen Dunst, der sich schwer über die karge, von Seen und Tümpeln durchsetzte Landschaft gelegt hatte. Schemenhaft schleppten sich hustende Gestalten durch den Rauch der abgebrannten Bauernhäuser. Vom Alten hatte man nichts mehr gesehen, auch nicht von einigen Füsilieren. Dafür lagen aufgedunsene Pferdekadaver entlang der Marschwege.

Als das Zweite Armeekorps die Gegend um Dünaburg erreichte, hoffte man, im Städtchen Verpflegung und Futter zu finden. Aber Dünaburg lag auf dem anderen Ufer der Düna und Brücken suchte man vergeblich. Zudem hatten sich die Russen der Ortschaft bemächtigt und beschossen die anrückenden französischen Truppen. Es blieb ihnen nichts anderes übrig, als dem gewundenen Flusslauf entlang durch Auenwälder weiterzumarschieren, sporadisch belästigt durch Beschuss der Russen.

Die Zeit der Regenfälle wurde nun abgelöst durch eine gewaltige Hitzewelle, die dichte Mückenschwärme aus ihren sumpfigen Brutstätten aufsteigen liess. Der Durst liess den Männern die Zunge am Gaumen kleben. Trotz allen Warnungen tranken wieder einige aus dem Brackwasser der Sümpfe und erkrankten prompt an der Ruhr. Völlig geschwächt blieben sie nach kurzer Zeit liegen und starben qualvoll.

Je näher die französische Kolonne ihrem Ziel Polozk kam, umso lästiger wurde der Beschuss durch die Russen, die sich immer wieder dafür günstige Positionen auf dem anderen Ufer der Düna aussuchen konnten. Als General Oudinot gemeldet wurde, dass erneut einige

Dutzend Tote zu beklagen seien, platzte ihm der Kragen. An einer seichten Stelle überquerte er am 1. August mit einigen Tausend Mann die Düna, während er die Russen mit Artilleriefeuer eindeckte. Der russische General Wittgenstein zog sich vorerst zurück, lieferte dann aber den Franzosen ein derart heftiges Gefecht, dass sie sich wieder in die Stadt Polozk und deren Vorgelände zurückziehen mussten. Es folgten in den nächsten Tagen mehrere Geplänkel. Das Bataillon von Flüe wurde hinter den Linien in einem Waldstück als Reserve postiert. Trotzdem gab es auch bei ihm Verletzte durch Kanonenkugeln, die durch die Bäume schlugen.

Am frühen Morgen des 17. August griff das russische Korps unter General Wittgenstein mit vierundzwanzigtausend Mann an. Der Kampf wogte bis am Abend hin und her. Beide Seiten mussten eine beträchtliche Zahl Tote und Verletzte hinnehmen. Bei einem Rekognoszierungsritt in der Abenddämmerung erlitt General Oudinot eine schwere Verletzung der Schulter und musste das Kommando an General St. Cyr abtreten. Major von Flüe erinnerte sich seiner von Barcelona her und St. Cyr kannte die Schweizer. Als ihn sein Stab dazu drängte, nun endlich auch die kampfeslustigen Schweizer in die Schlacht zu führen, schüttelte er den Kopf: «Meine Herren! Ich kenne die Schweizer. Zum Angriff sind die Franzosen rascher, aber sollte es zum Rückzug kommen, so können wir auf die Kaltblütigkeit und den Mut der

Schweizer sicher zählen, und aus diesem Grund müssen sie mir heute noch in der Reserve verbleiben.»

Am nächsten Tag täuschten die Franzosen vorerst einen Rückzug vor und verleiteten so die Russen zu unbedachtem Nachstossen. Sie liefen in ein gewaltiges Artilleriefeuer, dem grimmige Bajonett-Angriffe folgten. Den Russen blieb nichts anderes übrig, als sich in die umliegenden Wälder zurückzuziehen. Sie liessen zweieinhalbtausend Tote und viertausend Verwundete zurück. Dazu machten die Franzosen tausendfünfhundert Gefangene. Schon wähnten die Franzosen, dass die Schlacht siegreich beendet sei, als in der Abenddämmerung eine russische Schwadron Reiter auf sie lossprengte und ein übles Blutbad anrichtete. Bei den Schweizer Regimentern liefen sie dann auf und suchten rasch das Weite, als sie die Bajonette der kompakten Reihen in der Abendsonne aufblitzen sahen. Dennoch mussten wieder Schweizer verletzt hinauf zur Sophienkathedrale getragen werden, wo sich das grosse Lazarett befand.

Major von Flüe begleitete die Gruppe, die den schwer verwundeten Adolf Sigrist aus seinem Bataillon in das Militärspital im Jesuitenkolleg hinauftrug. Er kam in den Vorhof der Hölle. Ein unausstehlicher Gestank von Notdurft, Erbrochenem und Verwesung wehte ihnen entgegen, als sie eintraten. Alle Gänge und Zimmer im Kloster waren voll von stöhnenden Verwundeten. Einer, dem eine Kanonenkugel das Bein über dem Knie weggeschmettert hatte, jammerte, dass er bald sterben müsse. Ein anderer fluchte über den Krieg, den er nicht gesucht habe. Wieder einem anderen wurde die Nahrung durch eine Röhre verabreicht, da seine Kinnlade zerschmettert war. Von Flüe fand nach einigem Suchen den Nidwaldner Doktor Major Heumann und bat ihn, gut für den Füsilier Sigrist zu sorgen, denn er kenne dessen Familie und er sei immer ein tapferer Soldat gewesen. Dann eilte Major von Flüe wieder zu seinem Bataillon, froh, wieder frische Luft atmen zu können.

Auf dem Schlachtfeld irrten im Schein des Vollmondes noch über Stunden Patrouillen beider Kriegsparteien umher, um unter den schreienden Verletzten Kameraden zu finden, die sie bergen sollten. Da und dort brannten kleine Feuerlein, an denen Russen, Franzosen und Schweizer sich einträchtig kurze Zeit aufwärmten. An einem solchen begegnete Füsilier Durrer Katharina Peyer, die im Schlamm kniend herzergreifend weinte.

«Was ist mit dir, Katharina? Dein Mann ist doch unverletzt beim Bataillon.»

Sie hielt ihm einen Brief entgegen, den sie dem neben ihr liegenden Toten aus den Händen genommen hatte. Nachdem Durrer im Schein des flackernden Feuers die Zeilen entziffert hatte, trieb es ihm selber beinahe die Tränen aus den Augen. Die Eltern und die Geliebte des Hingemetzelten baten ihn eindringlich, so rasch als möglich nach Hause zu kommen. Jeden Tag zerreisse sie beinahe der Schmerz beim Gedanken, dass er schwer zu leiden habe und dass sie ihn vielleicht nie mehr sehen würden.

«Komm, Katharina! Gehen wir zurück zu unseren Kameraden.»

*****

Im Raum Polozk waren Russen wie Franzosen nach ihren Gefechten zu erschöpft, um in den nächsten Wochen neue Angriffe unternehmen zu können. Man grub sich ein oder zimmerte behelfsmässige Unterstände. Das Bataillon von Flüe befand sich am Rand eines grossen Waldes, nicht weit von russischen Vorposten entfernt. Nebst einigen Schüssen pro Tag, die man über die in der Hitze flirrende Landschaft dem Gegner hinüberschickte, vergnügte man sich auch mit Hasenjagden, um die üble Verpflegung, die meist nur aus stinkendem Hammelfleisch bestand, aufzubessern.

Während das Armeekorps von General St. Cyr mit den Schweizer Regimentern, die mit über tausend Mann verstärkt wurden, verhinderte, dass die an sich überlegenen Truppen von General Wittgenstein der französischen Hauptarmee in die Flanke fallen konnten, schlug Napoleon am 17. August die Schlacht um

Smolensk, das weitgehend in Schutt und Asche gelegt wurde. Auf dem weiteren Vormarsch kam es am 7. September zur äusserst verlustreichen Schlacht von Borodino. Während die russische Armee über fünfzigtausend Mann liegen liess, verloren die Franzosen weniger als dreissigtausend Mann und konnten nun praktisch ungehindert auf Moskau zu vordringen, das sie am 13. September besetzten.

«Der Krieg wird nun nicht mehr lange dauern», erzählte Major von Flüe seinen Kompagniekommandanten, als er ihnen die Neuigkeiten meldete, Moskau sei nun voll im Besitz Napoleons. Allerdings hätten Saboteure die Stadt angezündet. Die russische Armee habe sich aus allen Wunden blutend weit zurückgezogen. Napoleon sei nun der unumschränkte Herrscher über ganz Europa.

«Bleiben wir hier über den Winter?», fragte einer.

«Mag sein.»

«Dann müssten wir uns aber jetzt darauf einrichten. Wo sind Winterbekleidung, Winterschuhe? Russen sieht man bereits mit Pelzmänteln. Unsere Leute murren.»

Was sollte Major von Flüe darauf antworten?

16. Russlands Winter besiegt die kaiserliche Armee

Wie der russische Winter erbarmungslos zuschlug und die napoleonische Armee zum schmählichen Rückzug zwang. Wie das Bataillon von Flüe ständig von Hunger und Kälte dezimiert wurde, sich dennoch an der Beresina heldenhaft den Russen entgegenstemmte, bis nur noch ein kleines Häuflein davonkam.

Napoleon liess sich nach langen Diskussionen von seinen Generälen überreden, Moskau zu verlassen.

Am 19. Oktober 1802 verliess der Kaiser Moskau. Obwohl grosser Mangel an Pferden herrschte, konnte man noch ein paar Tiere auftreiben und vor Wagen spannen, um die reiche Beute abzuführen. Wein, Pelze, Gemälde, Gold- und Silberwaren aus den Palästen Moskaus wurden aufgeladen. Auch Napoleon scheute sich nicht, an dieser Plünderung teilzunehmen. Er liess das goldene Kreuz auf dem Glockenturm Iwans des Grossen abmontieren, um es als Trophäe mit nach Paris zu nehmen. Viele Kranke und Verwundete liess man mangels Transportmöglichkeiten zurück, andere mussten sich zu Fuss nach Westen schleppen. Von einem geordneten Rückzug, der einer «Grossen Armee» würdig gewesen wäre, konnte keine Rede mehr sein. Ein französischer Offizier gab davon schriftlichen Bericht: *Hinter einer miserablen Artillerie und einer noch miserableren Kavallerie zog sich eine ungeordnete, bizarre*

Menschenmenge entlang. Es bewegte sich ein grosser Tross von Kutschen und Wagen; da zogen lange Kolonnen, die mit sogenannten Trophäen beladen waren; weiter marschierten bärtige russische Männer, schwer atmend unter dem Gewicht des gesammelten Beutegutes; andere trieben mit Gefangenen ganze Herden von abgemagerten Kühen und Schafen; dort fuhren auf den Wagen, mit allen möglichen Schätzen beladen, Tausende von Frauen, verletzte Soldaten und allerlei Gesindel.

Zur selben Zeit begannen die Russen mit Angriffen auf die Stellungen der Schweizer in und um Polozk. General St. Cyr gab den Schweizern angesichts der feindlichen Massen, die aus den Wäldern anrückten, und der schwachen Bestände den Befehl, sich zu den befestigten Wällen von Polozk zurückzuziehen. Sobald er sah, dass die anderen Bataillone den Befehl missachtend standhielten und sich zu einem Gegenangriff vorbereiteten, brüllte auch Major von Flüe seinen Leuten zu:

«Los, gebt es ihnen! Tambour, schlage zum Angriff!»

Von Flües Männer konnten die Russen einige hundert Meter zurückwerfen. Hauptmann Müller rannte mit der Regimentsfahne vor die Truppe: «Vorwärts, das Zweite Regiment!» In dichtem Kugelhagel brach er zusammen. Hauptmann Begos kroch nach vorne, riss das Fahnentuch unter dem Körper Müllers hervor und kroch auf den Knien mit der Fahne zum Regiment zurück. Dann griffen die Russen erneut in Massen an. Kavallerie umzingelte das Regiment und schnitt ihm den Weg zur Stadt ab. Major von Flüe schrie wie von Sinnen: «Zurück! Zurück! Herrgott, lasst euch nicht abschlachten!»

Hin und her wogte das fürchterliche Gemetzel. Als die Schweizer bei Einbruch der Dunkelheit schliesslich die Deckung der Schanzen der Stadt erreicht hatten, zogen sich die Russen – auch sie ermattet – zurück. Eineinhalbtausend lagen tot auf dem Schlachtfeld.

«Eigentlich haben wir gesiegt, aber es ist ein teuer erkaufter Sieg», resümierte Major von Flüe vor den Offizieren seines Bataillons, die er zu sich befohlen hatte. Im Umfeld hörte man das Schreien der Verwundeten beider Seiten.

«Jede Kompagnie stellt zehn Freiwillige, um unsere Verwundeten zu bergen. Treffpunkt nachts um elf Uhr vor der Sophienkathedrale.»

Gar manchen der über zweihundert Freiwilligen erschütterte es, als sie Schemen gleich im fahlen Nachtlicht, in das sich noch der dunkelrote Schimmer brennender Gebäude mischte, die jammernden und schreienden Kameraden zusammensuchten und sie vorsichtig zur Stadt hintrugen. Darunter war auch der Bataillonskommandant Hauptmann Füssli, ein guter Kamerad von Flües, der nicht mehr lange leben würde. Mit den Eidgenossen bargen auch die Russen ihre Verwundeten. Unter ihnen befanden sich auch habgierige Kosaken, die wie Aasgeier Leichen und wehrlose Verwundete plünderten.

General St. Cyr war natürlich nicht sehr begeistert, dass ihm die Schweizer grimmig den Gehorsam verweigert hatten, dennoch bemerkte er halb anerkennend:

«Es ist unmöglich, tapferer zu sein als das Erste und Zweite Schweizerregiment. Freilich haben sie etwas zu viel Bravour und Munterkeit gezeigt.»

Doch diese Bravour war in der nächsten Nacht vom 19. Oktober wieder gefragt. General St. Cyr wurde gemeldet, dass ein russisches Korps aus Riga im Anmarsch sei. Darauf entschloss er sich, Polozk aufzugeben. Eilends wurden die Verwundeten vom Jesuitenkloster auf das andere Ufer der Düna verbracht. Das Schweizer Regiment Castella musste den Übergang des Korps über die Brücke decken. Major von Flüe sah, wie die Reste des Zweiten Armeekorps an ihm vorbei über die Holzbrücke zogen, festen Schrittes die einen, humpelnd die anderen. Sein schon stark dezimiertes Bataillon durfte sich erst ganz zuletzt zurückziehen. Kurz nach zwei Uhr begann der Sturm der Russen. Es wurde ein Kampf Mann gegen Mann. Über den Köpfen sausten die russischen Kanonenkugeln in die Altstadt hinein. Die Brücke bestand bald nur noch aus ihren Balken. Major von Flüe balancierte im Kugelhagel über sie zur Altstadt hinüber, in der ein Holzhaus nach dem anderen in Brand geriet. Nach ihm stürmten die Letzten des Bataillons hinüber. Einige fielen hinunter in die kalte Düna. Als das Gerippe der Brücke krachend zusammenfiel, mussten sich die Letzten schwimmend retten. Die Zahl der kampffähigen Soldaten in allen vier Schweizer Regimentern war auf tausenddreihundert Mann geschrumpft.

Die gewonnene Schlacht feierte der russische General Wittgenstein im Jesuitenkloster mit einem angesichts der Toten frivolen Bankett, bei dem er ritterlich die tapfere Verteidigung der Schweizer rühmte. Diese boten zwar noch einige Scharmützel, zogen sich aber nun definitiv in Richtung Süden zurück. Das Bataillon Bleuler mit seinem Restbestand von zweihundert Mann hatte die undankbare Aufgabe, tausendvierhundert gefangene Russen nach Wilna zu bringen. In den Wäldern machten sich immer wieder einige davon. Um dem Einhalt zu gebieten, liess Bleuler für jeden Geflüchteten einen anderen erschiessen. Das wirkte.

Allmählich dämmerte es Major von Flüe, dass etwas anderes als Rückzug gar nicht mehr in Frage kam. Der Zustand seines Bataillons war derart miserabel geworden, dass es keiner gut geführten Attacke der Russen mehr hätte widerstehen können, und am Horizont kündeten schmutzig graue Wolken den Winter an, der bereits eine beissende Kälte in die dürftigen Tenues der Soldaten blies. Vom Armeekorps wurde Befehl zum Rückzug gegeben. Neue Hoffnung keimte auf, als aus Deutschland dreissigtausend bestens ausgerüstete und genährte Soldaten des Neunten Armeekorps aus zumeist Holländern und Polen unter Marschall Victor heranrückten, das von Napoleon den Befehl hatte, Polozk zurückzuerobern. Welchen Eindruck von Flües Leute bei diesen Neuankömmlingen erweckten, hielt ein zeitgenössischer Bericht fest: *Die Leute äusserst mager, deren Gesichter vom Feuer der Bivouaks geschwärzt, deren Kleider abgenutzt und zerrissen, denn sie hatten auf dem Boden und im Dreck schlafen müssen. Doch sind das die stärksten Leute, welche so vielen Strapazen Widerstand geleistet hatten. An ihren Blicken und ihrer Haltung war es leicht, mit dem Siege vertraute Soldaten zu erkennen.*

Dem Korps Victor ging es überraschenderweise nicht viel besser als dem Korps von General St. Cyr mit seinen Schweizern. Die zahlreich angreifenden Russen und ein einsetzender Schneesturm waren zusammen zu stark. Durch tiefen Schnee stapfte die Truppe Richtung Westen, wieder ohne Nachschub. Immer wieder fiel einer erschöpft in den Schnee. Auch Pferde knickten ein, legten sich auf die Seite und starben. Victor versuchte mehrmals, Gegenangriffe zu lancieren, um sich die nachrückenden Russen vom Leib zu halten. Stets jedoch musste er weichen. Die Russen waren zu stark. Das Bataillon von Flüe besass nur noch gut hundert Mann. Ihr Kommandant brachte selber kaum mehr die Kraft auf, seine Leute zusammenzuhalten. Zu stark war er mit sich selber beschäftigt. Vorerst gehörte er zu den Glücklichen, die noch ein Pferd besassen. Um es zu schonen, sass er bald nicht mehr auf und führte es am Halfter durch den Schnee, bis es stehenblieb und zusammensackte. Nun musste auch er zu Fuss gehen. Wenigstens hatte er noch gute Schuhe an den Füssen. Anderen fiel das Schuhwerk auseinander und einen sah er, der barfuss weiterzukommen versuchte. Kameraden halfen ihm, die Schuhe eines tot im Schnee Liegenden anzuziehen. Auch Major von Flüe war sich nicht zu schade, den Mantel eines Erfrorenen anzunehmen, den ihm ein Füsilier hinhielt. Einsetzendes Tauwetter verschlimmerte die Lage nur noch mehr, denn nun musste man sich durch eiskalten Schlamm und Morast kämpfen.

Lange hatten die beiden Korps keine Ahnung vom Desaster der Truppen Napoleons, die sich in kleine Detachemente aufgelöst in Richtung der Beresina zurückkämpften. Es gelang den Generälen Oudinot und Victor, ihre Korps mit den Resten der Schweizer Regimenter wieder zu ordnen und mit ihnen am 23. November die Russen aus der Ortschaft Berrisow an der Beresina zu vertreiben. Dort fanden sie etwas Verpflegung und Schutz vor der Unbill der Witterung. Vor allem aber fanden sie über tausend im blutgetränkten Schnee liegende Russen, die beim Sturm der französischen Korps ihr Leben verloren hatten.

Das Bataillon von Flüe wurde am Rand der Ortschaft postiert mit dem Auftrag, zu verhindern, dass russische

Truppen, vor allem die angriffslustigen Kosaken, erneut eindringen konnten. Was von Flües geschundene Leute dann zu sehen und zu hören bekamen, erschütterte sie zutiefst. Es wankte ihnen das aus der Richtung Smolensk entgegen, was von der «Grande Armée» übrig geblieben war. Eine endlose Karawane von Wagen mit Frauen, Kindern und waffenlosen Männern trieb in der Hoffnung, über die Brücke auf das andere Ufer zu gelangen, auf Barrisow zu und verstopfte dort alle Strassen. Die Brücke aber war von den Russen zerstört worden. Die Strassen füllten sich mit umgekippten Wagen, mit zerschlagenem Gepäck, mit zuckenden Pferdeleibern und schreienden Frauen, die Kinder in ihren Armen hielten. Einer hielt in seinem Tagebuch die bizarre Szenerie fest: *Die Uniformen beinahe unkenntlich, keine Schuhe, keine Waffen, verbundene Köpfe, Hände und Füsse; den Leib in Pelze gehüllt, grässlich abgemagerte Gesichter, Mohren ähnlich, alle Sorten Waffen untereinander vermischt, die Wenigen, die ihr Gewehr noch trugen, hatten dasselbe in Lumpen gewickelt.*

Jene, die das nicht taten, erlebten, wie ihnen die Haut am gefrorenen Eisen klebenblieb und sie die Hände nur lösen konnten, wenn sie ganze Fetzen Haut zurückliessen. Von Flüe lud den zerlumpten Major de Roy in seine Hütte ein, damit er sich am Feuer etwas aufwärmen konnte. Doch was war das für ein Gespenst, das ihm von den Schlachten auf dem Weg nach Moskau und vor allem vom jämmerlichen Rückzug erzählte! Die Wangen hohl, die Augen eingefallen, Blutkrusten im verfilzten Bart.

«Man hat die Munitionskarren gesprengt, um schneller vorwärtszukommen ... Kavallerie ... Ach, wenn ein Pferd liegenblieb, säbelte man ihm aus den Hinterbacken Fleisch heraus, bevor es beinhart gefror ... noch lebend Herz und Leber herausgeschnitten ... Es soll auch Kannibalismus vorgekommen sein ... Solche, die sich zu einem Feuerlein hinzusetzten, waren am Morgen tot ... Wagenführer benutzten steif gefrorene Leichen, um die Löcher im Weg auszufüllen ... Kosaken machten sich einen Spass daraus, Gefangene und Nachzügler nackt auszuziehen und lachend davonzujagen ... Wer zur Seite trat, um sich zu erleichtern, konnte die gefrorenen Knöpfe nicht mehr zuknöpfen ... Und die Frauen im Tross ... Was sie alles erdulden mussten! Von denen, die ihnen tagsüber eine Krume Brot oder sonst etwas Essbares gaben, wurden sie nachts schändlich missbraucht ... Solidarität unter Kameraden? Die gibt es nicht mehr. Jeder nur noch für sich ... Ach, es werden nicht mehr viele nach Hause kommen.»

«Und Napoleon?»

«Er fürchtet, gefangen genommen zu werden. Sein Arzt musste ihm Gift bereiten, das er – wie ich gehört habe – in einem kleinen Beutel um den Hals trägt.»

Von Flüe verschlug es die Stimme. Was sollte er dazu sagen? Was für ein Jammer! Major de Roy erhob sich und schloss sich den vermummten Gestalten an, die draussen wie in einem Karnevalsumzug vorbeizogen. Auf der Beresina trieben infolge des eingetretenen Tauwetters grosse Eisschollen polternd vorbei.

*****

Die Strapazen forderten auch bei Napoleon ihren Tribut. Er ermüdete körperlich immer schneller und zeigte zunehmend depressive Züge. Dabei hatte er es inmitten seiner Elendsarmee noch gut. Er konnte in trockene Kleider schlüpfen, hatte genug aus Porzellangeschirr zu essen und selbst bester Wein wurde ihm entkorkt. Ein Offizier ritt immer voraus, um ein gutes Nachtquartier für den Kaiser zu finden. Auch wenn dies ein halbzerstörtes Bauernhaus war, stellte man ihm dort sein eisernes Feldbett auf, rollte einen Teppich aus und richtete seine kleine Bibliothek mit Karten und Schreibzeug ein. Dass es ihm auch nicht an behaglicher Wärme fehlte, gehörte zum Stande eines Kaisers. Doch in allen seinen Kleidern krabbelten Läuse und zwickten ihn, so wie auch sein Gewissen angesichts der Leiden und des Schicksals seiner Armee ihn nicht schlafen liess.

Napoleon dämmerte es, dass ihm nur noch die Korps von Victor und Oudinot mit den Schweizer Regimentern blieben, um die Reste seiner Armee noch zu retten. In einem Anflug von Angst versuchte er ihnen durch Beförderungen und Auszeichnungen Mut zu machen. Die Obersten Castella und Ragettli erhielten das Kreuz der

Ehrenlegion. Grenadier-Hauptmann Blattmann von Oberägeri im Kanton Zug wurde zum Bataillonskommandanten ernannt. In den Schweizer Regimentern wurden insgesamt zweiunddreissig Verdienstorden verteilt, die die Ausgezeichneten an ihre zerschlissenen Uniformen oder in die Hosentaschen steckten.

Das Genie des grossen Feldherrn blitzte wieder auf, als es Napoleon gelang, die Russen durch eine List an der Nase herumzuführen. Durch Scheinmanöver und gezielte Gerüchte brachte er die Russen zur Überzeugung, dass er sich nach Süden wenden wolle, um dort einen Übergang über die Beresina zu versuchen. Umgehend zog General Tschitschagow mit seinem ganzen Korps nach Süden, um dort die Armee des Kaisers zur Schlacht zu stellen und – wie er hoffte – endgültig zu vernichten. Napoleon jedoch befahl das Armeekorps Oudinot in die andere Richtung, nämlich nach Norden, nach Studianka, wo Kundschafter eine günstige Stelle für den Übergang gemeldet hatten.

Am 25. November abends trafen dort vierhundert Sappeure ein, die zwei Feldschmieden, zwei Fuhren Kohle und sechs Wagen mit Werkzeug mit sich führten. Was fehlte, war Holz für den Brückenbau. Von Flüe sicherte mit seinem Bataillon, das eigentlich bestandesmässig nicht mehr viel mehr als eine Kompagnie war, in der Nacht vom 25. auf den 26. November den nördlichen Zugang zu Studienka. Vom Hügel herab hörte er, wie die

Sappeure die Häuser von Studianka ausweideten und Balken und Bretter zusammenzimmerten. Beim Morgengrauen sah er, wie diese holländischen und französischen Sappeure nackt im schwarz daherwogenden Fluss die Brückenjoche zu montieren versuchten. Es gab ihm einen Stich ins Herz, wenn er sah, wie einige dieser Mutigen von den Eisschollen weggedrückt wurden und in den Wellen verschwanden. In rascher Folge wechselten sich nun die Kameraden ab. Keiner durfte länger als fünfzehn Minuten im eiskalten Wasser bleiben. Trotzdem wurden immer wieder einige weggetragen, die an der massiven Unterkühlung starben.

Dann erschien Napoleon, angetan mit einem Pelzrock, Pelzstiefeln und einer Mütze aus Marderfell. Er lehnte sich an einen montierbereiten Brückenbogen und begann, die Sappeure zu beschimpfen.

«Warum geht das so langsam, merde? Und habe ich nicht befohlen, drei Brücken zu erstellen? Ich sehe, dass Sie nur an zwei arbeiten!»

Schlotternd gab ihm der Kommandant zur Antwort:

«Majestät, für drei Brücken haben wir nicht genug Material gefunden. Ich bitte Sie, überdies zu bedenken, unter welchen Umständen meine Leute arbeiten. Schon beinahe die Hälfte ist ertrunken.»

Napoleon schnappte zurück: «Es geht hier um nichts weniger als die Rettung der ganzen Armee!» Dann kratzte er sich, um die an ihm herumkrabbelnden kleinen Viecher ruhig zu stellen. Marschall Oudinot, der herbeigeritten kam, befahl er, die ganze Artillerie auf den Anhöhen zu postieren und auf irgendeine Weise sofort – «Hören Sie? Sooforrt» – etwa dreitausend Mann ans andere Ufer zu bringen, um sicherzustellen, dass keine Kosaken von dorther den Übergang gefährden konnten.

Um dreizehn Uhr war die erste Brücke fertig; sie war vier Meter breit und hundert Meter lang. Während noch die Artillerie ihre hundertfünfzig Kanonen auf der Anhöhe einrichtete, rief Major von Flüe seine Leute zusammen, um sich für die Überschreitung der Brücke bereit zu machen. Dann wurden sie in das ganze Korps Oudinot eingereiht, das erleichtert und mit Trommelschlag über die Brücke ans andere Ufer marschierte. Napoleon sah von seinem Pferd herab schweigend zu, mässig beeindruckt von den Rufen «Es lebe der Kaiser!» der vorbeimarschierenden Verbände.

Hinter den Schweizer Regimentern drängte sich auch ihr ziviler Tross über die ächzende Brücke. Mit dabei auch der Trompeter Heinrich Peyer und seine Katharina. In ihr Notizbuch schrieb sie später: *Unter der Last des Elends, jetzt auf den Morasten, blass, entstellt, vor Hunger und Kälte sterbend drängten sich die Soldaten um das unglückliche Ufer, mit einer Starrheit, vor welcher man hätte erbeben können.*

Das Zweite Regiment erhielt den Auftrag, im Wald südlich der Strasse, die nach Zembin und weiter nach Wilna führte, Aufstellung zu nehmen und zu verhindern, dass in diesem Abschnitt die Russen der ganzen Armee den Rückweg abschneiden konnten. Major von Flüe postierte Mann für Mann hinter den Bäumen und sank dann erschöpft hinter einem Stein in den Schnee. Durch die Bäume sah er, dass nun auch die zweite Brücke fertig erstellt war und auf ihr die Artillerie des Zweiten Armeekorps über die schwankenden Planken aufs andere Ufer fuhr, teils von mageren Pferden, teils von ausgehungerten Kanonieren gezogen. Doch – oh Schreck! – abends um acht Uhr brach die Brücke und mehrere Geschütze mit ihrer Bedienmannschaft fielen in den Fluss. Die todesmutigen Sappeure brauchten nicht lange, um die Brücke wieder zu stabilisieren. Sie sollte in der Nacht nochmals brechen. Dennoch konnte die Artillerie des Zweiten Armeekorps zweihundertfünfzig Kanonen auf das jenseitige Ufer bringen.

Die Russen hatten in der Zwischenzeit bemerkt, dass sie getäuscht worden waren. Eilends machte das Armeekorps Tschitschagow kehrt. Bei Nachteinbruch vom 26. November schleppte sich Major von Flüe nochmals zu seinen Leuten, um sicherzustellen, dass seine Verteidigungslinie hielt. Vorne standen die Offiziere an vereiste

Tannen gelehnt und beobachteten das Gelände vor ihnen. Hinter ihnen lagen die Soldaten zu zweit oder dritt aneinandergedrängt im Schnee, um sich etwas Wärme zu geben. Als Kopfkissen benutzten sie ihren Tornister. Neben sich hatten sie das einsatzbereite Gewehr gelegt. Einige versuchten ihren Hunger zu stillen, indem sie eine Suppe aus Moos, Rinde und Erde kochten. Nur wenige Schüsse knallten durch die eisige Nacht.

Das Gros der französischen Hauptmacht hatte nun die Beresina überquert und war im dichten Wald zerstreut. Auf der anderen Seite lagerten aber immer noch Tausende von Verwundeten und Zivilisten – Händler, Familien von Soldaten und flüchtende Moskauer. Gendarmen hatten sie nicht durchgelassen, solange Einheiten der Armee über die Beresina marschierten. Doch sie glaubten sich in Sicherheit und bereiteten sich darauf vor, erst am anderen Tag die Brücken zu passieren. Der Kaiser war ja auch noch auf ihrer Seite. Was konnte einem da schon geschehen?

Als dann Napoleon mit seinem Gefolge am 27. November mittags über den Fluss ging, war es jedoch um die Ruhe geschehen. Panik brach aus und alle stürzten schreiend zu den Brücken. Mit Ellenbogen, Fäusten und Knüppeln suchte man sich im Knäuel von Männern, Frauen, Kindern, Pferden und Wagen durchzusetzen. Menschen wurden von Fuhrwerken zermalmt, andere von Nachdrängenden zertrampelt. Bald war kein

Durchkommen mehr. Auf den Brücken lag ein undurchdringlicher Haufen von Leichen, Verwundeten, strampelnden Pferden und zersplitterten Wagen. Hunderte wurden in die eiskalte Beresina hinuntergestossen, riefen herzerschütternd um Hilfe, kämpften gegen Eisblöcke und verschwanden dann in den schwarzen Wogen. Man sah einen, der im Wasser mit den Krücken, die ihn von Moskau bis hierher gestützt hatten, um sich schlug, unweit davon eine Frau mit blutig verbundenem Kopf, die ihr Baby in die Höhe hob und vergeblich darum flehte, es um Gottes Willen zu retten.

*****

Major von Flüe hätte nur zu gerne mit einigen seiner Offiziere und Soldaten geholfen, aber da war schlicht nichts zu helfen, es sei denn, man wollte sein eigenes Leben riskieren. Und überdies zeigten sich nun immer mehr vordringende Russen zu Pferd oder zu Fuss, die ihre Stellungen auskundschafteten. Man musste damit rechnen, dass bald der Hauptharst des Armeekorps Tschitschagow eintreffen würde. Als die Nacht hereinbrach, robbten Schweizer und Russen durch den tief verschneiten Wald aufeinander zu, bis sie sich auf Schussweite gegenüberlagen. Dann und wann knallte ein Schuss. Aber keine Seite wagte anzugreifen. Die Schweizer hielten sich dazu für zu schwach und bei den Russen waren offenbar erst Kundschafter an der Front, aber noch nicht angriffsbereite Regimenter. Die Nacht wurde durch die andauernden Schreie bei den Brücken zum Alptraum. Von Flüe bemerkte einen schluchzenden Füsilier in einem Schneeloch.

«Was ist mit dir? Scheissest womöglich vor Angst noch in die steifgefrorenen Hosen!»

«Elsbeth, meine Elsbeth ... Sie ist noch drüben.»

«Woher weisst du das? Vielleicht ist sie schon hinüber und wenn nicht, dann kommt sie schon noch, wirst sehen.»

Was sollte er ihm schon sagen? Die Tränen des Mannes gefroren in seinem verfilzten Bart zu eisigen Perlen. Eigentlich – und nun biss ihn wieder der Teufel – konnte er froh sein, dass Anneli ... Dann übernahm es ihn: «Hätte ich doch dem Herzen nachgegeben, wäre ich doch zuhause geblieben und hätte ein friedliches Leben mit einer eigenen Familie geführt. Genug zu essen in einer warmen Stube. Und eine wunderbare Frau. Stattdessen verrecke ich hier in diesem gottverdammten Russland. Sehe andere elendiglich verrecken. Bin auch noch mitverantwortlich, mitschuldig. Ich himmeltrauriger ...» Nun schluchzte auch der Major aus Sachseln, angelehnt an einen eiskalten Baumstamm. Er war mit seinen seelischen Kräften am Ende. Von der Beresina hallten die immer gleichen Schreie herüber. Die Schreie der Sterbenden. Der Ertrinkenden.

Von Flüe wurde unvermittelt aus seinem Elend herausgeholt, als der Befehl an alle Schweizer Bataillone kam, sich für ein Vorrücken hinter den angreifenden Polen und Holländern bereitzuhalten.

Gut zweihundert Meter von ihnen entfernt stapfte Major Blattmann mit Oberleutnant Legler aus Glarus durch den Schnee, hielt dann an.

«Sie haben immer so schöne Lieder gesungen, Oberleutnant. Bitte singen Sie mir noch einmal jenes von unserem Leben ... Sie wissen schon ... Vielleicht geht unser Leben bald zu Ende.»

Als Legler leise zu singen begann, traten dunkle Gestalten hinzu und brummten mit.

Unser Leben gleicht der Reise eines Wandrers in der Nacht.
Jeder hat in seinem Gleise etwas, das ihm Kummer macht.

Aber unerwartet schwindet vor uns Nacht und Dunkelheit
Und der Schwergedrückte findet Linderung in seinem Leid.

Darum lasst uns weitergehen, weichet nicht verzagt zurück,
Dort in jenen fernen Höhen wartet unser noch ein Glück.

Mutig, mutig, liebe Brüder, gebt die bangen Sorgen auf
Morgen geht die Sonne wieder freundlich an dem Himmel auf.

Noch eine Weile blieben sie stehen. Einer zündete sein krummes Pfeifchen an, in das er mangels Tabak trockene

Buchen- und Birkenblätter hineingestopft hatte. Sein Gesicht, das im Schein der Flamme aufleuchtete, hätte jenes des ausgehungerten Apostels Petrus im Gemälde eines spanischen Meisters sein können. Einer nach dem anderen verschwand wieder im Dunkel des nächtlichen Waldes, neue Zuversicht mit sich tragend.

Um sechs Uhr morgens des 28. Novembers erhellten tausend rötliche Blitze das südliche Gelände und kurz darauf brüllte der Donner über die Stellungen der Verteidiger an der Beresina. Der russische Grossangriff hatte begonnen. Dagegen stürmten in dichtem Schneegestöber die Polen und dann ein Infanterieregiment der Holländer. Sie konnten die Russen in einem Kampf Mann gegen Mann zurückwerfen, erlitten aber gewaltige Verluste. Der russische Kommandant führte zwei neue Divisionen heran. Nun waren die Schweizer an vorderster Front. Über ihnen zerplatzten die Artilleriegranaten in den Bäumen, deren Splitter viele Verletzte forderten. Oberst Castella befahl den Angriff. Mit Ingrimm rannten die Schweizer auf die Russen los, brachten sie zum Stehen und dann zum Rückzug. Und wieder griffen die Russen an. Und wieder mussten sie weichen. Doch den Verteidigern ging allmählich die Munition aus. Major von Flüe schickte zwei Füsiliere nach hinten, um Feuersteine und Patronen zu holen. Gerade rechtzeitig kamen sie zurück, als die Russen erneut vorstürmten. Auf beiden Seiten blieben erneut viele tot oder verletzt im rot gefärbten Schnee liegen.

Major von Flüe ergriff das Gewehr des gefallenen, verkrümmt neben einem Strauch liegenden Füsiliers Weber. Patronen hatte er zwar keine mehr, aber das Bajonett war aufgesteckt und damit konnte man sich ja auch wehren. In einer kurzen Gefechtspause rannte ein Grenadier, der aus einer Schramme an der Stirn blutete, zu von Flüe:

«Blattmann ist tot … Kugel in den Kopf!»

Was für ein Schrecken! Was für ein Verlust! Hiess das nun, dass er jetzt auch noch das Kommando über dessen Bataillon zu übernehmen hatte? Doch da gab es nichts zu kommandieren. Die Leute liessen sich einfach mitreissen, wenn neben ihnen Kameraden aus dem Schnee aufsprangen und durch das nun heftigere Schneegestöber schreiend gegen die Russen stürmten. Patronen hatten sie keine mehr, aber Bajonette, mit denen sie in besinnungslosem Zorn und mit dem Mut der Verzweiflung auf jeden einstachen, der ihnen in den Weg kam. Plötzlich stürmten von hinten über hundert Kürassiere durch die Schweizer Reihen und säbelten auf die Russen los. Auf dem Ritt zurück trieben sie an die tausend Gefangene vor sich her, die vor den Schweizern ihre Waffen abzulegen hatten.

Major von Flüe schleppte sich vollkommen erschöpft mit seinem Cousin, den er um die Schulter stützte, zurück. Albert blutete aus einer Wunde am Kopf.

Nur wenige Eidgenossen hatten diese Schlacht überlebt. Wer nicht verletzt war, half verwundeten Kameraden auf dem Weg dorthin, wo sie sich in Sicherheit wähnten. Tausenddreihundert waren sie am Morgen, nur noch dreihundert waren am Abend am Leben. Auch Oberst Vonderweid wurde nicht mehr gefunden. Joseph Ignaz lag auf einer Wolldecke und starrte aus leeren Augen zu den Baumwipfeln, um die dicke Schneeflocken tanzten. Er war nur mehr das menschliche Häuflein Joseph Ignaz, nicht mehr der stolze Major. Sachseln … jetzt wohl auch verschneit … rings um den Sarnersee Räuchlein aus den Kaminen, unter denen die Hausbewohner behaglich an der Wärme hockten, getrocknete Birnenschnitze und Nüsse kauten … Was hatte er hier in dieser Hölle verloren? Wenn er ihnen von der Beresina erzählen würde, hätten sie wohl keine Ahnung, wo das war, vermuteten hinter diesem Namen vielleicht eine Frau … Doch so erbarmungslos war keine Frau wie diese Beresina.

Das Mass der ganzen Hölle an der Beresina war auch für jene nicht ausgemessen, die diesen Fluss noch überqueren wollten. War schon am Vortag das mörderische Gedränge vor den Brücken eine Katastrophe, wuchs es sich zum Inferno aus, als die Russen mit ihrer Artillerie auf die Wehrlosen schossen. Tausende wurden in den eisigen Fluss gestossen, wild ausschlagende Pferde trieben zwischen den Eisschollen. Etwas weiter unten bildete sich eine Insel aus Leichen. Und dann dieses furchtbare Schreien, Stöhnen, Röcheln. Nur wenigen gelang es, das rettende Ufer zu erreichen. Abends um neun Uhr begannen sich die letzten Truppen des Korps Victor, der letzte Schutz vor den anrückenden Russen, über die Beresina zurückzuziehen. Für sie hatten die letzten Sappeure die Brücken von steif gefrorenen Leichen und Trümmern frei gemacht. Kurz nach Mitternacht war sein dezimiertes Korps auf dem anderen Ufer, worauf General Victor unbesehen um die erbarmungswürdigen Zurückgebliebenen den Befehl gab, die Brücken anzuzünden. Einige versuchten, durch die Flammen zu rennen, andere warfen sich verzweifelt in den Fluss, um schwimmend ans andere Ufer zu gelangen. Etwa fünftausend Verwundete, Kranke, Frauen und Kinder wurden nachher von Kosaken als Gefangene eingesammelt.

*****

Im Schneesturm tauchte zwischen den zerschossenen Tannen General Merle auf.

«Alle Schweizer sind des Kreuzes der Ehrenlegion würdig; ihr habt euch zu sehr ausgezeichnet, als dass ihr nicht Gegenstand eines besonderes Rapportes zu werden verdient.»

War es noch wichtig für die Überlebenden, dass Napoleon Ehrenkreuze über sie regnen liess? Immerhin: Was sie getan hatten, bedeutete für den jämmerlichen Rest der «Grande Armée» die letzte Chance, noch zu entkommen. Die Russen hatten aber auch derart viele Verluste erlitten, dass sie sich zurückzogen, sich neu organisieren mussten und vorerst keinen Versuch mehr wagten, Napoleons Armee den Rückweg abzuschneiden oder sie gar zu vernichten. Die Brücke über die Beresina mussten sie neu bauen, wofür das Material vorerst fehlte. Das verschaffte den Fliehenden wenigstens etwas Zeit.

17. Grosses Sterben auf der Flucht

Wie Joseph Ignaz von Flüe dem Tode nahe durch die Schrecken des brutalen Rückzugs sein Leben, nicht aber seinen Majorsgrad zu retten versuchte, immer wieder vom Heimweh gepackt wurde und schliesslich inmitten von verkrüppelten, kranken, halberfrorenen Gestalten das rettende Preussen erreichte.

«Nicht schlafen, Kamerad!»

Eine knochige Hand rüttelte Joseph Ignaz von Flüe, den die übermächtige Müdigkeit und dann der Tod immer wieder sanft in die Arme nehmen wollten, wach.

Die Nacht war gespenstisch ruhig. Auf dem Schlachtfeld verbluteten und erfroren Tausende mit letzten Gedanken an ihre Heimat und an liebe Menschen, die ihnen nicht helfen konnten.

Als der Morgen anbrach, sickerte der Befehl Napoleons zum Weitermarsch nach Wilna durch den Wald. Das Korps, das von General Maison anstelle des verwundeten Oudinot geführt wurde und zu dem das kleine Häufchen Schweizer gehörte, wurde als Nachhut der «Grande Armée» bestimmt. Doch Befehle, die unter normalen Umständen einer Truppe Struktur, Ziele und Zusammenhalt verliehen, hatten hier keine Wirkung mehr. Jegliche Hierarchie war zusammengebrochen,

Kompagnien existierten nicht mehr, Offiziere suchten ihre Soldaten und die Soldaten waren nicht mehr willens, sich Befehlen unterzuordnen. Die meisten jeden Grades kümmerten sich nur noch ums eigene Überleben.

Vermummte Gestalten durchstöberten geisterhaft den Wald und packten alles ein, von dem sie dachten, dass es ihnen noch nützlich sein könnte. Tote wurden nach Nahrung und Geld durchsucht sowie ihrer Kleider und Schuhe beraubt. Der Regimentsquartiermeister trat zur Gruppe von Major von Flüe und hielt den Männern leinene Säcklein hin:

«Hier, nehmt! Das ist aus unserer Regimentskasse. Die schenken wir nicht den Russen.»

Ein unordentlicherer Marsch war kaum vorstellbar. Es waren elende Haufen, die sich mit leerem Magen durch den in der letzten Nacht neu gefallenen Schnee kämpften. Viele versuchten allein durchzukommen. Wer vor Erschöpfung und Kälte niedersank, kam unter die Hufe der Pferde und die Räder von Wagen. Joseph Ignaz von Flüe stiess schon zum zweiten Mal mit dem Fuss gegen eine unter dem Schnee liegende Leiche, wäre selber beinahe gefallen. Er hatte sich einen zweiten Mantel ergattert und um den Kopf einen stinkenden Schal gewickelt. Wenigstens hatte er noch intakte Schuhe, nicht wie der Grenadier, der neben ihm an einem Stock humpelte und die nackten Füsse mit Matten und Stroh umwickelt hatte.

Lange hielt er es nicht mehr aus. Plötzlich sank er langsam auf die Knie und dann zur Seite. Sofort zerrte ihm einer den Mantel weg, ein anderer den Stock, den man als Brennholz gebrauchen konnte.

Gespenstisch bewegte sich der traurige Zug durch die unerbittliche Landschaft, die ringsum keine Konturen zeigte. Alles flach, weiss und endlos. Wer vor Monaten an der Parade in Paris noch farbenfrohe, herausgeputzte Uniformen getragen hatte, schützte sich nun mit Lumpen, Frauenkleidern oder Schlafröcken vor der tödlichen Kälte, mit Klamotten, die möglicherweise ein Erfrorener getragen hatte. Dazwischen zogen ausgemergelte Pferde Wagen und Schlitten, auf die man nicht mehr gehfähige Verwundete geladen hatte, von denen aber immer wieder einer erfror und zur Seite in den Schnee gelegt wurde, worauf andere sich um seinen Platz zankten. Jämmerliche Gäule zogen Kanonen und Wagen mit Munition. Und immer noch hängten sich Marketender, Soldatenfrauen, manche inzwischen Witwe geworden, und sogar Kinder dem Tross an. Fünfundfünfzigtausend Menschen waren es, die von der Beresina aufgebrochen waren. Und wenn sie geglaubt hatten, dass sie mit dem Übergang über den Fluss das Schlimmste überstanden hätten, dann hatten sie sich gewaltig getäuscht – das Schlimmste war erst angebrochen.

Joseph Ignaz von Flüe schlurfte an einer Gruppe Menschen vorbei, die brüllend mit Messern aufeinander losgingen, weil sie sich Fleisch von einem soeben verendeten Pferd streitig machten. Joseph brachte die Kraft nicht mehr auf, sie mit seiner erloschenen Autorität eines Majors zur Ordnung zu rufen. Und so tränkte das Blut zweier vom Hunger zu Bestien gemachten Mumien den Schnee. Die Sieger bissen gierig ins rohe Fleisch.

Der Himmel hatte zum Abend hin aufgeklart. Sterne flackerten über der eisigen Ebene, auf der eine endlose, sich vom Schnee schwarz abhebende Kolonne vorwärts bewegte. Gegen den Horizont waren dunkel ein paar Gebäude auszumachen, auf die nun viele zustrebten, um Schutz vor der grimmigen Kälte zu suchen. In einem Stall fand Joseph Ignaz eine Ecke für sich, in die er sich verzog, beinahe zerdrückt von anderen, die auch der Kälte entfliehen wollten. Aus den Geräuschen und dem Fluchen draussen schloss von Flüe, dass man das verlassene Bauernhaus nebenan zerlegte, um Lagerfeuer anzuzünden. Als sich immer mehr Flüchtende in den Stall drängten, hielt es der Major nicht mehr aus. Er zwängte sich aus den neben- und übereinanderliegenden Leibern und ging hinaus. Bei der Tür stand einer mit angeschlagenem Gewehr und gewährte nur jenen Eintritt, die ihm einige Münzen zahlten. Ringsum wurde die Nacht durch Brände gerötet. Häuser, ja ganze Siedlungen brannten. Wehe denen, die sich nicht mehr daraus retten konnten!

Nachdem er sich noch etwa zwei Stunden an den Stall angelehnt hingehockt hatte, machte sich Joseph Ignaz wieder auf den Weg, Eisknollen im Bart. Hinter ihm schlurften zwei weitere Jammergestalten. Der eine durfte sich am Riemen des Tornisters des anderen festhalten, musste ihm aber versprechen, den gekauten Tabak nicht wegzuwerfen, sondern ihm zum Nachkauen zu geben. Mit Tabakkauen wurde der Hunger etwas erträglicher. Nach einer guten Stunde kamen sie an einem erloschenen Lagerfeuer vorbei. Alle, die darum herumgesessen waren, waren erfroren. Wahrscheinlich waren sie zu schwach gewesen, um das Feuer zu unterhalten.

Am Morgen überflutete die Sonne die winterliche Landschaft mit grellem Weiss. Je höher sie stand, umso mehr schmerzte das Licht in den Augen, um die sich Eishäutchen gebildet hatten. Wer die Augen nicht schützte, konnte allmählich nichts mehr sehen, wurde schliesslich schneeblind. Von Flüe sah Gestalten, die vom Weg abirrten, immer weiter weg von den anderen, bis sie um Hilfe riefen und erschöpft im tiefen Schnee hinsanken.

*****

An ein Mäuerchen angelehnt sass ein Hauptmann. Von Flüe hielt an, während die anderen zwei weiterschlurften. Es war Hauptmann Schnyder. Er war tot. Erfroren. In der rechten Hand hielt er das Bild einer jungen Frau. Sein Liebchen? Von Flüe setzte sich zu ihm hin, betrachtete die feinen Züge des Mädchens. Den Augen und der Haartracht nach glich sie

… Anneli! Von Flüe schrie den Namen hinaus: Anneli! Aber die Laute verloren sich in unendlicher Weite, kein Echo … Um das Weinen zu unterdrücken, stand er wieder auf. Sollte er das Bild mitnehmen und es ihr bringen, falls er wieder zurück…? Ach, dann trüge er es auf sich, müsste es selber jede Stunde, jeden Tag betrachten, müsste immer Anneli nachsinnen. Er hatte genug andere Qualen und schleppte sich weiter.

Es war schon dunkel, als von Flüe bei einer Gruppe von Bauernhäusern ankam, die alle schon voll von Schutzsuchenden waren, die meisten verwundet. Major Heumann, der Chirurg aus Nidwalden, versuchte mit seinen Gehilfen, eine minimale Ordnung aufrechtzuerhalten, denn man schlug sich gegenseitig um Kleider, Holz, Nahrung und Platz. Als er im wandelnden Geist von Flüe erkannte, winkte er ihn zu sich: «Kamerad, kommen Sie hier herein. Es ist warm drinnen, zwar nicht ruhig.»

In schummrigem Licht eines Feuers sah von Flüe, der sich in eine Ecke drückte, lauter Verwundete um sich, die stöhnten und jammerten. Auf einem Holztisch behandelte Heumann die armen Kreaturen. Dem schreienden Major Weltner amputierte er ein Bein, das von einer Granate zerschmettert und dessen zerfetzte Reste nun weggefroren waren.

«Nur ruhig, Kamerad. Es kommt alles wieder gut. Morgen suchen wir für dich einen Transport. Dann bist du schnell in Wilna. Etwas Beten tut dir vielleicht auch gut.» Was dieser Heumann alles leistete! Für viele war er ein Engel. Aber alle konnte er beim besten Willen nicht retten. Gegen Morgen vertraute er von Flüe an, dass Weltner nicht transportiert werden könne; vielleicht würden sich barmherzige Bauern seiner in tätiger Nächstenliebe annehmen. Wie konnte der gute Heumann wissen, dass in der nächsten Nacht rachsüchtige Bauern das Haus anzünden und Weltner verbrennen würde?

Plötzlich Geschrei. Das Haus nebenan brannte. Es war voll Verwundeter. Heumann dröhnte:

«Kommt alle! Helft!» An den Füssen zogen sie die Verwundeten hinaus in den zertrampelten Schnee. Aber es waren immer noch einige drinnen, die schrien und elendiglich verbrennen mussten. Was Joseph Ignaz hörte und sah, erschlug ihn beinahe. Das hielt er nicht mehr aus. Er musste weg. Er suchte sich seinen Tornister, der wunderbarerweise unangetastet noch in der Ecke lag, warf ihn über die Schultern und zog in die dunkle Nacht hinaus, dorthin, wo festgestampfter Schnee und gefrorene Menschenbündel die Richtung der Flucht anzeigten.

*****

Am 3. Dezember traf Joseph Ignaz von Flüe auf ein Dorf, das voll von Flüchtenden war, die sich an

Nahrung gütlich taten. Wie er erfuhr, war dort ein Verpflegungsdepot angelegt worden. Es war schon zum grossen Teil von anderen Truppen geplündert worden, aber noch waren Reste zu finden, zum Teil in aufgerissenen Paketen. Die ausgehungerten Menschen verschlangen sinnlos alles, was sie vorfanden, nur um dann davon krank zu werden. Einer trat lachend auf von Flüe zu, Zwieback in den von eisigem Bart umrahmten Mund hineinstopfend. Aus den tierischen Lauten wurde von Flüe nicht klug. Offenbar war der arme Kerl von Sinnen.

Beim Depot versuchten einige, die zu seiner Bewachungsmannschaft gehörten, Ordnung zu schaffen. Von Flüe stellte sich in die Reihe und erhielt ein Paket Zwieback, von dem er nur zwei Scheiben ass und das Übrige in den Tornister stopfte. Auf einem Mäuerchen erblickte er drei ausgemergelte Kinder, die andächtig an etwas knabberten. Er trat zum Grossen.

«Was macht ihr hier?»

«Ich bin mit meinen Geschwistern unterwegs», erwiderte der schlaksige, etwa fünfzehnjährige Bursche.

«Von wo?»

«Smolensk, dann Beresina.»

«Wo sind eure Eltern?»

«Wissen wir nicht. Verloren. Vielleicht umgekommen. Sie waren Händler.» Das sagte er mit leeren Augen, die schon zu viel gesehen hatten, als dass aus ihnen noch Tränen hätten kullern können.

«Und jetzt?»

«Der Kommandant hier – jener dort mit der grossen Pelzmütze – hat gesagt, dass er uns auf seinem Wagen mit nach Wilna nehme.»

«Und wie seid ihr hierhergekommen?»

«Zu Fuss. Wie sonst?»

Von Flüe konnte nur den Kopf schütteln. Was nur fiel Eltern ein, sich mit ihren Kindern in ein solches Inferno zu wagen? Dann schnallte er sich wieder den Tornister um. Was nur hatte der grosse Napoleon angerichtet! Welches Elend! Welche Schicksale!

*****

Napoleon war das, was geschah, alles andere als gleichgültig. Er sorgte sich. Vor allem um sich selber. Am 5. Dezember wäre er beinahe umherstreifenden Kosaken in die Hände gefallen. Während seine Garde diese wilden Kerle mit den kleinen, schnaubenden Pferden mit Schüssen vertrieben, griff sich der gottgleiche Kaiser an die Brust, wo sich das Gift befand. Für die Nacht fand man für ihn nichts Besseres als eine elende Bretterhütte, der alle Fenster herausgeschlagen waren. Sein Eisenbett und die Teppiche, die man ihm davor hinlegte, sahen in dieser Umgebung wie Requisiten einer Theaterkomödie aus.

Napoleon liess seinen Stab und jene Generäle kommen, die gerade in der Nähe waren. Er postierte sich vor einer Stalllaterne in bekannter Pose: Rechte Hand zwischen die Knöpfe seiner Jacke gesteckt, an der die Medaillen klimperten. Er räusperte sich.

«Meine Herren. Glauben Sie nur nicht, ich wüsste nicht, dass wir uns in einer ziemlich schwierigen Lage befinden. Ich habe Augen zum Sehen und Ohren zum Hören.»

Er hustete sich wieder frei.

«Ich weiss, wir haben uns zu lange in Moskau aufgehalten. Ich hätte den Befehl früher erteilen sollen. Das war ein Fehler. Ich entschuldige mich.»

War es ihm ernst damit? Er setzte sich auf sein quietschendes Bett.

«Dass unser Rückmarsch in sichere Winterquartiere aber derart miserabel ausgeführt wurde, verdanke ich meinen unfähigen Generälen. Nehmen Sie Victor. Er brachte es nicht fertig, uns vor den anrückenden Russen, diesen ungebildeten Bauern, zu schützen. Stattdessen zog er sich feige zurück und rettete sich, meine Befehle missachtend, über die Beresina. Wie viele Menschen er auf seinem Gewissen hat, wissen die Götter. So eine Niedertracht! So ein Feigling!»

Die um ihn herumsassen, wussten, dass Napoleon wieder einmal die Tatsachen verdrehte, nur um selber nicht an Glanz zu verlieren. Er stand auf:

«Meine Herren, ich habe beschlossen, nach Paris zurückzureisen. An meiner Stelle führt General Murat das Armeekommando. Ich verlasse Sie, um dreihunderttausend Soldaten heranzuführen, und dann wollen wir diese elendigliche russische Armee vernichten. Ich verbiete Ihnen, meinen Entschluss der Armee vor fünf Tagen bekanntzugeben ... Aufpacken!»

Kurz darauf fuhr er in seiner Kutsche, die zum Schlitten umfunktioniert war, in die eisige Nacht hinaus, gefolgt von Kutschen mit seinem engsten Stab und der Dienerschaft. Ungläubige Blicke verfolgten ihn.

*****

Joseph Ignaz von Flüe traf auf eine grössere Gruppe Schweizer und Polen, die sich für den weiteren Marsch zusammengetan hatten. Auf einem Wagen lag eingebettet in Mäntel und Decken der an der Beresina verwundete Kollege Bataillonskommandant Major Vonderweid. Er war verzweifelt.

«So viele gute Leute mussten draufgehen. Major Zingg, Major Tschudi, die Hauptmänner Schlegel, Pflüger,

Mittelholzer und viele andere. Und erst die Leutnants. Ach! Was für ein Jammer!»

Von Flüe hielt ihm die Hand, versuchte aus seinem eingefrorenen Gesicht heraus, das ihm kaum zu reden erlaubte, zu trösten.

«Wenn wir das durchgestanden haben, werden wir durchkommen, Kamerad. Nur Mut! Gib die bangen Sorgen auf. Morgen geht die Sonne wieder …»

Mehr konnte er nicht sagen. Er wandte sich einer Gruppe zu, die ein Biwakfeuer angezündet hatte. Er kniete hin und streckte vorsichtig seine Hände zu den wärmenden Flammen hin. Mit hohlen Augen und starren Blicken, aus denen Hunger und grenzenloses Elend sprachen, sassen alle stumm um das Feuer.

Anderntags schleppten sie sich weiter. In neuerlichem Schneetreiben kam ihnen ein Bataillon Schweizer entgegen. Ihr Kommandant, Hauptmann Bleuler, erklärte, dass er nach einem mehrtägigen Aufenthalt in Wilna den Befehl erhalten habe, ihnen entgegenzumarschieren und zu helfen, die befestigte Stadt mit ihren reich gefüllten Lagern zu erreichen. Das gab neuen Mut. Dieser aber half nicht gegen die totale Erschöpfung der Wandernden, mit denen einige Fuhrwerke wie Barken auf hoher See schwankten. Und vor allem half die Verstärkung nicht, denn es waren junge, schlecht ausgebildete Soldaten, die der Kälte reihenweise zum Opfer fielen. Von Flüe schlurfte wie ein Herdentier inmitten von Resten der Schweizer Regimenter weiter. Das Kommando führte in Eigeninitiative ein Hauptmann Siegerist. Von Flüe war es recht. Er wollte keine Führungsverantwortung mehr übernehmen. Er war apathisch geworden, auch abgestumpft. Als ihn einer, der vor ihm entkräftet in den Schnee gefallen war, mit ausgestreckten Händen, denen Finger fehlten, flehentlich um Hilfe bat, stapfte er mit sturem Blick weiter ...

*****

Nach einer Nacht mit vierunddreissig Minusgraden erreichten die überlebenden Schweizer am 9. Dezember die Stadt Wilna. Statt Erlösung in einer mit Lebensmitteln vollgestopften Stadt fanden die Schweizer die Stadttore verschlossen.

Hauptmann Siegerist, dessen Tatkraft durch die schrecklichen Bilder beflügelt wurde, hatte eine Lücke in der Stadtmauer gefunden und führte nun mit Umsicht, sodass andere nicht gleich darauf aufmerksam wurden, Gruppe um Gruppe des Schweizer Detachements dorthin. Joseph Ignaz von Flüe glaubte in eine Hölle einzutreten. In den mit Unrat übersäten Strassen lagen Leichen. Aus Häusern, die man vergeblich zu verbarrikadieren versucht hatte, drangen die Schreie von Frauen.

In den Gassen hallten Schüsse. Stockbesoffene torkelten herum, Flaschen in den Händen, sanken dann hin und wurden Opfer der gnadenlosen Kälte, worauf sie rasch von anderen ausgeplündert wurden. Das Verpflegungsdepot war verwüstet. Reste lagen überall herum. Von Flüe stopfte sich irgendein Stück Brot in den Tornister und machte sich auf die Suche nach einem sicheren Ort, um sich hinlegen zu können. Beim barocken Kloster St. Basilius glaubte er gefunden zu haben, wonach er suchte. Beim Eintreten schlug ihm ein fürchterlicher Gestank entgegen. Überall im Kloster lagen stöhnende und verdreckte Verwundete. Viele hatten abgefrorene und nun brandig gewordene Gliedmassen. Die wenigen Mönche und Fratres, die sich um die armseligen Menschenbündel kümmerten, waren vollständig überfordert. Wer starb, wurde in den Hof zum Haufen aus mehreren hundert gefrorenen Leichen getragen. Von Flüe wurde übel. Er schlurfte weg und suchte nach einem warmen Plätzchen für einen schon lange ersehnten tiefen Schlaf. Im ersten Stock eines Bürgerhauses legte er sich zu den Scherben von zerschlagenem Porzellan hin.

*****

Für von Flüe war sofort klar, was der ferne Donner bedeutete: Artilleriefeuer, und das hiess, dass die Russen nicht mehr weit weg waren. Da war keine Zeit zu verlieren. Sofort kleidete er sich wieder in seine Lumpen, schnallte den Tornister um und rannte die Treppe hinunter. Auf der untersten Stufe sass einer und schnitt von seinem rechten Fuss verfaultes Fleisch bis auf die Knochen ab. Marschieren würde der nicht mehr weit. Auf dem Weg zum Stadttor traf er auf eine Gruppe Landsleute, denen er klarmachte, dass man sofort fliehen müsse. Dann erschien auch Hauptmann Siegerist und mit ihm – welche Freude! – sein Cousin Albert, der um den Kopf immer noch eine blutige Binde trug. Dahinter das Fuhrwerk eines Polen, den Siegerist gut bezahlt hatte.

«Ladet eure Tornister und Schiesseisen auf, und nun sofort weg!», und zu von Flüe gewandt sagte er:

«Nun übergebe ich Ihnen das Kommando wieder, Major.»

«Gut!» Von Flüe schaute in die nun an der Wärme eisfrei gewordenen bärtigen Gesichter: «Gehen wir.»

Auf der Strasse nach Kaunas bewegte sich in grösster Eile schon eine beträchtliche Zahl von Soldaten und Fuhrwerken, darunter auch solche der Artillerie.

Bald nach Wilna stieg die Strasse einen Hügel hinan. Sie war vollständig vereist. Die Pferde glitten aus und mit ihnen rutschten die Wagen den Abhang hinunter, wo sie sich ineinander verkeilten. Darunter war auch ein Geldfourgon mit dem kaiserlichen Schatz. Als die Soldaten dessen gewahr wurden, stürzten sie sich darauf und sackten so viel ein, wie sie nur ergattern und tragen konnten. Aber auch wer nicht mit dem Geldsegen schwer beladen war, glitt auf dem Weg nach oben immer wieder aus. Wie Ameisen krochen sie auf allen vieren hinauf. Oben hatte von Flüe seine keuchenden und fluchenden Landsleute versammelt und hatte gerade den Abmarsch befohlen, als die russische Artillerie in das Gewimmel am Abhang hineinschoss. Das Detachement von Flüe konnte sich glücklich schätzen, dem schrecklichen Gemetzel entronnen zu sein, auch dem Wüten der Kosaken, die zu dieser Zeit in Wilna einfielen. Nur wenige überlebten diese Tage in der Stadt.

Unter hellem Mondschein bewegte sich die Kolonne die ganze Nacht über die Strasse nach Kaunas, wo man wieder Verpflegung erwartete. Immer wieder mussten sie Halt machen und mit Schüssen die Kosaken vertreiben, die sie immer dreister bedrängten. Ihre Gesichter waren wieder eisbedeckt und immer wieder stiessen sie auf Erfrorene. Sie trafen auch auf einen, der am Wegrand kniete:

«Ich kann nicht mehr. Ich sterbe. Adieu, Kameraden.» Dabei schüttelte er die gefrorenen Hände, die widerhallten wie Stücke trockenen Holzes, wenn man sie gegeneinanderschlägt.

Am 13. Dezember erreichten sie völlig erschöpft Kaunas, in der Hoffnung, sich wieder verpflegen und ausruhen zu können. Doch es erwartete sie eine furchtbare Enttäuschung. Der Schweizer Hauptmann Hirzel war mit seiner Kompagnie von hundertfünfzig kraftstrotzenden Männern und der ganzen Bagage mit Ausrüstung und Verpflegung nach Marienburg abgehauen, als er vernommen hatte, dass die Russen nicht mehr weit seien. Noch versuchte General Ney, eine Verteidigung der Stadt aufzuziehen, doch als er gewahr wurde, dass er Gefahr lief, eingeschlossen zu werden, gab er den Befehl, Kaunas in der Nacht zu verlassen.

Blutrot vom brennenden Kaunas schimmerte der Schnee. Das Licht der gewaltigen Feuersbrunst warf düstere Schatten der sich stumm dahinschleppenden Gestalten. Die Russen würden keine Bleibe mehr in dieser Stadt vorfinden und auf diese Weise wohl von einer weiteren Verfolgung absehen.

Es gab noch einen weiteren Grund, dass die Überlebenden der Grande Armée sich wieder sicher fühlen konnten: Sie befanden sich nun auf dem Gebiet Preussens. Der Wechsel war sofort erlebbar, denn in jedem Dorf und in jedem Bauernhaus trafen sie auf Menschen, die ihnen zu essen und zu trinken gaben, die ihnen die Wunden pflegten, die ihnen ein Nachtlager herrichteten und die Verwundeten ein Stück weit auf einem Fuhrwerk transportierten. Eile hatten sie nun keine mehr. Es galt nur noch durchzukommen, auch wenn es einige Tage länger dauern mochte.

Einer stolperte vor einem Schlitten, auf dem unter Decken ein Bündel Elend lag, durch den Schnee. Kameraden erleichterten ihm das mühlselige Schleppen durch abwechselndes Stossen. Es war der Luzerner Trompeter Peyer, der seine Katharina aufgepackt hatte. Sie war an Typhus erkrankt und nicht mehr in der Lage, einen Fuss vor den anderen zu setzen. In miserablem Zustand erreichten die beiden Brandenburg, wo Katharina den Ring vom Finger weg verkaufte, um Essen und Unterkunft bezahlen zu können. Immerhin konnten sie nun Hoffnung schöpfen, die Heimat wiedersehen zu können, und sie konnten sich Zeit lassen, wieder zu Kräften zu kommen. Eile war nun nicht mehr nötig.

*****

Von ganz anderer Dringlichkeit besessen war Napoleon, der – einen Umsturz fürchtend – am 18. Dezember, einige Minuten vor Mitternacht, mit seinem Stabschef in Paris eintraf. In den Tuilerien hielten Wachen die in schwere Mäntel gehüllten Männer auf. Erst als Königin Marie-Louise herbeieilte, die Ankömmlinge erkannte und ihren Gatten in die Arme schliessen konnte, durften sie eintreten. Bevor Napoleon zu Bett ging, beauftragte er Stabschef Caulaincourt, noch in derselben Nacht der Regierung auszurichten, dass er nun wieder da sei und am nächsten Morgen zur üblichen Zeit eine Kabinettssitzung stattfinde. Wie wenn nichts geschehen wäre! Wie wenn nicht vierhunderttausend Menschen in seinem russischen Abenteuer ihr Leben verloren hätten! Wie wenn nicht letzte wenige Tausend an Seele und Körper verkrüppelte Menschen immer noch durch den unerbittlichen Winter ihren Weg nach Hause suchen würden! Wie wenn er nicht grossmäulig versprochen hätte, dass er sie mit einer neuen Armee von mehreren Hunderttausend Soldaten erlösen würde!

18. Söldner bis zum letzten Glockenschlag

Wie Joseph Ignaz von Flüe heimkehrte und von den Landsleuten mit Fragen und Vorwürfen bestürmt wurde. Wie er flüchtete und neue Abenteuer suchte. Wie ihn die Liebe einholte und sein Leben in Frage stellte, das einem stillen Ende entgegenging.

«Sind Sie Major von Flüe?»

Oberst Affry schaute der zerlumpten, an einem Stock durch das Schneetreiben wankenden Gestalt ins eisüberkrustete Gesicht. Eingefallene, verschleierte Augen blickten ihn an. Joseph Ignaz senkte seinen Blick vor dem Kommandanten in seiner tadellosen Uniform verschämt zu Boden. Er wusste wohl, was für eine elende Figur er abgab. Er war derart kraftlos geworden, dass er unterwegs Hauptmann Siegerist wieder zu führen gebeten hatte.

«Kommen Sie an die Wärme. Ein Arzt wird sich um Sie kümmern. Und Sie müssen wieder anständige Kleider bekommen ... und Fleisch und Brot ... und etwas Wein.»

Oberst Affry hatte den Auftrag erhalten, sich um die Schweizer Regimenter zu kümmern, was hiess: um das, was von ihnen übrig geblieben war. Was ihm da in Marienburg entgegenkam, erschütterte ihn zutiefst. Dem eidgenössischen Landammann schrieb er: *Die vielen hartnäckigen Kämpfe … die Härte des Klimas und unzählige andere Umstände haben die beinahe vollständige Vernichtung der vier Regimenter zur Folge gehabt. Aber auch der Tross der mit ihnen in den Krieg ziehenden Händler und Marketender wurde fürchterlich dezimiert. Kaum jemand, der nicht irgendwelche Blessuren erlitten hat. Die Soldaten haben Erfrierungen an Nasen, Ohren, Zehen oder Fingern. Viele humpeln an Krücken daher. Dass sie es bis hierher geschafft haben, grenzt an ein Wunder. Der Hunger hat sie auf Haut und Knochen dezimiert. Ihre Kleider sind nur noch Lumpen, in die sich Ungeziefer eingenistet hat … Immer wieder treffen Einzelne ein, aber von den meisten hat man nichts mehr gehört.*

Als mit diesem Brief und anderen Meldungen die furchtbare Katastrophe in der Eidgenossenschaft bekannt wurde, die über die gloriose Grande Armée und mit ihr über die Schweizer Söldner hereingebrochen war, legte sich Trauer, Ungewissheit und Beklemmung über die eidgenössischen Gipfel und Täler und drang in viele Stuben ein. Der Kanton Freiburg verbot das Tanzen «als unvereinbar mit den jetzigen Ereignissen, welche mehr oder weniger alle Länder Europas betrüben».

*****

Als der Nauen am Lopper vorbeiruderte und die Richtung gegen Alpnach einschlug, stand Joseph Ignaz von

Flüe vorne am Bug, beschattete die Augen mit der rechten Hand, an der zwei Finger fehlten, und trank die Hügel, die Wälder und weit hinten die vergletscherten Berner Alpen in sich hinein. Die Heimat! Hinter ihm stand stumm Albert, dem die Tränen über das Gesicht liefen, die auf der linken Wange an einer langen Narbe herunterrannen, bevor sie sich in seinem Bart verloren und schliesslich auf den Kittel tropften. Es war schon Ende April. Der Frühling hatte im Tal bereits Einzug gehalten und den Schnee immer weiter hinauf an die Bergspitzen verjagt.

Anfangs März hatten sie noch in Mainz mit vielen anderen Schweizern geweilt, die der eisigen Hölle von Russland entkommen waren. Dort hatten sie die sorgfältigste Pflege ihrer Wunden und ihrer Krankheiten gefunden. Vor allem waren jene darüber froh und dankbar, die sich an Krücken mit einem unglaublichen Überlebenswillen bis in diese Stadt geschleppt hatten, da Zehen sich vom Fuss gelöst hatten oder gar vom Fuss nur noch Knochen übrig waren, die ein Spitalarzt zu seinem Bedauern – wie er sagte – absägen musste. Dort hatten sie auch Schneider gefunden, die ihnen wieder anständige Uniformen nähten, auch wenn dabei nicht jedes Detail reglementskonform ausgearbeitet wurde. Nach den alles gleichmachenden Schnee- und Eisstürmen war nun wieder die Hierarchie hergestellt. Man war wieder jemand. Trompeter, Füsilier, Leutnant, Hauptmann, Major. Aber mit Gesichtern, deren eingefallene Augen und hervorstehende Backenknochen noch von den Schrecken des Krieges im weiten Russland zeugten. Auch ihre Körper hatten noch nicht zu ihrer früheren Form gefunden, denn die Knochen wurden noch von keinem Fett und von allzu wenig Fleisch gepolstert.

*****

Irgendwie scheute Major von Flüe davor zurück, schnurstracks zum Elternhaus hinaufzusteigen. Was würde ihn erwarten? Würde er noch willkommen sein? Er durchstreifte vorerst den Friedhof, um zu sehen, wer in der Zwischenzeit gestorben war. Der und die ... schon so jung ... Was? Der auch? ... Ja, und da war die Mutter, in der Ecke, wo alle von Flüe begraben wurden. Osterglocken und Primeln schmückten ihr Grab. Joseph Ignaz stellte sich hin, verschränkte die knochigen Hände vor dem Bauch und suchte mit den Augen Halt an der Mauer des Kirchturms, am weiss überzuckerten Pilatus, an der grossen Buche, deren zarte Blätter in leisem Windhauch flatterten. Nach einer Weile lenkte er seine Schritte zum Ausgang, hielt jedoch plötzlich an jener Grabreihe inne, wo er zum letzten Mal Anneli gesehen hatte. Brot hatte er ihr damals gegeben, worauf sie ihm schüchtern bekannt hatte, dass sie ins Kloster gehen werde, für immer. Und ihre letzten Worte klangen noch immer in seiner Brust: «Danke für alles ... Leb wohl.» Ihre Augen! Ihr liebliches Antlitz! Ach! Mit beiden Händen strich er über sein Gesicht, wie wenn er die Vergangenheit wegwaschen wollte. Dann stieg er mit klopfendem Herzen zum Heimet hinauf, einer ungewissen Zukunft entgegen.

«Was? Du, Joseph Ignaz? Bist wieder hier?»

«Joseph Ignaz ist hier! Joseph Ignaz ist hier!», schrie Magdalena, seine Cousine, aus Leibeskräften durchs ganze Haus.

Verwundert stand Vater Nikodem hinter dem Tisch auf, mass zuerst eine Weile den Major, in dem er die vertrauten Züge seines Sohnes suchte. Dann erkannte er ihn und sie konnten einander in die Arme schliessen.

«Komm, setz dich, hast sicher Hunger. Wir haben noch etwas übrig vom Mittag.»

*****

Heimkehren ging keinem leicht von der Hand. Vor allem nicht, wenn man nach einem derart schrecklichen Krieg aus unendlich weiter Ferne wieder nach Hause kam. Es ging nicht einfach nur darum, sich wieder in einem veränderten Umfeld zurechtzufinden und sich durch das Erzählen des in der Fremde Erlebten wieder in die einst verlassene Gesellschaft einzugliedern. Viel schwieriger war es, all die besorgten Fragen nach dem Verbleib eines Sohnes, Bruders, Verlobten auszuhalten. Und wenn es einer in besonderem Mass wissen musste, dann musste es doch der Herr Major von Obkirchen sein. Es hatte sich schnell herumgesprochen, dass Joseph Ignaz wieder im Land war. Und da kamen sie, klopften an die Türe, nicht mit sanftem Knödli, sondern eher mit der ungeduldigen Faust, und verlangten den Herrn Major zu sprechen.

«Wo ist unser Sohn Peter geblieben?»

«Haben Sie irgendwo den Gasser Paul gesehen? Hat er überlebt? Kommt er noch?»

«Stimmt es, dass mein Bruder Konrad in Russland erfroren ist?»

Diese Fragen gingen ja noch. Sie wurden meist zurückhaltend gestellt, wenn man sah, in welch zerschlagenem Zustand Joseph Ignaz war und wie sehr er offenbar selber noch am Erlebten litt. Dann klopften aber ganz andere Worte bei Landammanns von Flüe an, energisch und anklagend:

«Ihr habt meinen Sohn zu diesem verdammten Kriegsdienst verführt und jetzt ist er dabei umgekommen! Und ihr habt Geld dabei verdient, pfui, ihr Schmutzfinken! Blutgeld, damit Ihr es wisst!»

«Wenn der Jakob nicht mehr zurückkommt, dann will ich alles Geld von Euch zurück, das Ihr an ihm verdient habt!»

«Was würde Euer seliger Bruder Klaus zu Eurem Verhalten sagen? Da kann man schon grossartig auftrumpfen, wenn man fürstlich Geld kassiert hat, wenn die eigenen Landsleute verrecken.»

«Der Fried' sei allweg in Gott, hat er gesagt. Und ihr Kriegsgewinnler?»

Es war fast nicht zum Aushalten. Der siebzigjährige Vater Nikodem wurde gleich um zehn Jahre älter. Er konnte kaum mehr einen Bissen herunterbringen und schlurfte im Haus herum, den Kopf auf die Brust gesenkt, zeigte sich nicht mehr in der Öffentlichkeit und wenn es denn einmal nicht anders ging, stierte er auf den Boden vor ihm. Ja, früher ... Da galt man noch etwas ... Da hatten sie jauchzend die Hände an der Landsgemeinde zum Himmel geworfen, um ihn zum Landammann zu wählen. Man zog ehrerbietig den Hut, wenn er vorbeiging. Und wenn sie nicht mehr ein und aus wussten, pilgerten sie zu ihm, um Rat zu holen. Und – verflucht nochmal! – sie scharwenzelten herbei, drucksten lange herum, bis die dringende Bitte gekotzt war, den Sohn, diesen Prachtsburschen mit Muskeln wie ein Zuchtstier, ins Militär zu verdingen. Aber jetzt ... Es war doch nicht seine Schuld, dass der Bonaparte seine Regimenter nach Russland befohlen hatte und dass sie dort in einem grausamen Winter erfroren!

Nikodems Sohn, der Major, wusste schon bald, dass er hier in Obwalden keine Bleibe mehr hatte. Er musste weg. Und als dann noch Cousin Albert ihm offenbarte, dass er sich mit derselben Absicht trage, war der Entschluss schnell gefasst.

Eines Nachts liess er sich im Schneeregen von einer Kutsche abholen, deren Räder schmale Spuren in den Matsch zogen. Melk von Moos, sein Kutscher, fluchte andauernd, weil er auf dem Bock ungeschützt den nasslumpigen Flocken ausgesetzt war. Joseph Ignaz hätte nicht die späte Stunde aussuchen müssen, um keinen Abschiedsschmerz aufkommen zu lassen, wie das jeweils geschah, wenn man auf dem Weg in die Fremde das Obwaldnertal im Sonnenlicht sah, mit all den saftigen Wiesen, den waldübergrünten Hängen, dem See und den felsigen Talwächtern Pilatus und Stanserhorn. All diese Preziosen des Tales waren in dieser abscheulichen Dezembernacht in dichtem Nebel verborgen. Auch das nasskalte Sauwetter liess einen mehr flüchten als in seiner Heimat verbleiben. Schnee und Kälte hatte Joseph Ignaz in seinem Leben schon so viel abbekommen, dass es sogar bis weit ins Jenseits hinein reichen würde.

Die Reise ging von Luzern auf holprigen Strassen nach Basel und von dort mit dem Schiff auf dem Rhein nach Strassburg. Joseph Ignaz, der napoleonische Major, fand schnell heraus, wo sich diejenigen trafen, die erneut Sold, Stolz und Beute in fremdländischen Diensten suchten.

An Fachwerkhäusern vorbei stapfte er durch den Neuschnee zur «Cave du Diable», wo an einem runden Tisch jene mit Offiziersrang palaverten, separiert von den ehemaligen Infanteristen, Grenadieren und Kanonieren, die bei ausgiebigem Wein- und Tabakgenuss die neuesten Gerüchte verhandelten und eine neue Anstellung suchten. Darunter waren auch Heinrich und Katharina Peyer, die Mitte Mai nach Luzern zurückgekehrt bald wieder vom Söldnerfieber gepackt wurden. Heinrich hatte in der Zwischenzeit als Ersatz für seine in Russland verlorene Trompete ein verbeultes Horn erstanden.

Es bildete sich unter den zechenden Söldnern rasch die Meinung heraus, dass weitere Dienste unter Napoleon mindestens eine ungewisse Zukunft bedeuteten. Viel eher aber erwartete einen bei neuen Kriegsabenteuern des treulosen Kaisers ein schmählicher Tod. So etwas wie einen Russlandfeldzug mochte keiner mehr erleben. Viel einträglicher und ruhmvoller versprach ein Dienst bei den Holländern oder bei den Engländern zu sein, deren Werber sogar in Bonapartes Landen, auch in Strassburg, wilderten. Der Obwaldner Offizier wollte sich noch einige Zeit bis zu einer Unterschrift unter einen neuen Soldvertrag lassen. Im neuen Jahr dann, gut … aber nur, wenn man ihm mindestens das Kommando eines Bataillons oder eines Regiments anbot. Doch solche Posten waren rar. So vertrat er sich in den kommenden Tagen die Füsse, indem er die Sehenswürdigkeiten des weihnächtlich geschmückten Strassburg besuchte.

Darunter selbstverständlich auch das Münster, dessen hundertzweiundvierzig Meter hoher Turm das weltweit höchste Bauwerk darstellte. Allerdings gewann er den Eindruck, dass die Strassburger ihr Schmuckstück nicht sehr gut unterhielten. Die vielgerühmte astronomische Uhr stand still und der Taubendreck ruinierte das Mauerwerk. Auch andere ehemals stattliche Gebäude zeigten deutliche Spuren des Verfalls. Die vielen Kriege hatten eben dazu geführt, dass die Kassen der Stadt leer waren, vor allem dann, wenn Napoleon die Gnade hatte, in Prunkpalästen zu residieren wie im Palais Rohan, in dem der Kaiser mehrmals gewohnt hatte, wofür Strassburg einen sündhaft teuren Umbau zu leisten hatte.

Am 30. Dezember tauchte ein alter Kamerad in der «Cave du Diable» auf, Cousin Albert von Flüe. Er tat nach der ersten herzlichen Begrüssung geheimnisvoll und schob dann Joseph Ignaz einen Brief zu. Sophie Rohrer, die für ihre Wallfahrten in alle Himmelsrichtungen bekannt war, habe ihm diesen für ihn vorbeigebracht, für den Fall, dass er ihn irgendwo antreffe. Adresse: «Herr Offizier Joseph Ignaz von Flüe.» Kein Absender, aber Joseph Ignaz ahnte etwas. Während das Lied eines der Erschiessung entgegenzitternden Deserteurs, «Zu Strassburg auf der Schanz'», gegrölt wurde, schlich Joseph Ignaz davon.

Im Hotelzimmer verschloss er die Tür, setzte sich aufs Bett und … ach!

Lieber Joseph, schon so lange habe ich nichts mehr von dir gehört. Nur schlimme Ahnungen haben mich kaum schlafen lassen, als bekannt wurde, dass die Schweizer unter Napoleon in einen mörderischen Winter in Russland hineingetrieben wurden, aus dem kaum mehr einer wieder nach Hause zurückkehren werde. Wäre ich nicht im Kloster, wäre ich mit Dir mitgegangen, hätte für Dich gesorgt … ihm begannen die Augen zu schwimmen … *Und so habe ich getan, was ich hier für dich tun konnte: Beten, immer wieder beten. Zu unserem lieben Gott, zu unserer seligsten Jungfrau Maria, zu allen Heiligen und auch zu unserem seligen Fürsprecher für alle Obwaldner: dem Bruder Klaus …* ein Tropfen fiel auf das gelbliche Papier, liess krumme Buchstaben zerfliessen … *Und nun höre ich, dass du zurück bist. Einer der Wenigen, die diesem furchtbaren Krieg entronnen sind. Ein Wunder! Welche Freude! Sie hat mir Mut gemacht, dir zu schreiben, auch wenn ich nicht weiss, ob es dir gefällt und ob du diese Worte jemals zu lesen bekommst. Nun habe ich dem Himmel Tag und Nacht zu danken.*

Ich frage mich manchmal, warum ich immer noch so viel an dich denken muss, nicht an dich als hohen Offizier, sondern an dich als Menschen, in dem doch so viel Gutes steckt. Ohne Uniform bist du ein anderer, eben ein Mensch, ein guter Mensch. Ich habe es dem Beichtvater anvertraut und er hat gesagt, wahre Liebe sei unzerstörbar, sei für immer in die Herzen eingebrannt, da könne man noch so versuchen, ihr davonzulaufen. Ja, so ist es, Joseph!

Joseph Ignaz warf sich aufs Bett und vergrub sein Gesicht im nach Lavendel duftenden Kissen, das seine bitteren Tränen und seine Schluchzer schluckte. Es war schon dunkel, als er sich wieder aufrichtete. Er zündete die Kerze auf seinem Nachttischchen an und nahm den Brief wieder auf.

Er hat auch gesagt, ich dürfe dir das sagen, wenn du dich in der Zwischenzeit nicht verheiratet habest, was ich weiss, dass es nicht der Fall ist. Und er hat gesagt, man solle jetzt einfach das Leben so leben und dort leben, wie es einem das Schicksal geschenkt hat. Das sollte man nicht zu ändern versuchen. Ich im Kloster und du wieder zuhause, oder gehst du schon wieder ins Militär? Man müsse sich nicht sehen und man müsse sich nicht nahe sein, um Liebe zu spüren. Aber nur schon zu wissen, dass man geliebt werde, das sei wahres Glück. Dann darf man auch vergessen, dass man früher manchmal miteinander bittere Momente erlebt hat, wo es weh tat, einander zu sehen und zu hören. Verstehst du, Joseph, was ich meine … Joseph Ignaz' Augen waren ausgeweint, aber was er las, schüttelte ihn wie im Fieber, zerriss ihm die Brust wie von einem Schwertstreich … *Du darfst wissen, dass ich immer für dich beten werde und dass es immer jemanden auf der Erde gibt, der an dich denkt und dir das Beste wünscht. Und ich weiss doch, dass es du ganz genau gleich hast und manchmal an mich denkst und das macht mich unendlich glücklich und fröhlich. Ich grüsse dich ganz herzlich und lieb, dein Anneli.*

Wen wundert's, dass Joseph Ignaz der ganzen Nacht keinen Schlaf abtrotzen konnte. Seine Ratlosigkeit, wie er mit diesem stillen Donnerschlag umgehen solle, war grenzenlos. Stechender Schmerz machte sich in der Brust bemerkbar, verging wieder, als er frühmorgens aufstand und seine Herberge ohne Frühstück verliess. Ziellos durchstreifte er die stillen Gässchen der altehrwürdigen Stadt und versuchte Ordnung in seinen Gedanken zu schaffen. Immer mehr galt dieses Bemühen der Ordnung in seinem Leben.

In ihm sei viel Gutes, hat sie geschrieben. Mensch, nicht Offizier, sei er eigentlich. Und er werde geliebt, immer. Als Mensch! Als Joseph Ignaz von Flüe! Herrgott nochmal! Wie hatte er doch sein Leben verpfuscht? Eitlem Tand und Ruhm war er kopflos nachgelaufen. Nur an sich selber gedacht und in Kauf genommen, dass Menschen, die ihm anvertraut waren, erforen oder zu Krüppeln wurden. Es war nicht wiedergutzumachen. Was war denn eigentlich so noch sein Leben wert? Und dieses verlorene Leben wurde zu allem noch geliebt! Er hätte schreien können. Krampfhaft versuchte er, Annelis Gesicht wieder aus der Erinnerung zu holen. Nur wie im Nebel erschien es, aber was es ausstrahlte, wärmte ihn tief.

Am späten Nachmittag lief ihm Albert über den Weg. Es hatte wieder zu schneien begonnen. «Was hast du? So trübselig! Komm, wir feiern Silvester und stossen auf ein lustiges neues Jahr bei den Engländern an.»

Vorerst wollte er sich mit Unwohlsein und Kopfschmerzen herausreden, liess sich dann aber in die «Cave du Diable» mitschleppen, wo es so laut zu und her ging, dass man einander durch den Tabaknebel hindurch anschreien musste. Dann stand ein Zürcher Major auf und gebot Ruhe. An diesem letzten Tag wolle er doch auch der Kameraden und all jener Menschen in ihrer Begleitung gedenken, die in diesem Jahr ihr Leben verloren hätten. Er erinnerte an Polozk, Smolensk, Beresina, Wilna.

Stehen wir auf!»

Der Boden knarrte, Stühle rutschten, polterten um.

«Hornist! Du kennst das Lied. Stimm an.»

Wimmernd klang das Vorspiel aus dem Instrument des Heinrich Peyer. Dann sangen und brummten Soldaten und Offiziere das traurige, aber auch hoffnungsfrohe Lied von der Beresina. «Unser Leben gleicht der Reise … Morgen geht die Sonne wieder freundlich an dem Himmel auf.»

Joseph Ignaz spürte wieder den stechenden Schmerz in der Brust. Während man sich wieder setzte und sich und dem neuen Jahr zuprostete, steckte er dem Wirt ein Goldstück zu, verliess unauffällig die «Cave» und schlurfte seiner Herberge zu. Immer wieder hielt er inne und stützte sich an einer Hausmauer, musste Atem holen. Auf dem Zimmer zog er die Majorsuniform aus und legte sich schwer atmend aufs Bett. Die Kirchenglocken begannen vor dem mitternächtlichen Stundenschlag dem so tristen Jahr ein Requiem hinterherzuläuten. Allen voran die schwere Festtags- oder Totenglocke des Münsters, die die Strassburger «Le grand bourdon» nannten, dann der Reigen aller Glocken der Strassburger Kirchen und Kapellen. Darauf hielten sie inne, um dem Schlagen der Turmuhren Platz zu machen. Das folgende Halleluja des festlichen Geläutes zur Begrüssung des neuen Jahres hörte Joseph Ignaz von Flüe nicht mehr. Sein Herz hatte zu schlagen aufgehört.

Nachwort

Nach der Lektüre mögen sich der Leser und die Leserin fragen, was dieser Joseph Ignaz von Flüe eigentlich für ein Mensch gewesen ist. Mein Eindruck ist, dass er versucht hat, sich konform in den vorgespurten Bahnen einer reichen und politisch einflussreichen Familie zu bewegen. Mit Ehrgeiz versuchte er immer wieder, eine einträgliche Stellung zu gewinnen – sei das im Solddienst oder in der Politik. Dem standen jedoch die wechselnden bürgerkriegsähnlichen Verhältnisse einer fremdbestimmten Schweiz und die widerspenstigen Landsleute in Obwalden im Wege. Verschiedentlich war er ein Opportunist, der sich stets nach den Möglichkeiten richtete, die er gerade vorfand. Dass er nach der Pfeife der Franzosen tanzte, verschloss ihm den Zugang zu seinen Landsleuten in Obwalden, die ihm freiwillig nie ein politisches Amt zugestanden hätten. Als Offizier war er zwar dienstbeflissen, stach aber nie derart hervor, dass er eine Karriere nach dem Beispiel des Schwyzer Generals Reding hätte einschlagen können. Seine militärischen Führungsfähigkeiten scheinen nicht immer auf der Höhe der Erfordernisse gewesen zu sein. So konnte er nicht verhindern, dass ihm in Barcelona viele seiner Soldaten davonliefen, auch wenn die Gründe dafür nicht bei ihm allein lagen. Bewundernswert ist andererseits sein Durchhaltewillen, insbesondere im gnadenlosen Feldzug in Russland, dem nicht viele Schweizer lebend entrannen. Insgesamt war er ein durch und durch anständiger Mensch, der beständig nach Erfolg und Anerkennung strebte, dessen Leben aber von viel Tragik umweht war.

Ein Werk, das auf historischen Fakten beruhen soll, erfordert eine aufwändige Suche in unzähligen Dokumenten, die teils in Archiven, teils elektronisch, teils gedruckt vorliegen. Verschiedene Quellen haben diesem historischen Roman als Grundlage gedient.

Die damaligen Zustände in Obwalden wurden hervorragend vom 2013 verstorbenen Historiker Niklaus von Flüe in seinen Schriften über die Helvetik und Mediation beschrieben, die in dieses Werk eingearbeitet sind. Sein umfangreiches Familienarchiv und diverse andere Dokumente aus der Zeit der Französischen Revolution standen mir zudem jederzeit im Staatsarchiv Obwalden zur Verfügung, wofür ich herzlich danke.

Eine erstaunliche Fülle an Informationen, die freilich stets sortiert und hinterfragt werden muss, liefert uns heute das Internet. Für die vorliegende Lebensgeschichte lassen sich relevante Dokumente aus den verschiedensten Ländern bis nach den USA aufspüren. Es befinden sich darunter Tagebücher von Generälen aus dem Umfeld Napoleons und seiner Armeen, Schriften über die Schicksale von Schweizer Söldnern, Darstellungen der Beteiligung von Schweizer Söldnern auf den Kriegsschauplätzen in Spanien, Portugal und Russland bis hin zu einer Geschichte der Schweizer Truppen von 1893, die in einem Neudruck von der Stanford University in Kalifornien herausgegeben worden ist. Nicht vergessen sei das intensive Studium der Wirren in der Schweiz zur Zeit der Helvetik und der Mediation.

Eine Aufzählung reiner Fakten ist für heutige Leser nicht sehr spannend. Die Romanform, in der historische Fakten um der höheren Authentizität und Anschaulichkeit willen mit fiktionalen Elementen durchsetzt sind, macht diese erleb- und nachvollziehbar. Dabei habe ich immer darauf Bedacht genommen, dass die Fiktion den Fakten nicht entgegensteht oder diese gar verfälscht.

Beispielsweise ist die Liebesgeschichte von Joseph Ignaz von Flüe nicht verbürgt. Mit ihr soll aber die Problematik und die Tragik der familiären Beziehungen von Söldnerfamilien aufgezeigt werden; zarte Gefühlsregungen stiessen sich zum Beispiel auch an unüberwindlichen Standesgrenzen, selbst in ländlichen Gegenden mit ihrem Landadel, der meist alle Regierungsstellen besetzte. Andererseits waren die zurückbleibenden Familien von Ehemännern in fernen Kriegsgebieten ständigen Ängsten ausgesetzt. Wann und in welchem Zustand kehrten sie wieder zurück – wenn überhaupt? Ein besonders gefahrvolles Leben führten jene Frauen, die ihren Männern auf den Kriegszügen folgten. Katharina Peyer aus Luzern stach hier besonders hervor.

Mein Lektor Thomas Goetz hat dem Manuskript nicht nur den letzten Schliff verpasst, sondern auch wertvolle Anregungen zur inhaltlichen Gestaltung gegeben. Ihm und der Verlagsleiterin Therese Schilter für ihre sorgfältige Bearbeitung gebührt mein ganz grosser Dank.

Hünenberg, 31. August 2017

Carlo von Ah

Die von Flüe in fremden Kriegsdiensten ab 1711

- Benedikt Niklaus von Flüe, 1744–1754 in französischen Diensten; mit achtzehn Jahren Hauptmann in der französischen Kompagnie seines Vaters; Feldzüge in Deutschland und den Niederlanden

- Johann Nikodem von Flüe, bereits vierzehnjährig (1748) Unterleutnant in einer französischen Kompagnie; 1750 Oberleutnant; 1754 Hauptmann; 1763–1768 Eigentümer einer eigenen Kompagnie, Feldzüge in Korsika und Deutschland; Vater von Joseph Ignaz von Flüe, dem Protagonisten dieses Buches

- Franz von Flüe, Quartiermeister in französischen Diensten; Kriegsgefangener in Cadiz; dort gestorben am 13. Mai 1809; Bruder von Joseph Ignaz von Flüe

- Johann Peter von Flüe, ab 1743 als Hauptmann Eigentümer einer französischen Halbkompagnie; mehrfach Landammann und Pannerherr

- Johann Wolfgang von Flüe, nahm auf französischer Seite 1711–1712 am spanischen Erbfolgekrieg teil; 1734–1737 und ab 1743 Inhaber eigener Kompagnien in französischen Diensten, in denen sieben seiner Söhne als Offiziere dienten

- Joseph Ignaz von Flüe, 1778–1792 Solddienst in Frankreich; 1807–1813 Bataillonskommandant unter Napoleon; 1813 in Strassburg gestorben

- Ludwig von Flüe, 1766–1792 Offizier in der Familienkompagnie in Frankreich; Verteidiger der Bastille; 1792–1799 in englischen Diensten; ab 1816 Gardehauptmann in französischen Diensten; heiratete Catharina Boulanger in Reims; 1817 in Reims gestorben

- Michael von Flüe, 1770–1792 Offizier in französischen Diensten; 1794–1798 in englischen Diensten; mehrfach Landammann

- Albert von Flüe, Dienstgrad unbekannt; kämpfte an der Beresina; heiratete in Frankreich; 1816 gestorben; Cousin von Joseph Ignaz von Flüe

- Franz Peter Niklaus von Flüe, Dienstgrad unbekannt; Söldner in spanischen Diensten

- Karl Martin Josef Niklaus von Flüe, Dienstgrad unbekannt; Söldner in französischen Diensten; Bruder von Michael von Flüe; 1803 gestorben

- Viktor von Flüe, Söldner im Regiment Boccard; Bruder von Michael von Flüe; 1790 in Rouen ermordet

- Josef von Flüe, in englischen Diensten; Bruder von Michael von Flüe

Auflistung wahrscheinlich nicht abschliessend

Chronologie der Helvetik

September 1772	Nationalkongress übernimmt in Frankreich die Macht; Beginn der Schreckensherrschaft.
14. Juli 1789	Sturm auf die Bastille in Paris.
August 1790	Ein Schweizerregiment meutert in Nancy; auch in der Schweiz regt sich Widerstand gegen die herrschenden politischen Verhältnisse, gegen die Aristokratie.
Sommer 1791	Der französische König versucht nach den Niederlanden zu fliehen.
10. August 1792	Gemetzel in den Tuilerien. Aufschrei in der Schweiz.
Januar 1793	Hinrichtung König Ludwigs XVI.
November 1797	Napoleon reist durch die Schweiz zu einem Kongress in Rastatt und wird überall bejubelt.
25. Dezember 1797	Tagsatzung in Aarau mit feierlicher Bundesbeschwörung.

Januar 1798	Bern beruft angesichts der Bedrohung durch die in der Westschweiz einmarschierten Franzosen seine Truppen ein. Bitte an die übrigen eidgenössischen Stände, mit Truppen zu Hilfe zu kommen.
7. Februar 1798	Beratung der Innerschweizer über dieses Hilfsersuchen.
12. Februar 1798	Obwaldner Landsgemeinde entsendet 200 Mann.
27. Februar 1798	Innerschweizer Kontingente weigern sich, dem Kommando eines Berners unterstellt zu werden, und treten den Rückmarsch an.
5. März 1798	Bern kapituliert, Berner Oberland will sich ebenfalls ergeben; Obwaldner Regierung organisiert den Widerstand.
6. März 1798	Zürich kapituliert.
12. März 1798	Der französische General Brune gibt Friedensabsichten bekannt. Die Obwaldner glauben ihm und schicken ihre Truppen wieder nach Hause.

4. April 1798	Obwaldner Landsgemeinde nimmt die von den Franzosen befohlene Helvetische Verfassung an. Die Schwyzer und Nidwaldner verwerfen die neue Verfassung und setzen die Obwaldner mit Truppen unter Druck, ebenfalls abzulehnen.
12. April 1798	Die Helvetische Republik wird offiziell ausgerufen.
23. April 1798	Obwalden verwirft nun die Helvetische Verfassung und bietet Truppen zum Schutz der eigenen Grenzen auf; Unterstützung durch Nidwalden. Schwyzer erobern Luzern.
30. April 1798	Luzern von Franzosen zurückerobert.
2. Mai 1798	Der Grosse Rat der Helvetischen Republik verordnet einen neuen Kanton Waldstätte mit Schwyz als Hauptort.

10. Mai 1798	Obwalden und Nidwalden nehmen die Helvetische Verfassung an, nachdem die französischen Truppen unter General Schauenburg Zürich, Zug und Luzern erobert haben.
12. Juli 1798	Der Grosse Rat erlässt ein Gesetz, wonach innert acht Wochen alle Bürger feierlich vereidigt werden müssten. Widerstand der Urkantone.
23. August 1798	Nur noch Nidwalden verweigert die Helvetische Verfassung. Schauenburg droht.
29. August 1798	Das Helvetische Direktorium erklärt Nidwalden den Krieg.
6. September 1798	Einmarsch der Franzosen in Obwalden. Empfang mit Musik und Freiheitsbäumen. Ausplünderung von Obwalden.
9. September 1798	Niederwerfung Nidwaldens. Anschliessend bleiben Nid- und Obwalden monatelang besetzt.

28. Mai 1799	Direktorium der Helvetischen Republik übersiedelt von Luzern nach Bern, da die Österreicher vorrücken.
4.-7. Juni 1799	Schlacht bei Zürich; von Österreichern erobert.
17. Juni 1799	Franzosen besetzen erneut Obwalden, um die Österreicher abzuhalten.
13. August 1799	Franzosen ziehen über Surenenpass zum Gotthard ab, den sie zurückerobern.
24. September 1799	General Suworow erobert den Gotthardpass zurück.
25. September 1799	Der französische General Massena erobert Zürich zurück.
Herbst 1799	Joseph Ignaz von Flüe wird in den eidgenössischen Senat gewählt.
Ab 1800	Verfassungsberatungen in der Helvetik; Unitarier gegen Föderalisten.

7. September 1800	Tagsatzung in Bern, die eine unitarische Verfassung annehmen will; deshalb Austritt von Aloys von Reding, dem ersten Landammann der Schweiz.
29. Mai 1801	Napoleon diktiert die zweite Verfassung der Helvetik. Verfassung von Malmaison. Aufstand der Föderalisten, von französischen Truppen niedergeschlagen.
18. März 1802	Neuwahlen. Nun wieder Unitarier in der Mehrheit.
17. April 1802	Sturz der Föderalisten.
20. Mai 1802	Neue Verfassung «Malmaison» mit wenig Änderungen. Volk muss darüber entscheiden.
7. Juni 1802	Obwalden lehnt fast einstimmig ab.
13. Juli 1802	Gesuch der Innerschweizer Kantone, sich von Helvetien trennen zu dürfen.

1. August 1802	Landsgemeinde gibt sich die alte Verfassung wieder, wählt neue Beamte, aber keine helvetischen. Zentralregierung erklärt die Landsgemeinden für verfassungswidrig.
7. August 1802	Beschluss der Innerschweizer, Verteidigungsvorbereitungen zu treffen.
8. August 1802	Befehl Napoleons an seine Truppen, Helvetien zu räumen.
14. August 1802	Joseph Ignaz von Flüe erhält Kommando der helvetischen Truppen in Bern.
19. August 1802	Der helvetische General Andermatt besetzt mit seinen Truppen die Rengg, den Übergang Luzern – Obwalden.
27. August 1802	Rückeroberung der Rengg durch die Innerschweizer.
Anfang September 1802	Waffenstillstand.

18. September 1802	Immer mehr Kantone und Städte schliessen sich den Innerschweizern an.
19. September 1802	Helvetische Regierung flieht von Bern nach Lausanne.
25. September 1802	Eidgenössische Tagsatzung in Schwyz; alle Stände erscheinen und wählen General Bachmann als ihren Kommandanten.
3. Oktober 1802	Niederlage der helvetischen Truppen in Murten.
4. Oktober 1802	Napoleon greift ein; verlangt Wiederherstellung der alten Ordnung; befiehlt eidgenössische Abgesandte nach Paris.
18. Oktober 1802	Helvetische Regierung wieder in Bern; Tagsatzung in Schwyz widersetzt sich.
21. Oktober 1802	Deshalb marschieren wieder französische Truppen in die Schweiz.
26. Oktober 1802	Tagsatzung löst sich unter diesem Druck auf.

30. Oktober 1802	Aus Protest tritt der Obwaldner Landrat zurück.
1. November 1802	Französische Truppen rücken in Sarnen ein.
10. November 1802	Tagsatzung in Stans will keine Abgeordneten nach Paris senden. Napoleon interveniert, lässt die übrigen Abgeordneten in Paris warten, bis alle eingetroffen sind.
22. November 1802	An Landsgemeinde in Sarnen wird Senator Joseph Ignaz von Flüe zum Abgeordneten in Paris gewählt.
10. Dezember 1802	Eröffnung der Consulta in Paris.
29. Januar 1803	Schlusssitzung mit Napoleon.
19. Februar 1803	Feierliche Unterzeichnung der Mediationsverassung. Damit Ende der Helvetik.
4. Juli 1803	Erste Tagsatzung nach der Helvetik tritt in Freiburg zusammen. Berät auch über eine Tieferlegung des Lungerersees.

2. Dezember 1804	Napoleon lässt sich zum Kaiser krönen.
2. September 1806	Bergsturz in Goldau mit 457 Toten.
23. März 1811	Geburt eines Thronerben Napoleons. Pflicht der Schweiz zu feiern, schickt Gratulationsdelegation nach Paris.
Winter 1812	Russlandfeldzug; von 10'000 Schweizern kehren nur um die 700 zurück.
16. – 19. Oktober 1813	Völkerschlacht bei Leipzig; Napoleon geschlagen.
19./20. Dezember 1813	Einmarsch von österreichischen und russischen Truppen in die Schweiz.
23. Dezember 1813	Mediationsverfassung wird von der Tagsatzung in Bern für ungültig erklärt.
18. Juni 1815	Schlacht bei Waterloo; Napoleon besiegt.

Leben und Werk

Carlo von Ah, 1940 in Obwalden geboren, war in seinem Berufsleben Direktor von national und international tätigen Unternehmen, zuletzt Geschäftsführer einer von ihm gegründeten Firma. Ausserberuflich war er unter anderem Präsident von wirtschaftspolitischen Verbänden, Mitglied von Verwaltungsräten und Generalstabsoffizier. Seine Hobbys sind Astronomie, Kosmologie, Geschichte, Philosophie. Er ist verheiratet und Vater von drei erwachsenen Kindern.

Bisher erschienene Bücher:

- Angelo Destino, Kriminalroman, 2005
- Sylvesterball, Kriminalroman, 2006
- Der Club zur Vollendung, Kriminalroman, 2007
- Früchte der Erniedrigung, Kriminalroman, 2009
- Der letzte Schnitt, historischer Roman, 2010
- Durch Dschungel und Intrigen, historischer Roman, 2012; Auszeichnung durch Vontobel-Stiftung
- Quantensprung und rechter Glaube (Suche nach der letzten Wahrheit), 2016; Gegenüberstellung Naturwissenschaft und Religionen

PRO
LI
BRO
LUZERN

Verlag Pro Libro Luzern

Der Verlag Pro Libro Luzern GmbH ist im Frühjahr 2006 gegründet worden und publiziert Literatur, Sachbücher und Spezialausgaben, die thematisch und/ oder von der Autorschaft her mit der Zentralschweiz verbunden sind. Im Anhang wird eine Auswahl aus dem Programm vorgestellt.

Alle Bücher des Verlages sind im Buchhandel erhältlich (Auslieferung: AVA Verlagsauslieferung AG, CH-8910 Affoltern am Albis, www.ava.ch) oder können beim Verlag (Eichstrasse 50, CH-6330 Cham) oder über info@ prolibro bestellt werden. Alle Informationen finden Sie unter www.prolibro.ch.

Die Sachbuchreihe «Kultur in der Zentralschweiz», 1997 begonnen, ist vom Verlag «Pro Libro» übernommen worden.

Auswahl aus dem Verlagsprogramm

Carlo von Ah bei Pro Libro

Carlo von Ah
«Der letzte Schnitt»
Das Drama um die letzte Hinrichtung in der Schweiz,
2010, 350 Seiten, broschiert
ISBN 978-3-905927-13-9, Fr. 32.00
Am 18. Oktober 1940 wurde in Sarnen der Mörder Hans Vollenweider mit der Guillotine hingerichtet. Diese letzte Hinrichtung in der Schweiz – die Abschaffung der Todesstrafe stand bevor – erregte die Gemüter weitherum. Von Ah erzählt auf der Basis eines umfangreichen Quellenmaterials packend von der aussergewöhnlichen Verbrecherlaufbahn Vollenweiders und den Zweifeln und Ängsten der damals agierenden Personen.

Heinz Stalder
«Bärenlieder»
Roman, 2016, 268 Seiten, broschiert
ISBN 978-3-905927-49-8, Fr. 34.00
Im grossen ostfinnischen Wald, gleichsam unter dem Polarstern, leben sie als entfernte Nachbarn. Der Waldbauer, Kriegsveteran und Bootsbauer Tapio; die sehr jung verwitwete Eeva und Mutter von sieben längst erwachsenen Kindern; der Seemann Matt; der renommierte Musikwissenschafter Jukka; der Jäger, pensionierte Taxifahrer, begnadete Sportschütze Jussi.Ein Roman aus dem heutigen Finnland, nach vielen sommerlichen Maränensuppen aufgezeichnet von einem Schweizer Schriftsteller und Anrainer des Elfensees.

Anja Siouda
«Tuttifrutti»
Humoristische Erzählungen für jeden Geschmack,
2016, 254 Seiten, broschiert
ISBN 978-3-905927-54-2, Fr. 29.00
Geistreich, phantasievoll und mit viel Wortwitz kommen die 53 humoristischen Erzählungen daher und beantworten Fragen wie: Wo gibt es Apfelwähenzärtlichkeit und wo begegnen uns Friedenstauben und Sündenböcke? Wo ist das Hühnerparadies?

Wie war das mit dem Glücksschweinchen und mit dem Scheidungshuhn? Was sind Schlafzimmerdesserts und was steht im Erotik-Ordner? Dies und mehr in «Tuttifrutti».

Margrit Schriber
«Schwestern wie Tag und Nacht»
Roman, 2015, 226 Seiten, gebunden
ISBN 978-3-905927-45-0, Fr. 34.00
Alice Zaugg, eine der angesehensten Frauen im Dorf, ist verschwunden. Martha, die «niemand für ihre Schwester hielt», hat sie zuletzt gesehen – an ihrem traditionellen «Schwesterverwöhntag». Nun wird Martha auf dem Polizeiposten befragt. Frau Irene – oder die «Haselmaus», wie Martha sie bezeichnet – ermittelt. Martha erzählt von Schwesternliebe und Abhängigkeit, von Bewunderung und Eifersucht, von Schwestern wie Tag und Nacht. Die selbstbewusste, ehrgeizige Alice ist verstrickt in Dorfintrigen, ihre Lebensgeschichte und ihr Aufstieg sind das Abbild einer Gesellschaft, die Erfolg über Menschlichkeit stellt. Doch weshalb ist Alice verschwunden? Margrit Schriber erzählt die spannungsgeladene Beziehungsgeschichte von zwei ungleichen Schwestern, von Liebe und Loyalität, aber auch von Enttäuschung und Verachtung. Raffiniert verpackt sie die Beziehungsgeschichte in die Erzählform eines Kriminalromans, der in zwischenmenschlichen Abgründen nach der Antwort auf die Frage sucht: Was ist mit Alice Zaugg geschehen?

Lydia Guyer-Bucher
«Rosi und Anna»
Roman, 2015, 178 Seiten, gebunden
ISBN 978-3-905927-44-3, Fr. 34.00
Anna und Rosi, Rosi und Anna, geboren am gleichen Tag im Jahre 1873 auf dem Steinhuserberg oberhalb von Wolhusen, gestorben am gleichen Tag, 71 Jahre später: Lydia Guyer erzählt die berührende Geschichte von zwei Frauen, die sich nahe sind, verbunden nicht nur durch ihre Lebensdaten, die aber unterschiedliche Schicksale erleben. Anna und Rosi, Rosi und Anna – in einer Zeit, da Frauen vor allem religiös, folgsam und kinderreich zu sein hatten, verknüpfen sich zwei Frauen- zu einer gemeinsamen Schicksalsgeschichte. Lydia Guyer verfolgt den Lebensweg der beiden Frauen und zeichnet ein bewegendes Zeitbild, das von den Hügeln des Entlebuchs bis nach Wien vor dem Ersten Weltkrieg reicht.

Alois Koch
«Musik im Fokus»
Texte, 2016, 278 Seiten, broschiert, illustriert
ISBN 978-3-905927-52-8, Fr. 29.00
Wer Musiker und zugleich Musikwissenschaftler ist, steht zwischen Vermittlung und Fachkenntnis, wer zur gleichen Zeit als Dirigent und als Dozent wirkt, steht zwischen Theorie und Praxis. Aus diesem Spannungsfeld entstanden Texte über Komponisten und Partituren, Kirchenmusik und musikalische Bildung: Essays, Referate, Fragestellungen, Reminiszenzen. Ob historische, stilistische, soziologische oder funktionelle Erörterungen, es geht immer um den musikalischen Kern. Darum Musik im Fokus. Dies meist im Zusammenhang mit persönlichen, künstlerischen Auseinandersetzungen mit eigenen oder kommentierten Aufführungen oder bildungspolitischen Anliegen. Der Autor wendet sich an «Liebhaber und Kenner» (W.A. Mozart) in der Hoffnung, einen Beitrag für das Verständnis jener Kunst zu leisten, ohne die das Leben ein Irrtum wäre (Friedrich Nietzsche).

Janine Heini
«Pilatus»
Eine sagenumwobene Natur- und Kulturgeschichte, 2014,
254 Seiten, broschiert
ISBN 978-3-905927-37-5, Fr. 29.00
Kein Berg hat in der Beurteilung und im Empfinden der Menschen im Laufe der Zeit tiefergehende Wandlungen erfahren als der Pilatus. Janine Heini hat seine Bedeutung für die Kultur- und Naturgeschichte und für die Entstehung der Kenntnisse über die Alpen untersucht und beschreibt den Wandel vom einstigen Schrecken hin zur Faszination.

Dank

Verlag und Autor danken für die grosszügige Unterstützung

Bundesamt für Kultur BAK, Bern – Verlagsförderung

Impressum

2018, zweite Auflage
Copyright © by Verlag Pro Libro GmbH, Cham
Lektorat: Thomas Goetz, Meilen
Gestaltung: Max Wettach GmbH, Luzern
Umschlagbild: Carle Vernet, *La Grande Armeé de 1812*
Vertrieb: AVA Verlagsauslieferung AG, CH-8910 Affoltern a. Albis

ISBN 978-3-905927-57-3